Heinz Piontek

GOETHE UNTERWEGS IN SCHLESIEN

Fast ein Roman

Heinz Piontek

Goethe unterwegs in Schlesien

Fast ein Roman

Bergstadtverlag Wilhelm Gottlieb Korn
Würzburg

Die Deutsche Bibliothek – CIP-Einheitsaufnahme

Piontek, Heinz:
Goethe unterwegs in Schlesien: fast ein Roman / Heinz Piontek. – Würzburg: Bergstadtverl. Korn, 1993
ISBN 3-87057-173-X

2. Auflage

Dieses Buch ist aus säurefreiem Papier hergestellt und entspricht den Frankfurter Forderungen zur Verwendung alterungsbeständiger Papiere für die Buchherstellung.

Gesamtherstellung:
M. Liehners Hofbuchdruckerei GmbH & Co. Verlagsanstalt, Sigmaringen
Printed in Germany · ISBN 3-87057-173-X

Erster Teil

1

Die Ankündigung seiner *Vollständigen Ausgabe letzter Hand* erfolgte 1826 in Cottas *Morgenblatt*. Für Band 26 war eine *Campagne in Schlesien* vorgesehen – wohl als Gegenstück zu seiner damals schon vielgelesenen und bewunderten *Campagne in Frankreich*. Als dann aber Band 26 erschien, enthielt er nichts über Schlesien. Der siebenundsiebzigjährige Autor löste auch später sein Versprechen nicht mehr ein.

Man hat nach Gründen gesucht, insbesondere unter Schlesiern. Daß dem Autor erst nach der Ankündigung aufgegangen wäre, er habe sich verschätzt, seine schlesischen Erfahrungen und Episoden gäben nicht genügend her, ist eine diesem Autor und seinem Arbeitsstil nicht gemäße Vermutung. Noch weniger taugt die Behauptung oder Unterstellung, er habe, als er sich endlich an die Arbeit machen wollte, seine gesammelten schlesischen Unterlagen (Tagebuchblätter, Gedichte, Zeichnungen, Notizen, Briefentwürfe, Landkarten und ähnliches) einfach nicht mehr finden können.

Ausgerechnet dieser auf Ordnung seiner Papiere unentwegt bedachte Autor, der die Fülle seiner Materialien zeitlebens in rubrizierten Papiersäcken verwahrte, die er eigens für sich anfertigen ließ.

Nein, zunächst gibt es hier gar nichts zu rätseln. Natürlich war es für den Autor weitaus wichtiger, in seinen letzten Lebensjahren die *Faust*-Dichtung zum Abschluß zu bringen und anderes, das ebenfalls vorlag, noch zu revidieren und abzurunden.

Allerdings, wenn man an sehr private Vorkommnisse vom Sommer 1790 denkt, mischen sich einige ins Spiel, die der Autor zunächst vielleicht für nicht so heikel hielt. Nach längerem Überlegen könnten sie ihn freilich bewogen haben, seine schlesischen Erinnerungen für sich zu behalten.

Da ist plötzlich eine alte Verletzung. Sie ist längst vernarbt, aber spürt er nicht wieder den Schnitt oder Hieb? Wer taucht auf aus der Ferne der Zeit? Niemand, jemand? Schon das Ungewisse erschreckt ihn. Das Herz wird ihm eng. Und er atmet tief aus und ein, doch das Unbehagen hält an. Einen Tag, eine Nacht.

In jüngeren Jahren nahm er es mit jeder seiner Erinnerungen auf. Scheute vor keiner zurück. Jetzt, so scheint es, ist ihm Wohltun wichtiger. Ein Wohltun, das meist durch seine Rücksichtnahme zustande kommt. Er gedenkt jedenfalls nicht, zugunsten einer gewissen Dreistigkeit und Schamlosigkeit autobiographischen Schreibens einige aus seiner Freundschaft vor den Kopf zu stoßen, Leserinnen oder Leser in Verlegenheit zu bringen.

Vorbei.

2

In einem Brief an den Herzog (Ende Februar 1790) äußert Goethe unter anderem den Wunsch, das 90er Jahr soviel als möglich unter freiem Himmel zu verbringen.

Drei Monate später ist Herzog Karl August von Sachsen-Weimar auf dem Weg nach Aschersleben. Dank seiner engen militärischen Allianz mit Preußen hat ihn der König schon vor einiger Zeit zum Generalmajor und Chef des preußischen Reiterregiments in Aschersleben (Rohr'sche Kürassiere) ernannt, an dessen Tête er sich nun begeben will, um das Regiment ins Feld zu führen. Ein kleiner Schwarm Weimarer Leibhusaren begleitet ihn. Um seine Reitpferde zu schonen, wirft sich der Herzog hin und wieder in eine gedeckte Reisekutsche, wo er auch, gemeinsam mit seinem Leibdiener, kurze Nächte verschläft.

Außer den Reservepferden werden im Troß eine leichte Kalesche und eine mit altmodischen Verzierungen überladene Karosse mitgeführt. Das Gros jedoch bilden Bagage- und Heuwagen sowie Reisefuhrwerke für weitere Diener, Kanzlisten, Läufer, den Koch und seine Küchenjungen.

Goethe hat um diese Zeit die Herzogin-Mutter in Venedig abgeholt, um ihr, wie erwünscht, auf der Heimreise Gesellschaft zu leisten. Als sie am 9. Juni in Augsburg haltmachen, händigt man ihm einen Kurierbrief des Herzogs aus, der Goethe einlädt, nachzukommen und ihn durch Schlesien zu begleiten. Denn Schlesien ist das eigentliche Ziel (Kriegziel?) der preußischen Truppen. In Weimar angekommen, dankt Goethe dem Herzog erfreut für die Einladung, zeigt ihm aber auch an, daß er einiger Geschäfte wegen nicht umgehend folgen könne, vor allem jedoch müsse er erst eine Fußwunde auskurieren, die ihn am Tragen von Stiefeln hindere.

In der Zwischenzeit erfährt Goethe bei Hofe, die Berliner Generalität habe in ihren Feldzugsplänen das Kürassier-Regiment des Herzogs nicht berücksichtigt; es bleibe in Aschersleben. Dafür habe man dem Herzog den Befehl über eine Brigade, bestehend aus zwei Berliner Garderegimentern, übertragen. Am Weimarer Hof kann man es kaum fassen.

Es sind die auserlesensten Reiterregimenter des preußischen Heeres: die *Garde du Corps* und die *Gensdarmes*. Bis König Friedrich II. nach seinem Amtsantritt 1740 das Regiment *Garde du Corps* aufstellen ließ, waren die *Gensdarmes* – eine seit 1691 nach französischem Vorbild nur aus Edelleuten bestehende Haustruppe – die vornehmsten. Von da an rivalisierten die Regimenter miteinander und versuchten auch weiterhin, sich an Glanz, Mut, Verwegenheit ebenso zu übertreffen wie an Anmaßung, Dünkel, Übermut und Verschwendungslust.

In der letzten Nachricht des Herzogs an seinen engsten Familienkreis heißt es, die preußischen Truppen hätten mit ihrer kriegerischen Demonstration begonnen und nach tüchtigen Märschen ihr Feldlager unweit des schlesischen Vorgebirges bezogen. Er selbst mit seiner fabelhaften Brigade liege in einem Nest namens Zirlau im Kantonnement.

Geheimer Conseil. Der innerste Bezirk. Weimars Regierungszentrum. Hier taucht Goethe mit kunstvoll aufgebauschten, gleichmäßig zurückgekämmten braunen Haaren und einem neuen weißen Halstuch auf, das vorn in einer Doppelschleife endet. Er ersucht die drei anderen Ratgeber des abwesenden Herzogs, ihn über die politische wie die militärische Lage in großen Zügen zu unterrichten.

Rat von Fritsch erwähnt die Französische Revolution. Sie hat gewissermaßen eine Atempause eingelegt.

Rat Schmidt: In Nordamerika, nach seinem Sieg über die Engländer, sei George Washington einstimmig zum Präsidenten gewählt worden; er walte nun seines Amtes.

Rat Schnauß erzählt nebenher, für die Wiener sei gegenwärtig die kürzlich uraufgeführte Komische Oper *Così fan tutte* wichtiger als Krieg und Frieden. Eine bedeutende Minderheit allerdings sei entrüstet über die Frivolitäten des Kompositeurs und rufe nach einem Aufführungsverbot. Die hingerissene Mehrheit jedoch applaudiere Mozart und bejubele den Glanz und Esprit seiner Musik Abend für Abend.

Über die Verwicklungen der Großmächte, vor allem über den Stand der kriegerischen Auseinandersetzungen zwischen Österreich und der Türkei, doch auch über den demonstrativen Aufmarsch von Truppen verschiedener Nationen mitten in Europa ist man im Geheimen Consilium nicht allzu gut informiert. Und wie viel oder wie wenig weiß man hier von den Schachzügen der Könige auf dem Schachbrett *Schlesien*?

Goethe an Knebel, den *Urfreund*:

Kaum habe ich mich von meiner Venezianischen Reise erholt, so werde ich zu einer anderen berufen, von der ich mir außer mancherlei Beschwerden viel Vergnügen und Nutzen verspreche. Der Herzog, lieber Bruder, hat mich nach Schlesien berufen, wo ich einmal statt der Steine und Pflanzen die Felder mit Kriegern besät finden werde.

Unterdessen hat der Diener Paul Götze alles Nötige oder alles ihm als notwendig Eingeschärfte in Goethes böhmischer Halbchaise verstaut. Der Wagen, ein Geschenk des Herzogs, ist zweisitzig, hat vorn einen Kutschbock, seine Hinterräder sind etwas größer als seine Vorderräder, und alle vier stehen um eine Spur schräg, von innen leicht nach außen.

Anderntags gegen neun Uhr zieht Paul Götze zwei fertig angeschirrte Postpferde hinter sich her in die Marienstraße, bugsiert sie dann geschickt rückwärts an ihren Platz rechts und links von der Wagendeichsel und spannt sie schließlich ein. Auf einmal steht Goethe vor ihm, reisebereit. Diener Paul, jetzt Kutscher Paul, grüßt ihn herzlich. Goethe erwidert die Begrüßung knapp, doch dann lächelt er, freilich bloß mit seinen großen dunkelglänzenden Augen. Er ist vierzig Jahre alt und natürlich nicht so schlank wie der erst neunzehnjährige Paul, dafür aber um einiges größer.

Zunächst sind Wolken, Wind und Licht für Goethe das wichtigste. Seine Blicke schweifen lange, prüfend über den Himmel. *(Cirrus.)* Nachher visitiert er das Gespann, lockert eine Geschirrschnalle, verstellt eine andere, die nun fester sitzt, zupft auch an den langen ledernen Kutscherzügeln.

Beim Einsteigen in seine Chaise stößt sich Goethe kräftig vom Boden ab, so daß er bloß zwei Schritte benötigt. Unter ihm federt der Wagen. Nun macht es sich Goethe bequem auf den Polstern der Chaise, lehnt sich zurück. Paul auf seinem Kutschbock ist bereit. Er dreht sich halb um, blickt seinen gnädigsten Herrn an.

Ja nun, sagt Goethe.

Mit einem Ruck zieht Paul an den langen Zügeln, läßt seine Peitschenschnur über den schwarzbraunen Pferdekruppen schnalzen und gibt die Zügel wieder frei. Beim Antraben entleeren sich die Postpferde fast gleichzeitig.

Dann das metallene Klingen ihrer Hufschläge auf der schlechtgepflasterten Marienstraße.

Unterdessen hatte sich Goethe auf seinem Sitz zur Seite gewandt, jetzt schaut er zu einem bestimmten Fenster im ersten Stockwerk des Jägerhauses, das er mit seiner kleinen Familie seit kurzem und nur vorübergehend bewohnt, und winkt mit der bloßen Hand zum Ade. Die andere hält seinen neuen hellgrauen Hohen Hut aus Seidenfilz auf dem Schoß fest. Die Schloßturmuhr schlägt zehnmal.

Weimar. Am 26. Juli 1790.

Charlotte von Stein schreibt in diesen Tagen:

Der Herzog läßt den Geheimrat von Goethe nach Schlesien kommen. Dem wäre unstreitig bei seinem Christelchen hier wohler gewesen.

3

Um die damalige Lage in Europa zu verstehen, muß man wohl folgendes wissen:

Zum Nachfolger des großen Preußenkönigs, dessen Ehe ja kinderlos blieb, wurde ein Sohn seines Bruders bestimmt, der sich als König für den Namen Friedrich Wilhelm II. entschied. 1790 ist der König sechsundvierzig Jahre alt und seit vier Jahren im königlichen Amt. Doch schon in den wenigen Jahren hat es sich herausgestellt, daß Friedrich Wilhelm II. als Regierender zu wünschen übrigläßt. Daher wohl auch seine Unlust, die Regierungsgeschäfte zu führen.

Statt dessen genießt der König einen ungewöhnlichen Ruf als Liebhaber von Champagnerfrühstücken, jungen eleganten Frauen, edlen Pferden und als Damenbegleiter bei Spazierritten. Ferner hat er veranlaßt, daß seine Paradetruppen nicht mehr wie einst bloß von Pfeifern und Trommlern angeführt werden, sondern hauptsächlich von der schmetternden türkischen Musik. Besonderen Geschmack findet der König an nächtlichen Serenaden, wenn sie wie friederizianische Märsche klingen und er dabei im beleuchteten Park mit seiner gerade Auserwählten gewaltig zechen kann.

Seine Amtshandlungen delegiert er vornehmlich an Günstlinge.

Wenigstens untersteht das auswärtige Ministerium noch eine Zeitlang dem Grafen Hertzberg, einem langjährigen Berater und Helfer Friedrichs des Großen. Hertzberg unternimmt den Versuch, den großmächtigen Verbündeten, die Österreich, Frankreich und Spanien heißen, eine Art Nordbund entgegenzustellen: Rußland und England, mit Preußen an der Spitze. Das mißglückt natürlich. Und das Schutzbündnis, das Preußen 1788 mit England und Holland schließt, ist bloß ein schwacher Trost.

Als dann die Armeekorps der Habsburger auf dem Balkan gegen die Janitscharen einen Sieg nach dem andern erfechten (und Frankreich, ganz gewiß nicht selbstlos, Österreich hierbei den Rücken deckt), beginnt Graf Hertzberg ein neues Spiel. Er bietet den bedrängten Türken die Hilfe Preußens an, kurz darauf auch diejenige Polens und Schwedens. Alle sind sie empört, läßt der Graf die *Hohe Pforte* wissen, alle wollen dem unheilvollen Tun des Kaisers (Joseph II.) endlich Einhalt gebieten und den blasierten Österreichern eine Lektion erteilen.

(Damals sind Bezeichnungen wie *Hohe Pforte* oder einfach *die Pforte* geläufige Ausdrücke im Kanzlei- und Zeitungsstil, gemünzt auf die Herrscher der osmanischen Monarchie.)

Friedrich Wilhelm II. wird plötzlich aktiv und befiehlt einigen seiner Generale, die sich seiner Gunst erfreuen, sowie einem großen Teil ihrer Truppen, demonstrativ gegen die Kaiserlichen ins Feld zu ziehen. Zum Aufmarschgebiet wählt er Schlesien aus, richtiger: Niederschlesien, genauer: das Riesengebirgsvorland.

Ehe es aber zum Kampf kommt, stirbt Kaiser Joseph II. Sein Nachfolger, Leopold II., kann durch geschicktes Einlenken wie auch durch kluges Nachgeben die Differenzen zwischen den streitenden Parteien bagatellisieren. Ja, die Minister, Botschafter und Gesandten von Preußen und Österreich sind plötzlich eines Sinnes und laden die Minister, Botschafter und Gesandten von Rußland, Polen, England und Holland in die niederschlesische, am Fuß des Eulengebirges gelegene Kreisstadt Reichenbach zu einem Friedenskongreß ein. Der beginnt im Juni und nimmt schon im Juli den erwünschten Ausgang.

Alle hier vertretenen Mächte garantieren das Weiterbestehen der türkischen oder osmanischen Monarchie. Außerdem verpflichtet sich Österreich, mit der Hohen Pforte einen Sonderfrieden zu schließen, wobei Österreich auf seine Gebietserwerbungen von der Türkei verzichtet – was unverschnörkelt heißt: alle eroberten Gebiete längs der Donau müssen dem türkischen Reich zurückgegeben werden.

Das, hauptsächlich, besagt die *Reichenbacher Konvention,* die, am 27. Juli 1790, von allen gebilligt und unterzeichnet wird.

(Tags zuvor war Goethe nach Schlesien aufgebrochen).

Da die Zustimmung der Hohen Pforte zur Reichenbacher Konvention allgemein als sicher vorausgesetzt wird, reisen nicht wenige Minister, Botschafter, Gesandte, Ratgeber, Abbés und Schwärme von Bediensteten ab. Der Kurier, der aus Konstantinopel erwartet wird, nimmt sich Zeit. Am 8. August, als die Reichenbacher Bürgerschaft zu Ehren der noch anwesenden Kongreßteilnehmer eine Feier veranstaltet, ist der Kurier nach wie vor nicht in Sichtweite. Daher verlassen am 9. August nun auch die Letzten der Wartenden, unter ihnen das halbe preußische Kabinett, die Stadt Reichenbach.

4

Für ihre erste Etappe – von Weimar über Jena und Gera nach Dresden – benötigen Goethe und Götze in ihrer böhmischen Halbchaise zwei Tagereisen. Damit keine Mißverständnisse aufkommen: sie fahren Tag und Nacht. Nur auf diese Weise können sie etwa 15 Meilen (das sind ca. 110 Kilometer) in 24 Stunden zurücklegen. Wer es noch genauer wissen will, muß von der Fahrzeit die Zeit für den Pferdewechsel abziehen. Auf der schätzungsweise gut 30 Meilen langen Strecke haben die beiden achtmal ihre Pferde gewechselt und dabei jedesmal exakt eine Stunde pausiert.

Ich entnehme die Zahlen dem Notizbuch Paul Götzes. Der, von Goethe mit einem beträchtlichen Säckchen Fahrgeld ausgestattet, hat in den Posthaltereien für die abgetriebenen Gäule mit Talern und Groschen zu zahlen und gleich für frische Gespanne zu sorgen. Außer den Barbeträgen an die Postmeister, die Paul allein schon wegen der späteren Abrechnung mit Goethe sorgfältig aufzeichnet, hat er auch über die zurückgelegten Meilen, die Ankunfts- und Abfahrtszeiten ordentlich Buch geführt. Sein Herr hält von alldem bloß das Nötigste fest, dafür hat er freilich unter seinen Notizen Bemerkungen von einem anderen Gewicht.

Für mich bleiben die Zahlenangaben des Kutschers,

die kaum mehr als den bloßen Raum und die bloße Zeit vergegenwärtigen, dennoch erstaunlich – zumal, wenn ich mir dazu die ungepflasterten, mit Schlaglöchern übersäten Landstraßen vorstelle, die vielen Zollschranken, nicht nur bei Brücken, die trockene Hitze der Erntezeit, das Staubschlucken und Durstigsein, knatternde, krachende Hochsommergewitter, Wolkenbrüche dazu; oder wenn ich an das tagelange Stillsitzen und Durchgerütteltwerden denke, an die fehlenden warmen Mahlzeiten, den salzigen Speck und das schnell schimmelnde Brot, oder an die Nachtfahrten beim Schein von zwei Kutschenlaternen, also von zwei Wachskerzen ...

Für Dresden, das Goethe seit seiner Studienzeit kennt, nimmt er sich exakt drei Tage Zeit. Weiter nach Osten ist er bisher nicht gekommen.

Am 31. Juli, einem Sonnabend, beginnt die zweite Etappe in jenem uns schon bekannten Tempo, ohne Rücksicht auf Tageszeiten. Das läßt sich, selbstverständlich, nur durchhalten, wenn Goethe für seinen Kutscher einspringt, ihm häufig die Leinen aus der Hand nimmt und viele Stunden lang die Postpferde lenkt und antreibt. Er braucht deswegen nicht auf den Kutschbock hinauf, kann von seiner Polsterbank aus kutschieren.

Dann sitzt Paul neben Goethe auf dem zweiten bequemen Platz der Chaise. Oft fallen ihm die Augen zu, er schläft wie ein Bär, freilich, ihm fehlt der Nachtschlaf. Denn nachts, das ist Ehrensache, kutschiert allein Paul.

Goethe dutzt ihn. Er hat den umsichtigen, gelehrigen und mutigen Burschen schon als Sechzehnjährigen zu sich genommen. Darum nennt er Paul noch manchmal seinen Zögling, häufiger aber seinen Gefährten. Im Frühjahr, als sie zusammen in Venedig waren, brachte Paul von den Dünen des Lido einen geborstenen Schafsschädel mit, nur so, zum Spaß. Der Teufelsjunge! Denn überließ er Goethe, der den Schädel betrachtete, studierte, damit nicht den Schlüssel zu einem Naturgeheimnis? Urform der Tierbildung. Anatomie als Entwicklungslehre. Gestaltlehre als Verwandlungslehre. Schon vor Jahren aufgeschrieben: die Idee vom *Zwischenkieferknochen.* Ja, diesen glückbringenden Fund wird er dem ahnungslosen Finder nie vergessen!

Weiter über Görlitz, Lauban, Greiffenberg. Nun geht es ins Schlesische. Oft an einem Fluß entlang, der Bober heißt.

Auf den Stoppelfeldern dörrt das Getreide in Garben und Puppen. Saubergehaltene Pachthöfe. Dörfer mit wohlhabenden Bauern. Die Giebel von Wohnhäusern und Scheunen aus schwarzsilbrig gewordenem Holz. Dagegen sind manche Schlösser und Herrensitze offenbar Neubauten mit fast schmucklosen, doch schön gegliederten Fassaden in hellem Grau. Oft gehören zu ihnen weitläufig lichte Parks oder noch altfränkisch gestutzte Gartenanlagen. Dazu Orangerien und Fasanerien.

In Greiffenberg verlangt Goethes Kutscher zum letzten Mal frische Relaispferde, nein, zum vorletzten. Halb fünf Uhr früh. Die Luft diesig, die Ferne in weißem Morgennebel. Goethe wird ungeduldig. Paul vernimmt abgerissene Sätze hinter sich, stellt jedoch keine Fragen, summt nur etwas lauter vor sich hin. Die Fahrstraße paßt sich großen Bodenwellen an. Weil die Postpferde der neuen Stafette gefüttert, getränkt und ausgeruht sind, nehmen sie einige Steigungen noch im Trab.

Auf halbem Weg zwischen Greiffenberg und Hirschberg lichtet sich der Nebel. Am Horizont tauchen die bewaldeten Züge des Riesengebirges auf: blaubeerblau, dämmerblau. Goethe wird wieder still, schaut ins zauberhaft Weite, schaut, schaut.

Einmal, wie sich sein Kutscher zu ihm umdreht, macht er ihn mit ausgestrecktem Arm auf den nur hingetupften, fast nur noch zu ahnenden, letzten Kamm der Riesengebirgskämme aufmerksam und erklärt mit glänzendem Blick, da, ganz hinten, der unregelmäßige, sacht ansteigende Kegel, das müsse die Schneekoppe sein.

Ein beachtliches Stück höher als im Harz der Brokken! Ja nun, Paul. Ungefähr fünftausend Fuß hoch.

Jetzt strahlt auch Paul, der mit Verlaub wissen möchte, wie solche Berge denn gemessen werden, doch nicht mit der Elle!

Goethe setzt ihm die Meßmethode mittels Barometer auseinander.

So heiß wie gestern wird es heute nicht.

Das Gebirge kommt über Waldhängen, Waldlehnen, Getreidehügeln und Wiesengründen zum Vorschein, begleitet sie – zuweilen bloß wie ein bläulicher Wolkenstrich.

Plötzlich ist die Luft klar, als gäbe es hier keine.

Dann schwimmen sie im warmen Duft frischgeschnittenen Roggens. Später streift sie ein Südwind, leicht, von Tannennadeln gewürzt.

Hirschberg. In einem Talkessel. Um den Marktplatz, hier *Ring* genannt wie überall in Schlesien, stehen im Karree schmale, farbige Häuser mit schönen Giebeln. Sie stehen über Laubengängen. Solche Lauben, sagt Goethe staunend, habe er nur noch in Bozen gesehen.

Da er sich über Heilquellen gern ins Bild setzt, besuchen sie, auf einem anderthalbstündigen Umweg, Warmbrunns heiße, stark schwefelhaltige Thermen und kommen unverhofft zu einem berühmten Aussichtspunkt, dicht vor den Gebirgskämmen.

Sie fahren weiter nach Schmiedeberg und halten, als es schon zu dämmern beginnt, vor der Posthalterei in Landeshut. Eine Stunde nach Mitternacht, am 2. August, erreichen sie ihr Ziel.

Zirlau.

Dort werden sie zunächst von Wachen des Feldlagers aufgehalten. Goethe weist sich aus und orientiert sich bei ihnen. Die Reisenden müssen noch ans andere Ende des Dorfes. Hinter dem letzten Gehöft stehen die Zelte des Brigadestabes in Form eines Hufeisens um das Zelt des preußischen Reitergenerals Karl August von Weimar. Vor einem Nachthimmel mit zunehmendem Mond.

5

Das Wiedersehen, wenn man so will, kommt später. Vorrang haben hier die Begrüßungen. Brandenburgische Regimentskommandeure und ihre Stabsoffiziere stehen im Halbkreis um den General.

Endlich können sie sich absentieren, der Herzog und Goethe, indem sie, scharf ausschreitend, das Zeltlager umrunden. Die Freude des Wiedersehens auf Goethes von Tag- und Nachtfahrten gezeichnetem, stark gebräuntem Gesicht. Auch der Herzog hat eine braunrote Gesichtsfarbe und strahlt wie ein sehr junger Mann. Er erkundigt sich nach Christiane, dem winzigen Burschen August und *Tassos* Aufnahme beim Publikum. In dieser Reihenfolge.

Die Komplettierung der Ausgabe seiner *Schriften in acht Bänden,* berichtet Goethe, werde von einem sorglosen Verlagsbuchhändler verzögert, hinausgeschoben. Endlich, Ende Juni, sei Band VII herausgekommen. Er hat je ein Exemplar von Band VI und VII für den Herzog dabei und überreicht ihm beide.

Nun sieht man dem Herzog wieder die zweiunddreißig Lebensjahre an. Doch auch den Brigadier. Den Chef.

Er lädt seine Herren zu einem ausgedehnten Frühstück ein.

Man erörtert die Lage.

Goethe erfährt endlich Eindeutiges über die *Reichenbacher Konvention.* Hört auch, daß man noch auf einen Kurier der Hohen Pforte warte.

Es kommt also zu keinem Krieg.

Doch der Frieden von Reichenbach, so äußern sich, martialisch schmunzelnd, die Herren aus den Feudalregimentern, ist von *Preußen* gewonnen worden!

Alle erwarten täglich neue Ordre. Denn ihr Landesvater und Oberster Kriegsherr – das ist durchgesickert – soll sich schon in Breslau angesagt haben, um dort nicht nur Paraden seiner erfolgreichen Truppen abzunehmen, sondern auch im großen Stil mit ihnen zu feiern.

Goethe erholt sich rasch von den Reisestrapazen. Wie erwünscht, lernt er das Leben in einem Feldlager kennen. Er darf im herzoglichen Zelt schlafen.

Der Oberst des Regiments Gensdarmes zitiert laut und deutlich, daß Goethe es auch gut hören kann: Seine Reiter seien *Erben eines alten Ruhmes auf dem Felde kavalleristischer und gesellschaftlicher Ehre.* Denn wir haben, setzt der Oberst hinzu, nicht nur Schlachten die Richtung, wir haben auch der Gesellschaft den *Ton* gegeben.

Nicht sonderlich überrascht ist man auf seiten der Offiziere, als es sich herumspricht, daß man nunmehr die Ehre habe, dem – inzwischen weltberühmten – Autor des Büchleins *Leiden des jungen Werthers* hier öfter zu begegnen. Na und? Weit mehr Respekt verschafft sich der Zivilist aus Weimar als ein in der Kunst des Reitens von Jugend auf Geschulter, Versierter, als Herzogbegleiter zu Pferd.

Goethe nimmt an Ausritten bis ins Riesengebirge teil. Es ist unermeßlich waldreich und soll einem Grafengeschlecht Schaffgotsch gehören. Wenn inmitten dieser Wälder große alte Tannen gefällt werden, erzeugt ihr Niederstürzen und Aufschlagen ein weithin schallendes Geräusch, endend mit einem tiefen Paukenton. Unvergeßlich.

Als Goethe einmal die Kavalkade anführt, reiten sie unter wandernden Wolkenschatten nach Bad Warmbrunn, auf den Weihrichsberg. Das Glück begünstigt ihn: die Sicht ist diesmal außerordentlich weit. (Daß das Gebirge sich über zweihundert Tage im Jahr halb oder ganz in Wolken und Nebel hüllt, wer weiß das schon – außer ihm!) Die Offiziere sitzen ab. Sie stehen und schauen, oder sie stiefeln durch ungemähtes Gras, hierhin, dorthin. Vor ihren Augen verschiebt sich das Panorama. Ja ein Staunen breitet sich unter ihnen aus. Sie öffnen ihre zusammengefalteten Landkarten, suchen nach Bergnamen, Höhenangaben. Der Oberst benutzt ein Perspektiv, läßt es dann herumgehen. Goethe, offenbar voller Grillen, haßt Fernrohre und verhehlt es nicht.

Das alles kehrt dann so in seinen Versen wieder:

Feldlager

Grün ist der Boden der Wohnung, die Sonne scheint durch die Wände,
Und das Vögelchen singt über dem leinenen Dach;
Kriegerisch reiten wir aus, besteigen Schlesiens Höhen,
Schauen mit gierigem Blick vorwärts nach Böhmen hinein.

Aber es zeigt sich kein Feind – und keine Feindin; o bringe,
Wenn uns Mavors betrügt, bring uns, Cupido, den Krieg.

Da kommt schließlich der Befehl zum Rückmarsch. Vorher jedoch hat die Armee in Breslau, zumeist aber vor Breslaus Toren, Quartier zu beziehen. Am 8. August bricht alles auf. Doch Goethe setzt sich nun von der Brigade ab. Er hat sich von *Durchlaucht dem Herzog* einen bestimmten Umweg nach Breslau ausbedungen. Allein reist er mit der Postkutsche just an jenem Tag nach Reichenbach, als die Bürgerschaft die noch anwesenden Teilnehmer des Friedenskongresses mit einer Feier und – nach Anbruch der Dunkelheit – mit einem Fackelzug ehrt.

Sternschnuppen.

Anderntags fährt Goethe mit der Post über Schweidnitz, um den Berg Zobten herum …

Einen halben Tag verbringt er im Granitbruch von Grädiz.

Mit Beobachten. Nachdenken. Zeichnen.

Im-Schatten-Sitzen.

Träumen.

Für Goethe ist der Granit unbestreitbar das Urgestein. (Ich vermute, daß nahezu alle seine naturwissenschaftlichen Forschungsergebnisse Teile eines von ihm erschaffenen Mythos sind.) Schon seit sechs Jahren, also seit 1784, gibt es von ihm eine kleine, hinreißend geschriebene, das heißt, poetisch urkräftige Studie –

Der Granit:

Jeder Weg in unbekannte Gebirge bestätigte die alte Erfahrung, daß das Höchste und das Tiefste Granit sei, daß diese Steinart die Grundfeste unserer Erde sei, worauf sich alle übrigen mannigfaltigen Gebirge hinauf gebildet. In den innersten Eingeweiden der Erde ruht der Granit unerschüttert, seine hohen Rücken steigen empor, deren Gipfel nie das alles umgebende Wasser erreichte.

Aus bekannten Bestandteilen, auf eine geheimnisreiche Weise zusammengesetzt, erlaubt dieses Gestein ebensowenig seinen Ursprung aus Feuer wie aus Wasser herzuleiten. Die Lage und das Verhältnis seiner Teile, seine Dauer, seine Farbe ändert sich mit jedem Gebirge, und die Massen eines jeden Gebirges sind oft von Schritt zu Schritte wieder in sich unterschieden, und im ganzen doch immer wieder einander gleich.

Und so wird jeder, der den Reiz kennt, den natürliche Geheimnisse für den Menschen haben, sich nicht wundern, daß ich den Kreis der Beobachtungen, den ich sonst betreten, verlassen und mich mit einer recht leidenschaftlichen Neigung in diesen gewandt habe. Ich fürchte den Vorwurf nicht, daß es ein Geist des Widerspruches sein müsse, der mich von Betrachtung und Schilderung des menschlichen Herzens, des jüngsten, mannigfaltigsten, beweglichsten, veränderlichsten, erschütterlichsten Teiles der Schöpfung zu der Beobachtung des ältesten, festesten, tiefsten, unerschütterlichsten Sohnes der Natur geführt hat. Denn man wird mir gerne zugeben, daß alle natürlichen Dinge in einem genauen Zusammenhange stehen …

Wie verabredet, holt Paul Götze, mit frischen Vorspannpferden vor der böhmischen Halbchaise, Goethe in Seifersdorf ab. Darauf geht es geradewegs zu dem ebenerdigen Herrenhaus von Gräbschen, das der Herzog und Chef der Brigade eben mit engstem Gefolge als sein Hauptquartier bezogen hat. Gräbschen, zu jener Zeit ein kleines Dorf, liegt eine halbe preußische Meile südwestlich von Breslau.

Am Tag nach seiner Ankunft schreibt Goethe an die Herders in Weimar einen berühmt gewordenen Brief. Er gibt seine Adresse fehlerhaft an, offenbar hat er den Ortsnamen nur nach dem Gehör aufgezeichnet.

Grebischen vor Breslau, d. 10. August 90

Nach geschloßnem Frieden macht nun die ganze Armee sachte Rückbewegungen. Die Brigade des Herzogs liegt auf Dörfern ohnweit Breslau. Heute war ich in der Stadt und habe nur den Minister Hoym einen Augenblick gesprochen.

Seit Anfang des Monats bin ich nun in diesem zehnfach interessanten Lande, habe schon manchen Teil des Gebirgs und der Ebene durchstrichen, und finde, daß es ein sonderbar schönes, sinnliches und begreifliches Ganzes macht. Manche Unannehmlichkeit und Plage wird durch neue Begriffe und Ansichten vergütet. Ich werde viel zu erzählen haben, wenn es mir im Winter wieder erzählerisch wird. Schreiben kann ich nicht, das wißt Ihr.

Also nur, daß der Herzog wohl ist, stark und dick, auch der besten Laune. Aller Wahrscheinlichkeit nach bricht die Armee vor Ende des Monats in Schlesien auf. Ich mache eine Reise durch die Grafschaft Glatz und kehre nach Dresden, dann über Freiberg zu Euch zurück.

6

Der erwähnte Graf Hoym ist dirigierender Minister von Schlesien. Nach Königsberg und Berlin gilt Breslau als Preußens dritte Haupt- und Residenzstadt. Somit ist Hoym hier der ranghöchste Beamte. Seine Ministerwohnung liegt im königlichen Schloß. Goethe hat also, von Gräbschen kommend, einen langen Weg zurücklegen, die halbe Stadt durchqueren müssen. Auch Breslau zehnfach interessant?

Ohne Gepäck ist die böhmische Halbchaise ein leichtes Gefährt und kann mühelos als Einspänner gefahren werden. Umgehend sorgt Goethe dafür, daß sich Paul Götze unter den militärischen Reservepferden der herzoglichen Equipe umschauen und sich dann vorderhand eines der Pferde ausleihen darf. Paul entscheidet sich für *Köhlerhannes,* einen schnellen, glänzend schwarzen Traber.

Nachmittags macht Goethe einen zweiten Besuch. Er gilt dem Justizminister von Schlesien, einem Freiherrn von Danckelmann, dessen Amtssitz sich im alten Oberamtshaus befindet, einem schönen mächtigen Gebäude aus der Renaissance.

Von Minister Hoym und Minister Danckelmann wird man in meinem Buch kaum noch etwas hören. Namen von Würdenträgern, die bloße Namen bleiben. Ebenso wird es noch vielen anderen ergehen, die im

Zusammenhang mit Breslau auftauchen. Dennoch will ich sie später alle aufzählen. Erst die Fülle der Namen gibt einen einmaligen Hintergrund für Goethe ab. Nie wieder ist er einer solchen Anhäufung von offiziellen und gesellschaftlichen Verpflichtungen nachgekommen.

Zwischendurch, meist zu Mittag, hält Paul nun in der Ohlauer Straße, vor der Gastwirtschaft *Zum Rautenkranz*. Goethe hat entdeckt, daß er hier an der *Table d'hôte* vorzüglich und nicht zu teuer speisen kann. Paul, der währenddessen mit anderen Kutschern in der Schankstube bedient wird, hat auch nicht den mindesten Grund zu einem unzufriedenen Gesicht.

Was Goethe bisher von Breslau kennengelernt oder gerade gesehen hat, ist noch sehr wenig.

Einmal verliert Goethes Kutscher, mitten im Gassengewirr, zwischen den wohl ältesten Häusern der Stadt, seine (fast) untrügliche Orientierung. Da biegt er aus einer dieser beträchtlich engen Schluchten aufs Geratewohl, doch vorsichtig, nach links in eine andere Schlucht, dann wird es etwas heller, er fährt durch einen Torbogen und hat nun keine Wahl mehr. Vor ihm dehnt sich eine breite und lange Brücke. Es ist so viel Platz auf ihr, daß Goethe seinen Wagen halten läßt.

Er steigt aus. Als erstes blickt er in die Höhe, hinauf zu den oberen Regionen. Um, beispielsweise, anhand des Sonnenstandes die Himmelsrichtungen herauszufinden. Gerade haben sich Wolken vor die Sonne geschoben. Schönwetterwolken. Aber das verwirrt ihn überhaupt nicht. Als zweites dann sein langer Blick über das steinerne Brückengeländer. Stromabwärts.

Das Wasser der Oder ist an dieser Stelle, trotz seiner leichten Färbung von Ocker, durchsichtig tief. Kein hastiges Fließen, sondern ein breites ruhiges Wandern des Stromes.

Zeitloses, das wohltut.

In südlicher Richtung, dicht am Ufer, eine sich lang ausdehnende, fürstliche Fassade.

Ihr Spiegelbild in der Oder ist womöglich noch schöner.

Am Ende des langgestreckten Gebäudes steht eine Kirche, deren Proportionen von der nachbarlichen Fassade stammen und im Turm der Kirche ihre wohlberechnete Dominante finden.

Stromabwärts, auf beiden Seiten von der Oder umspült, die *Terra sancta.* Goethe hat von der Dominsel und der Sandinsel in seinen Beschreibungen von Sehenswürdigkeiten der Stadt einiges gelesen und sich eingeprägt. Dort drüben also der *Dom,* nach dem Mongolensturm erbaut, mit seinen kantigen Doppeltürmen. Müßte demnach nicht *jener Bau* die Klosterkirche der Augustiner Chorherren sein oder, wie sie von den Alteingesessenen genannt wird, *Maria auf dem Sande*?

Zeitweise umkreisen die Türme Schwärme von weißen Tauben.

Inzwischen hat sich Paul bei Vorübergehenden erkundigt, was das wohl für ein langgestrecktes Bauwerk sei, das sich in der Oder spiegele. Oft weiß oder ahnt der Diener, was sein Herr gern wüßte, und zieht unauffällig die nötigen Erkundigungen ein. Auch diesmal wieder hat Paul die Antwort schon parat.

Nun?

Die *Leopoldina,* erwidert der Neunzehnjährige. Eine

katholische Hochschule mit einer theologischen und einer philosophischen Fakultät.

Beide blicken sich an, und als Goethe schmunzelt, schmunzelt Paul zurück.

Nun wünscht Goethe, die Portalseite der Hochschule zu besichtigen. Paul muß daher mit der Chaise umkehren, was er bloß am Ende der Brücke tun kann. Kaum hat Goethe wieder Platz genommen, zieht Paul die Zügel straff und pfeift durch die Zähne. Sofort wirft Köhlerhannes die Beine und führt den Breslauer Passanten seine zweitschnellste Gangart, den Mitteltrab, vor. Nicht ganz uneitel. Paul behauptet gern, dem Rappen sage sein heller Roßinstinkt, wann Übermut erlaubt, wann Gehorsam für ihn das beste sei. Im Nu sind sie auf dem Platz vor dem Kollegiengebäude.

Der ist weiß und leer vor Hitze.

Nun streichen sie im Schrittempo an der Vorderfront entlang. Und als sie am Ende zur Kirche kommen, die mit der Hochschule in einer Reihe steht, läßt Goethe halten, aber bloß kurz.

Das sei höchstwahrscheinlich die Matthiaskirche, sagt Paul, nicht etwa prahlerisch.

Beinahe im rechten Winkel zur Kirche erhebt sich ein Barockbau. Was Kennern auffallen muß, ist die Abwesenheit von Prunk und Zierde, das Fehlen von ausgeklügelter Überladenheit; die Fassade wirkt geradezu schlicht.

Nun ist Goethe an der Reihe.

Das Matthiasstift, bitteschön! Doch er kennt nicht bloß den Namen des Gebäudes. Er kann Paul auch darüber unterrichten, was es mit dem Matthiasstift für eine Bewandtnis habe. Auftraggeber für diesen Barockbau seien die Jesuiten gewesen; ihnen habe das

Wohlgefallen auslösende Haus als Schule gedient. Mit der Zeit sei es ihnen darin sicher zu eng geworden – nach Goethes Meinung oder Schätzung. Und so hätten die Jesuiten den Kaiser Leopold in Wien dazu gebracht, sie mit diesem herrlichen, weiträumigen Kollegiengebäude – buchstäblich gleich um die Ecke – zu beglücken.

Woher weiß das Goethe mit einemmal? Paul würde es schon sehr interessieren; lernbegierig, wie er ist. Doch wenn man Goethe nach der Herkunft seines Wissens fragt, untertänigst, erhält man von ihm nahezu immer dunkle, vertrackte Antworten.

Goethe kann, jedenfalls nach der Ansicht von Paul Götze, in derartigen Fällen ein ausgesprochener Geheimniskrämer sein.

Die nachfolgenden sechzehn Zeilen schreibe ich nur für Leser hin, die aus Kreuzburg in Oberschlesien stammen wie ich:

Im Mittelalter unterhielten hier in Breslau (wohlgemerkt an derselben Stelle, wo für Goethe das Matthiasstift steht) die aus Prag herbeigerufenen *Kreuzherren vom Roten Stern* das Elisabeth-Hospital. Unter anderem waren diese Herren auch, 1253, die Gründer der Stadt Kreuzburg, einer Stadt nach deutschem Recht, die sie östlich der Oder anlegten.

Das erwähnte Hospital hatte Herzogin Anna den *Kreuzherren vom Roten Stern* gestiftet. Sie war die Witwe des Piastenherzogs Heinrich II., der am 9. April 1241 in der Schlacht bei Wahlstatt sein Leben ließ. Früher erzählte man uns, die Schlacht sei zwar nach schierer Raserei des Blutvergießens von dem kleineren

Heer der Deutschen, Polen und Böhmen verloren worden, habe aber den Mongolen dennoch den Rückzug nahegelegt.

Wahlstatt?

Bei Liegnitz, in Niederschlesien, richtig!

Ja dort, wo einmal der anscheinend nicht aufzuhaltende Mongolensturm – wie bei Stürmen bisweilen üblich – sich urplötzlich drehte, in die entgegengesetzte Richtung.

Schon 1223 waren die Russen, gleich zweimal im selben Jahr, von den Mongolen heimgesucht worden. Aber erst seit 1237 unter der Führung Batus, eines Enkels von Dschingis-Khan, gelang es den Reiterheeren aus Fernost, die russischen Fürstentümer binnen drei Jahren zu unterwerfen.

Russen waren es auch, die die Metapher von der *Goldenen Horde* erfanden.

Hunderttausend Reiter sind noch nicht am Ziel. Sie galoppieren weiter nach Westen, *verbrannte Erde* zurücklassend. Überraschend bilden sich zwei Heereskeile; der größere mit rund sechzigtausend Reitern biegt nach Ungarn ab, die anderen Vierzigtausend reiten pfeilgrad, pfeilschnell durch Polen, durch Schlesien und würden gern noch das sich ihnen bei Wahlstatt entgegenstellende deutsch-polnisch-böhmische Heer unter Heinrich dem Zweiten über den Haufen reiten. Die Verteidiger sind den Angreifern nicht bloß zahlenmäßig unterlegen mit ihren kaum zehntausend Kriegern, sie haben sich auch von ihrer mittelalterlichen Taktik und ihren ungeschlachten, schweren Rüstungen noch nicht getrennt. Das heißt, sie suchen den Nahkampf, Mann gegen Mann. Die Mongolen hingegen beherrschen schon das Operieren im Raum, das Schwenken, Sichzurückziehen, das erneute Angreifen aus wechselnden Richtungen, das Verwirrung stiftet. Zum Sturm lösen sie sich in Schwärme auf. Sie sind leicht bewaffnet und in Lederwämsen, von ihren Bögen schwirren die Pfeile treffsicher, wie Hagelwolken dicht, hinüber zu ihren Gegnern und verwunden oder töten Ritter und Roß.

Noch ehe die Sonne untergeht, reißen sie mit einemmal ihre kleinen, schnellen, zähen Pferde herum und fegen im Donner und Staub von, sagen wir, hundertzwanzigtausend Hufen wieder ostwärts, vereinigen sich unterwegs mit dem ebenfalls siegreich zurückjagenden Heereskeil vom Balkan – entschwinden.

Schon ist zwischen Don und Wolga nichts mehr von ihnen zu hören. Vielleicht sehen noch die allerletzten Grenzposten der Ruriks auf dem Hochufer, wie diese unheimlichen Reiterheere in der bläulichen Tiefe des Ostens verdämmern.

Historiker erklären heute, gerade bei Wahlstatt habe die wendige und unbarmherzige Reiterei aus den asiatischen Steppen offensichtlich die Botschaft erreicht, in der Mongolei liege der Groß-Khan im Sterben. Und Khan Batu habe durch seine Anwesenheit bei Hofe seine Besitzansprüche sichern wollen.

In älteren Geschichtsbüchern, ich deutete es schon an, räumte man der Schlacht, die mit äußerster Erbitterung geschlagen wurde, mehr Bedeutung ein, mehr Gewicht. Und ich glaube, zu Recht. Wenn man den alten Namen eines Dorfes, in dessen Nähe, ja zwischen dessen Höfen sich einmal ein so gewaltiges mörderisches Blutvergießen ereignet hat, durch einen neuen Namen ersetzt, das heißt, dieses Dorf umtauft in *Schlachtfeld* – und *Wahlstatt* ist das mittelhochdeutsche Wort dafür –, dann dürfte der Sieg für die Mongolen alles andere als ein Kinderspiel gewesen sein.

Übrigens, Goethes Brief an das Ehepaar Herder ist in seinem Quartier in Gräbschen vor Breslau liegen geblieben. Kann erst übermorgen nach Weimar befördert werden. Dann allerdings direkt durch einen Kurier von den Weimarer Leibhusaren. Dafür wird Goethe seinen Brief vom 10. August mit einer interessanten Nachschrift vom 12. August versehen, die so beginnt:

Der König kam gestern früh an ...

7

Hier muß ich den chronologischen Ablauf unterbrechen. Muß nunmehr von *gestern früh* so erzählen, als ob es noch einmal *heute früh* wäre. Ich habe meine Gründe.

Heute früh also, am 11. August, beschäftigt sich halb Breslau begeistert mit der Ankunft des Königs, genauer: des Königspaares. Alle, die es näher angeht, wissen Bescheid und finden sich rechtzeitig zur angesagten *Großen Cour* im königlichen Schloß ein.

Goethe ist unter den Geladenen. Er tauscht mit Minister von Danckelmann Höflichkeiten aus. Verwundert hört er dann von anderer Seite, zum ersten Mal, sein Fürst habe vom Hin- und Herpendeln zwischen Gräbschen und der Breslauer Innenstadt genug. Und weil sich das auch künftig nicht ändern, im Gegenteil, noch zunehmen wird, will er noch heute, gegen Abend, sein neues Absteigequartier im Hôtel *Zum roten Haus* in der Reuschestraße beziehen. Als Goethe seinen im Paraderock eines Generals der Kavallerie erschienenen Informanten fest ins Auge faßt, ist es plötzlich der Herzog in persona.

Schlag zehn betreten König und Königin samt ihrer Suite den Empfangssaal. Die Große Cour kann beginnen. Sie beginnt mit einem vielstimmigen Gesumm. Goethe weiß allerlei über diesen König von Preußen, sieht aber Friedrich Wilhelm II. so, wie er leibt und lebt, zum ersten Mal.

Ist der nicht beinahe so lang wie einer der *Langen Kerls* seines Großvaters, Friedrich Wilhelms des Ersten? Doch im Gegensatz zu jenen Kerls auffallend stiernakkig und feist.

Man kann ihn freilich, insbesondere der Damenwelt zuliebe, anziehender schildern, diesen Neffen des großen Friedrich und Erben seiner berühmten Armee.

Er ist hoch und wuchtig gewachsen, steht also in keinem Vergleich zu seinem fast krüppelhaft kleinen Onkel. Er ist vollblütig; dabei fromm oder vielmehr bigott. Er will mit der laxen Aufklärung seines Vorgängers aufräumen und wird seinem Philosophen Kant in Königsberg nicht weiter gestatten, einzelne Lehren des Christentums durch Kritik zu entstellen oder herabzusetzen. Er ist leutselig und gutmütig; das unbarmherzige Fuchteln mit dem Korporalstock wird durch seinen Feldmarschall Möllendorf auf seinen Wunsch hin eingeschränkt. Das macht ihn beliebt bei den Mannschaften, mit denen er freundlich redet und die er nicht als Kanonenfutter ansieht.

(Nur zwei Jahre später, bei der Kampagne in Frankreich, wird es unter seinen Offizieren und Mannschaften heißen: Der König ist tapfer vor dem Feind.

Und Goethe wird dabei sein, es aufzeichnen, ja er wird diesen König mehrmals zu Pferde sehen – einmal, wie er unbekümmert im strömenden Regen der Champagne ohne Mantel reitet. Zum höchsten Verdruß der verzärtelten französischen Emigrantenprinzen in seiner Suite, die sich, auch bei diesem Hundewetter, streng nach dem König richten müssen, um der Etikette zu genügen.

Während der Kampagne in Frankreich regnet es fast ununterbrochen, zwei Monate lang.)

Nun steht Se. Majestät im Schloß von Breslau, an Körpergröße die meisten seiner Gäste überragend, im Mittelpunkt. Der König trägt die Galauniform eines Feldmarschalls in Preußisch Blau, mit goldstrotzenden Epauletten, wodurch die mächtigen Schultern noch mächtiger wirken. Sein Hofschneider hat die Uniform so raffiniert weit zugeschnitten, daß es kaum auffällt, wie beachtlich Se. Majestät zur Fülle neigt.

Neben ihm Königin Friederike von Preußen. Mit einem fast schon aus der Mode gekommenen *Cul de Paris*. Doch ganz in Weiß. (Weiß ist unbedingt die neue Modefarbe.) Erst beim zweiten Blick entdeckt man an ihrem Staatskleid Spuren von einem sehr hellen Blaugrün: bei Bändern, Schleifchen, am eingefaßten Saum. Große Türkise wechseln mit weithin blitzenden oder wie in Feuer stehenden Diamanten ab: um Hals und Handgelenke, im Diadem. Königin Friederike geht nun schon deutlich in die Breite; schließlich hat sie dem Haus Hohenzollern (brandenburgisch-preußische Linie) vier Söhne und zwei Töchter geboren. Um sich mit Friederike von Hessen-Darmstadt 1769 vermählen zu können, mußte sich damals der Prinz (späterer König Friedrich Wilhelm II.) von seiner ersten Gemahlin, einer Elisabeth von Braunschweig, trennen.

Unter den Fürstlichkeiten und anderweitigen hochadligen Herrschaften, die zunächst dem Königspaar huldigen dürfen und von ihm begrüßt werden, ist der Herzog von Weimar nahezu der erste. Nicht nur, weil er mit einer feudalen preußischen Kavalleriebrigade, allen anderen voraus, in das schlesische Vorgebirge einritt, wobei das dortige Kantonnement seiner Truppen sicher nicht unwesentlich dazu beitrug, daß die *Reichenbacher Konvention* von allen Anwesenden überaus fix unterzeichnet wurde. Was weit mehr zählt, vornehmlich für die Königin, ist die verwandtschaftliche Verbindung der Herzogsfamilie mit dem Haus Hohenzollern. Schwager Karl August von Weimar im Paraderock mit hohem, goldbesticktem Stehkragen und goldbestickten Beinkleidern überbringt der Schwägerin Friederike sehr herzliche Empfehlungen und Grüße von ihrer Schwester Luise sowie von der Herzoginmutter Anna Amalie. Beide, Königin und Herzogin, stammen aus dem Haus Hessen-Darmstadt.

Eine der ersten Erzählungen, die Goethe nach seiner Ankunft in Weimar 1775 zu hören bekommen hatte, war die Geschichte von den fünf hessischen Prinzessinnen. Der blutjunge Herzog erzählte sie ihm und konnte gegen Ende der Geschichte sein Kichern kaum verbeißen.

Später erzählte Goethe die Anekdote gern weiter, im vertrauten Kreis, versteht sich.

Als Luise von Hessen noch nicht die Herzogin von Weimar war, kurz vor ihrer Brautzeit, hatte das Haus Hessen-Darmstadt mehrere Versuche unternommen, sich in das hochexklusive, kombinatorische Heiratsspiel der Dynastien einzuschalten. Die alte, große Katharina von Rußland hörte von den fünf Prinzessinnen. Sie zog Erkundigungen ein. Das Haus Hessen-Darmstadt schien für sie ein *obskures Haus* zu sein. Nur weil sie auf der Suche nach Heiratskandidatinnen für ihren Sohn schon recht ermüdet war, ließ sie schließlich drei dieser Schwestern, die noch im Mädchenalter standen, nach Moskau kommen.

Katharina beobachtete diese Mädchen vom Fenster aus, gleich, als diese aus ihrer Reisekutsche stiegen. Und schon auf den ersten Blick hin lehnte sie ausgerechnet Luise ab. Das war für den Weimarer Hof und Goethe nun wirklich zum Schmunzeln.

Auch Friederike, die zweite, fand vor den Augen der Zarin keine Gnade. Später, als Friederike in Berlin auftauchte, war der Prinz – und spätere König Friedrich Wilhelm II. – augenblicklich so verliebt in sie, daß er sie auf Biegen und Brechen heiraten mußte – das heißt, es machte ihm nicht viel aus, seine erste Gemahlin in die Wüste zu schicken, so der damalige Sprachgebrauch, und sich dann im selben Jahr noch mit Friederike zu vermählen.

Die dritte Schwester aber hatte in Moskau Glück.

Darum können sich nun Luise und Karl August auf einen russischen Schwager berufen.

Der Preußenkönig versucht, seine plötzlich aufsteigende Ungehaltenheit zu verbergen. Dennoch merkt man es ihm an, daß ihm ärgerlich zumute wird, verdammt ärgerlich, wenn sich die Königin mit dem fürstlichen Schwager unversehens so weit entfernt, daß der König nicht mehr hören kann, auch nicht mit halbem Ohr, was zwischen den beiden zur Sprache kommt.

Sein Geschlechtsleben?

Brüsk wendet er sich von einem hochadligen Vetter ab und gesellt sich, anscheinend zufällig, zu seiner Gemahlin und zu seinem Schwippschwager aus Weimar. Die beiden sind jedoch auf der Hut und reden Belangloses. Aber der mißtrauische König nimmt sich Zeit für eine Konversation à trois.

Sie parlieren eine Weile – bis ihn die Königin unvermittelt fragt, ob es ihm schon zu Ohren gekommen sei, daß die Reichsgräfin zu Rhein ihren Liebhaber geheiratet habe. Ohne die königliche Antwort abzuwarten, fährt sie fort:

Die Reichsgräfin ist jetzt bloß eine Baronin Donnersmarck. Als ich ihr verwundert gratulierte, dankte sie mir, doch dann entgegnete sie: Als Reichsgräfin konnte ich, trotz all meiner Beziehungen, für Botho Donnersmarck nichts erreichen. Es hat sich wohl längst herumgesprochen, daß er nur ein mittelmäßiger Kopf ist. Donnersmarck gehört eben nicht zu den Männern, mit denen man als Liebhaber Staat machen kann. Als Gatte reicht er aus.

Friedrich Wilhelm verzieht sein Gesicht; was dabei herauskommt, ist eine Art von saurem Lächeln. Karl August lacht dazu fröhlich und laut.

Längst weiß der König, daß ihn die Königin verabscheut. Ihr Gesicht zeigt oft Verbitterung über seine adligen und bürgerlichen Affären. Trostlosigkeit. Wenn ihr der Gedanke an die Nebenbuhlerinnen auch zu schwer wird, besitzt sie immerhin noch manchmal die Kraft, den König vor aller Augen, so wie jetzt, verächtlich und hochmütig scharf aus ihren hellen Augen anzublitzen.

In solchen Momenten liest er von ihren Lippen immer denselben Satz ab: In Staub mit den Mätressen Brandenburgs!

Da läßt er den Kopf hängen, entfernt sich.

Zum *Großen Diner,* das auf die Cour folgt, wird nur der Hochadel eingeladen. Die Nichtbeachtung durch den König ist Goethe gleichgültig. Gemessen wendet er sich dem Ausgang zu. Er hat kürzlich sein Erotikon geschrieben, die *Römischen Elegien* und die *Venetianischen Epigramme,* doch so, wie dieser Gewaltmensch mit den Frauen umspringt, das findet auch Goethe als Vielweiberei zu opulent, eher dem sagenhaften König Salomo angemessen. Die einst von Friedrich Wilhelm so geliebte Friederike mußte es dulden, daß der Herrscher inzwischen zwei Ehen zur linken Hand einging. Die erste mit einem Fräulein von Voß (spätere Gräfin Ingelheim); nach deren Tod dann die zweite mit einer Gräfin Dönhoff, die seine königliche Nachkommenschaft durch zwei weitere Abkömmlinge (Bastarde) zu vermehren half. Doch dieser großherrliche preußische Pascha ist damit noch nicht zufrieden. Er hat außerdem ein Verhältnis mit einer gewissen Wilhelmine Enke – das zeitlebens dauern wird.

Unter den langsam aus dem großen Schloßsaal strömenden Gästen wird Goethe von einem Herrn von

Schuckmann entdeckt. Beide kennen sich nicht persönlich, ja, Goethe hat den Namen Schuckmann bislang nie gehört.

Schuckmann schildert diese unverhoffte Begegnung noch am selben Tag schriftlich so:

Heute war bei der Ankunft des Königs große Cour. Ich sah einen farbigen Herrenrock – und aus diesem ziemlich gemeinen Rock ein ungemeines Gesicht hervorblicken. Frage lange vergeblich nach dem Eigentümer von Gesicht und Rock – und höre – endlich – Goethe! Wir machen Bekanntschaft, aber freilich, wie man das so macht. Ich nannte schließlich Deinen Namen als Empfehlung. Goethe sprach herzlich über Dich – – doch mir ist, als werde ich Goethe in unserem Breslauer Trubel – nicht wiedersehen.

Der gebürtige Pommer *Friedrich von Schuckmann* ist zu dieser Zeit Rath im Oberamtshaus (Kammergericht) und, woran ihm gegenwärtig mehr liegt, Obergrichter.

Der Freund übrigens, dem Schuckmann seine Begegnung brieflich mitgeteilt hat, heißt Johann Friedrich Reichardt und ist Komponist und Kapellmeister in Berlin.

Goethe ist Reichardt deshalb so freundlich gesonnen, weil dieser Berliner Komponist der erste gewesen ist, der Goethe-Gedichte in Lieder verwandelt hat. Sie werden jetzt gern gesungen.

8

Nach dem großen Diner mit dem Hochadel, das um fünf zu Ende geht, verlegt Se. Majestät das Hoflager aus dem königlichen Schloß an die Breslauer Peripherie. Es handelt sich um die Villa des Fürsten Hohenlohe-Ingelfingen. Sie liegt am Eingang des Hohenloheschen Gartens (den man später in Scheitniger Park umtaufen wird). Wenigstens für eine Weile, meint der König, sei er hier vor dem Gros weiblicher und männlicher Beobachter sicher; weitab vom Schuß.

Wie angekündigt, zieht an diesem Tag auch der Herzog von Weimar um: in das stattliche Hôtel *Zum roten Haus*, unweit des Breslauer Ringes.

Erst anderntags schlägt Goethes Verwunderung über die herzogliche Information fast in eine Form von Kränkung um.

Warum hat ihn der Herzog hier draußen in Gräbschen einfach sitzenlassen? Ist er nicht mit seinem Stab, seiner vollständigen Suite abgerückt? Auf diese Weise kann man einem *Favoriten* zu verstehen geben, daß er keiner mehr ist.

Goethe hat die Zeit, in welcher er der Favorit war, seit langem hinter sich. Jahre schon, ein Jahrzehnt, ist er des Herzogs liebster Geheimrat. Sagen sie nicht *du* zueinander, wenn sie nur unter sich sind? Ganz abgesehen von der noch immer wachsenden Bewunderung des Fürsten für seinen Dichter; dabei hält er ihn schon für den zur Zeit größten im Deutschen Reich …

Vielleicht habe der Herzog gedacht, denkt Goethe, er müsse auch des weiteren Goethes Wunsch und Bitte (das 90er Jahr so viel als möglich unter freiem Himmel verbringen zu dürfen) ganz wörtlich nehmen und erfüllen.

Goethe besinnt sich, am Morgen nach der Ankunft in Gräbschen seinem Herzog nicht ohne Enthusiasmus erklärt zu haben, wie wohltuend die Stille und die kühlen, duftenden Schattenfluchten des weitläufigen Parks auf ihn wirkten, mitten in den Hundstagen!

Das war natürlich in diesem Moment – mit einem gern benutzten Wort aus seinem Wortschatz – borniert von ihm. Hatte er sich wirklich nicht imaginieren können, daß in aller Kürze auch für ihn das Zentrum seines Tuns in der Innenstadt oder Altstadt Breslaus liegen werde? Und wie beschwerlich es für ihn sein würde, vom Herrenhaus Gräbschen täglich, womöglich mehrmals täglich, immer nur auf langen, zeitraubenden Wegen zu Gastgebern, Würdenträgern, militärischen Veranstaltungen, ja zu all den häufig wechselnden Plätzen zu gelangen, wo das Leben der Gesellschaft in diesen Tagen kulminierte?

Da hatte sich also zwischen dem Herzog und ihm ein erstaunliches Mißverständnis breitgemacht.

Goethe handelt nun umgehend.

Paul Götze muß im Eiltempo alles für den Stellungswechsel vorbereiten. Wieder einmal verstaut er die Siebensachen und die zwei Reiterpistolen seines gnädigen Herrn sowie sein eigenes Zeug in der Halbchaise, wirft dann Köhlerhannes, der noch ungestriegelt ist, ruckzuck das Geschirr über und spannt ihn vor …

Im Hohen Trab geht es über Stock und Stein geradewegs in die Reuschestraße. Das heißt, man tut besser, mit Pferd und Wagen zunächst auf dem Breslauer Ring einen Halbkreis zu beschreiben. Danach ist das Hôtel *Zum roten Haus* wirklich nicht zu verfehlen.

Nachdem Paul den schwarzen Traber vor dem Portal der No. 45 zum Stehen gebracht hat, tritt Goethe Augenblicke später in die Vorhalle des Hotels ein. Im Nu, ja wie herbeigezaubert, kommt der Herzog mit seinen Adjutanten stürmisch die breite Holztreppe herab. Sie haben Vorbereitungen für die Parade zu treffen.

Im Beisein Dritter erkundigt sich Goethe mit dem geziemenden Respekt, ob hier im Roten Haus auch noch Platz für ihn sei, für ihn wie für seinen Diener Götze.

Das will ich meinen! ruft ihm der Herzog wohlgelaunt zu. Ich habe mehr als die Hälfte des *Roten Hauses* gemietet. Also Platz genug! Auch für Goethe und Compagnie. Wenn nicht im zweiten, dann im dritten Stockwerk. Und denken Sie an den Unterschied: Gemietet ist nicht requiriert!

Seine beiden Kavallerieregimenter gehören zu den Gardekürassieren, der Schweren Reiterei. Preußens Garde ist schneeweiß uniformiert. Nur die überhohen Reiterstiefel sind aus schwarz eingefärbtem, weichem Leder. Zur Feier des Tages haben die Offiziere ihre Brust- und Rückenharnische angelegt, die aus Stahl und mit einer Messingschicht überzogen sind; die Schilde spiegeln und blitzen. Der fürstliche General trägt am Kragen und an den Aufschlägen goldene Litzen und Stickereien; sein dreieckiger Hut ist goldverbrämt. Nun lüftet er ihn kurz und entfernt sich mit den Offizieren fast im Laufschritt.

Einer der Hausburschen des Hotels, der Goethe mit *Exzellenz* anredet, führt den neuen Gast draußen um das Haus herum, während er gleichzeitig die Chaise in die rückwärtige Straße einwinkt und ihnen dann das Hoftor öffnet. Goethe erfährt zu seiner Verwunderung, sämtliche Pferdeställe, Wagenremisen, Heuböden, Haferkammern, Kutscher- und Dienerunterkünfte habe Ihre fürstliche Durchlaucht, der General, im voraus mit Beschlag belegt. So findet sich für Goethes Pferd und Wagen leicht ein Unterkommen.

Danach gesellt sich der Quartiermeister des Generalmajors zu Goethe und Götze, lotst beide in die dritte Etage und zeigt ihnen am Ende des langen Korridors die noch freie Suite aus drei kleinen Stuben. Goethe scheint sie zu gefallen. Er dankt.

Die Stube mit zwei Fenstern nach der Reuschestraße bestimmt Goethe zum Repräsentationszimmer. Essen werden sie hier bloß im Notfall. Die zweite Stube, von der man auf den Hof schaut, will Goethe als seinen Arbeits- und Schlafraum benutzen. Paul bekommt die mittlere zugewiesen. Sie hat nur indirektes Licht, das durch die beiden zur Hälfte verglasten Innentüren fällt, die einander gegenüberliegen. Praktisch! Ein Lächeln der Zufriedenheit zieht über Pauls Gesicht mit einzelnen Sommersprossen. Er braucht also nicht erst umständlich auf den Korridor hinaus, wenn sein Herr von rechts oder von links nach ihm ruft. Sogar die gerüschten Gardinen vor den Türscheiben findet er proper.

Nach einer Ruhepause schickt der Geheimrat seinen Diener hinunter zum Hotelier, der schon Bescheid weiß. Paul erhält von ihm einen Schreibsekretär für seinen gnädigen Herrn. Da das Möbelstück massiv ist, muß er zunächst zwei kräftige Hausburschen überreden, ihm beim Transport in den dritten Stock zu helfen. Für diese Leistung steckt Paul ein besonderes Lob seines Herrn ein und fünf Silbergroschen zusätzlich.

Goethe betrachtet den Sekretär von allen Seiten und bezeichnet ihn als überaus hübsch und bequem.

9

Rund fünfundzwanzig Jahre später beginnt Goethe aus seinen *Tag- und Jahresheften* die endgültigen Annalen zu formen. Unter der Jahreszahl 1790 lesen wir beispielsweise:

Angenehme, häuslich-gesellige Verhältnisse geben mir Mut und Stimmung, die *Römischen Elegien* auszuarbeiten.

Kein Wort jedoch über Christiane und den kleinen August, die er kürzlich zu sich genommen hat! Immer wieder fallen hier Vorhänge, hinter denen Goethe seine Lebensumstände verschwinden läßt. Unter derselben Jahreszahl finden wir auch folgende Bemerkungen:

In Breslau hingegen, wo ein soldatischer Hof und zugleich der Adel einer der ersten Provinzen des Königreichs glänzte, wo man die schönsten Regimenter ununterbrochen marschieren und manövrieren sah, beschäftigte mich unaufhörlich, so wunderlich es auch klingen mag, die vergleichende Anatomie, weshalb ich, mitten in der bewegtesten Welt, als Einsiedler in mir selbst abgeschlossen lebte.

Meine Notizen, die ich zu einem Teil seinen Notizen entnommen habe, besagen das Gegenteil: Goethe ist fast ununterbrochen in vornehmer, ja exklusiver

Gesellschaft. Durchaus nicht nur Pflichten nachkommend oder dem Herzog zu Gefallen.

Warum diese Stilisierung?

Ich werde jetzt einfach aufzählen:

Am Sonntag Mariae Himmelfahrt vormittags um zehn Uhr Große Cour. Goethe lernt den um Schlesien hochverdienten Landwirt Carl Jaroslaw von Paczenky sowie den Kriegs- und Domänenrat Karl Ludwig von Klöber kennen. Auch ist der schon erwähnte Friedrich von Schuckmann zur Stelle, der nach der ersten Cour im königlichen Schloß noch der festen Meinung war, er werde Goethe in diesem Breslauer Trubel nie mehr zu Gesicht bekommen. Soviel zum 15. August.

16. August. Friedrich Wilhelm Graf Reden, Direktor der schlesischen Bergwerke und Geheimer Oberfinanzrat, lädt heute zum Diner ein. Goethe trifft hier abermals auf Schuckmann und wird zudem mit einem Herrn von außerordentlicher Beleibtheit bekannt, der einen stutzerhaften gestreiften Seidenfrack, grüne Kniehosen und weiße Strümpfe mit rotem Zwickel trägt, dazu Lackschuhe, die man Escarpins nennt. Er entpuppt sich als Graf Colonna, einer der reichsten schlesischen Großgrundbesitzer, ferner Gemäldesammler, aber auch Förderer industrieller Unternehmungen großen Stils. – Abends zum Ball und Souper. Gastgeber ist Ludwig Anton Graf Hoym, der, wie schon erwähnt, als *dirigierender Minister* in der Breslauer Landesregierung das Sagen hat. Goethe wird dem preußischen König vorgestellt. Danach dem Kronprinzen und dem Herzog von Braunschweig. (Nicht zugegen ist Herzog Karl August, der bereits

am 12. des Monats Graf Hoym zum Abendessen beehrt hat.)

17. August. Diesmal gibt Friedrich von Schuckmann in seiner Wohnung am Roßmarkt (Pachaly'sches Palais) ein Diner. Seit kurzem, nach nur einjähriger Ehe, ist Schuckmann Witwer. Die Mutter seiner so früh verstorbenen Frau leitet vorderhand sein Hauswesen. Schuckmann hat Goethe beobachtet und herausgefunden, daß der verehrte Dichter bei gesellschaftlichen Anlässen, also im großen Kreis, wo das höfische Causieren an der Tagesordnung ist, von diesem Ton ganz und gar nicht abweicht, ja, sich zu keinem herzlichen Wort hinreißen läßt. Um Goethe diesmal das Hofgeschwätz zu ersparen und ihn womöglich dazu zu bringen, ernsthaft, tief aus sich herauszugehen oder sich freundschaftlich ungezwungen zu äußern, hat der Hausherr niemanden dazu eingeladen.

Niemand, das heißt bei Schuckmann: Außer seiner Schwiegermutter ist nur noch eine etwa zwanzigjährige Dame anwesend, die gleichsam mit zur Familie gehört. Henriette Freiin von Lüttwitz. Ihr helles apartes Gesicht leuchtet aus einem Gebüsch von umbrabraunen Haaren hervor, die von zwei bronzierten Kämmen zusammengehalten werden und bei bestimmtem Lichteinfall kastanienbraun aufschimmern.

Der Gast bemerkt es früh, bewundert es wortlos.

Henriettes Vater, so erfährt Goethe, ist Generallandschaftsrepräsentant von Schlesien. Hans Wolf von Lüttwitz verbringt mit seiner Familie den Sommer auf seinem Rittergut Hartlieb, unweit von Breslau. Henriette ist bis zum Tod der jungen Frau des Hauses, der schönen Tochter des Infanteriegenerals von Röder, ihre engste Freundin gewesen. Nun ist es eine Selbstverständlichkeit für sie, sich in Schuckmanns Haushalt so oft wie möglich nützlich zu machen, vor allem für den winzigen Sohn der Verstorbenen zu sorgen.

Goethe ist von Henriette entzückt. Daß sie bisher an den Gesprächen der Herren hauptsächlich mit hin- und herwandernden, unaufdringlich klugen Blicken teilgenommen hat, macht sie für ihn nur noch anziehender. Je mehr die Zeit vorrückt, desto schwerer fällt es Goethe, allein dem ungewöhnlich gebildeten und beredten Friedrich von Schuckmann Rede und Antwort zu stehen. Am liebsten würde er jede noch verbleibende Minute mit Henriette teilen, um sie zum Erzählen zu bringen, um von nichts anderem zu hören als von ihrem Leben.

18. August. Große Cour im königlichen Schloß, die stets pünktlich um zehn Uhr vormittags beginnt. Nachher bittet Arnold Alexander von Imbst, Geheimer Kriegsrat und Bankdirektor, Goethe zum Diner. Und zu Abend ißt er bei Fürst Joseph von Hohenlohe-Bartenstein, der vorübergehend Coadjutor des Bistums Breslau ist und somit den in Ungnade gefallenen Fürstbischof Philipp Graf Schaffgotsch vertritt, der sich grollend auf seine Güter in Böhmen zurückgezogen hat. Wieder ist auch der Kronprinz anwesend.

19. August. Goethe nimmt an einem Souper teil, das die *Schlesische privilegierte Zeitung* als den gesellschaftlichen Höhepunkt dieser Tage bezeichnet. Der glückliche Gastgeber ist Justizminister von Danckelmann. Die allerhöchsten und durchlauchtigsten Herrschaften sind seiner Einladung gefolgt, überdies *die hohe Generalität und die Ministers.* An der Tafel geruht die preußische Königin, auf Goethe aufmerksam zu werden. Sie hat ein gutes, unsentimentales

Urteil über Monsieur Wieland und dessen Romane. Goethe braucht nur weniges in ein helleres Licht zu rücken; obendrein hebt er Wielands Verdienste als Herausgeber des *Teutschen Merkur* hervor, hierzulande der ersten Literaturzeitschrift überhaupt.

20. August. Goethe wird zu einem Diner des Weihbischofs der Breslauer Diözese, Anton von Rothkirch, gebeten.

In den nächsten fünf Tagen, das heißt, bis zu seiner Abreise in die Grafschaft Glatz, trifft Goethe außer den schon Genannten noch folgende Herren:

Johann Timotheus Hermes, Probst an St. Maria-Magdalena und Verfasser des seinerzeit vielgelesenen Familienromans *Sophiens Reise von Memel nach Sachsen;*
Karl Gottlob Redtel, Oberamtsregierungsrat und Oberkonsistorialrat;
Johann Caspar Friedrich Manso, Rektor am Magdalenengymnasium;
Johann Gottlieb Schummel, Prorektor am Elisabethanum, Schriftsteller; zur Zeit galanter Verteidiger einer Gräfin Lichtenau, der allerneusten Mätresse Friedrich Wilhelms des Zweiten;
Ernst Ludwig Gedike, Professor der Mathematik;
Johann Anton Graf Haugwitz, Oberamtsregierungsrat und Oberkonsistorialrat;
Karl von Seydlitz, Präsident der Oberamtsregierung, auch Schriftsteller;
Ernst Friedrich von Kessel, Capitain, Sammler von Kupferstichen;
Christian Garve, Philosoph, der gegenwärtig als die erste literarische Berühmtheit in Breslau gilt;
Wilhelm Gottlieb Korn, Verleger, auch Herausgeber

der *Schlesischen privilegierten Zeitung*, eines weit über Schlesien hinaus angesehenen, auflagenstarken Blattes;
L. von Wedel, Landesjägermeister;
Fürst Reuß XIV., österreichischer Gesandter;
Marquis Lucchesini, preußischer Gesandter am polnischen Hof. (Goethe begegnete ihm zum erstenmal in Neapel, 1787.)

Ebenso sicher scheint mir, daß Goethe bei den großen gesellschaftlichen Zusammenkünften außerdem noch von einigen unbekannten Gästen, die sich ein Herz fassen, angesprochen wird, oder die es für selbstverständlich halten, sich ins Gespräch von Berühmtheiten einzumischen, mitzureden.

Einer von ihnen, der Offizier Karl Friedrich von dem Knesebeck, soll von einer solchen Zufallsbegegnung erzählen. Der Niederschrift des Offiziers muß man wohl folgendes voranstellen:

Goethe hat die Bedeutung Kants für die Epoche, für ihrer beider Zeitgenossenschaft (Kontemporaneität) früh erfaßt. Er las es gern, wenn man in den Zeitschriften jenen Satz zitierte, der später noch den jungen Schopenhauer beeindrucken wird:

Wenn ich eine Seite von Kant lese, wird mir zumute, als träte ich in ein helles Zimmer.

Um 1790 gibt Goethe an, er studiere Kant seit ungefähr zehn Jahren, vor allem seine *Kritik der reinen Vernunft*. Die gerade erst erschienene *Kritik der Urteilskraft* hat er höchstwahrscheinlich auf seine

Schlesienreise mitgenommen. Über dieses Werk wird er sich später mehrfach äußern, unter anderem so:

Nun aber kam die *Kritik der Urteilskraft* mir zuhanden, und dieser bin ich eine höchst frohe Lebensepoche schuldig. Hier sah ich meine desparatesten Beschäftigungen nebeneinander gestellt, Kunst- und Naturerzeugnisse eins behandelt wie das andere ... die großen Hauptgedanken des Werks waren meinem bisherigen Schaffen, Tun und Denken ganz analog.

Jetzt aber soll Karl Friedrich von dem Knesebeck, der Offizier, zu Wort kommen:

Der Zufall hatte mich mit Goethe bei einer großen Abend-Assemblee in einer Fensternische zusammengeführt. Bei dem stolzen gravitätischen Ernste, mit dem er da stand, war ich lange stumm in meiner Ecke und er in der seinigen geblieben. Endlich fragte ich ihn: Welches jetzt das neueste bemerkenswerteste Buch wäre. – Und er nannte, trocken antwortend: Kants *Kritik der Urteilskraft.* – Nun erwiderte ich, daß ich es habe und studieren wolle, da es mir leichter zu verstehen vorkomme als die *Kritik der reinen Vernunft.* – Goethe sah mich mit etwas höhnender Miene an, antwortete nicht darauf und fragte weiter:

Sie haben ja auch wohl bei dem Regiment einen Offizier, der Verse macht?

Ja, den Dichter Franz Kleist.

Goethe war nun gesprächiger, lobte die Leichtigkeit und Sprachfertigkeit, sowie Glätte und Weichheit der Reime in den Kleistschen Versen, von denen er einige gelesen, sprach dabei sehr interessant darüber, wie schöne Verse und glatte Reime konstruieren noch keinen Dichter mache.

Schließlich nickte er mir zu, wandte sich um und brummelte mit sich selbst: Ihr guten Kinder, wenn ihr nur nicht so dumm wäret!

10

Man nimmt es den Schriftstellern oft übel, daß sie sich von der Welt zurückziehen. Man verlangt von ihnen, daß sie sich für die Gesellschaft interessieren, die ihnen doch fast gar nichts nützt. Man will sie zwingen, ewig bei der Ziehung einer Lotterie zuzuschauen, für die sie keine Lose haben.

Die Maxime des französischen Moralisten und Revolutionärs Nicolas Chamfort, die Goethe auf einem noch druckfrischen Blatt gelesen hat, findet er amüsant, kritisch, angenehm trocken und allenfalls zur Hälfte wahr.

Mit einemmal muß er sich an Merck erinnern, seinen Jugendfreund in Darmstadt. Dank Goethes Beziehungen hat Johann Heinrich Merck die Stellung eines hessischen Kriegsrats inne. Was ihm dieses Amt einbringt, gestattet ihm nur ein knappes Auskommen, doch immerhin ein regelmäßiges. Manchmal greift der Herzog persönlich ein. Ihre Korrespondenz freilich ist in den letzten Jahren fast versandet. Merck legt immer größere Pausen ein. Seine Reflexionen haben etwas Zähes, unheilbar Bitteres angenommen. Goethes Erinnerung verliert sich in düsteren Ahnungen.

Im *Roten Haus* ist ein Kommen und Gehen bis tief in die Nacht, ein barsches Rufen und ungekränktes Antworten, ein Donnern mit Türen, ein Stiefelgepolter und Sporenklingen auf den Treppen; manchmal hört man hinter der Wand oder in einem anderen Stockwerk mehrstimmiges Singen von jungen Männern. Tanzlieder. Soldatenlieder. Dann wieder Fluchen auf deutsch, französisch und polnisch. Auch ein hohes Lachen und Juchzen von Stubenmädchen oder das tiefe, befreite Seufzen von dreißigjährigen Geliebten über männliche Wohltaten.

Das Wetter bleibt sehr schön. Oft sind die Sommertage brütend heiß, die Sommernächte, vor allem an der Oder, unvergleichlich.

Goethe ist noch nicht so lärmempfindlich, wie er es zehn Jahre später sein wird. Wenn er zwischen all den Einladungen und dem Besuchemachen hier im bequemen Schlafrock, die Hände auf dem Rücken, an seinem Stubenfenster steht, lauscht er hin und wieder auf die Unruhe im Haus, den Rumor.

Doch nicht alles dringt bis zu ihm herauf. Ja, zuweilen vernimmt er überhaupt nichts. Zum Beispiel, wenn er seine Forschungen in Gedanken fortsetzt, eines seiner anatomischen Probleme löst.

Schaut er mal hinunter in den Hotelhof, sieht er meist Reiter und Kutscher ihre Pferde versorgen. Blickt er jedoch hinweg über nahe, niedrige und in ein wundermildes Altersbraun wie verzauberte Ziegeldächer, heben sich vom Himmel die Kuppel einer Synagoge sowie zahlreiche Kirchtürme ab. Die gehören – laut Stadtbeschreibung – etwa zur Antonienkirche, zur Kirche Karolusstift oder zum Elisabethkloster. Die Farbe des Vormittagshimmels drängt ihm diesmal den

Vergleich mit dem feinen hellen kobaltblauen Schimmern von Schweizer Seen auf.

In der größeren Stube, im offenen Fenster liegend, kann er fast zu jeder Tageszeit auf der Reuschestraße Trommeln hören, die hundert Reihen von herausgeputzten Musketieren, Kanonieren oder Jägern zu Fuß den Gleichschritt einhämmern. Der Zuschauer hat bald den Eindruck, als folge ein Marschtrupp dem andern pausenlos, während sich zum Beispiel eine Eskadron Kürassiere oder Husaren selten dazwischenzuschieben versteht. Aber aus anderen Straßen dringt das Hufeklappern und -klingen der *Gensdarmes,* der *Garde du Corps,* vollzähliger Kavallerieregimenter, auch zu den hochgelegenen Fenstern hinauf.

Wieder einmal habe ich gute Gründe oder lohnende, zu einem schon gewesenen Tag zurückzukehren. Diesmal, meine ich, zum 17. August.

Das ist, noch einmal, der Tag, an dem Goethe bei Friedrich von Schuckmann diniert, zusammen mit der Generalin von Röder, der Mutter der kürzlich im Kindbett gestorbenen jungen Frau von Schuckmann, und mit der engsten Freundin der Toten, die den Namen Henriette von Lüttwitz führt. Goethe und Schuckmann verstehen sich seit diesen Stunden so gut, daß man meinen könnte, damals seien womöglich die Fundamente für eine lebenslange freundschaftliche Verbindung gelegt worden.

Anderntags schreibt Schuckmann an seinen Freund Reichardt, den Komponisten:

Goethe aß gestern mittag bei mir. Nachmittags gingen wir, mit Henriette in der Mitte, zum Zwinger, wo sich 400 Menschen tummelten. (Man beging die vierte Jahresfeier der Thronbesteigung Friedrich Wilhelms des Zweiten, die von unserer *Kaufmannschaft* veranstaltet wurde; am Abend des Gartenfestes gab es einen Ball und Feuerwerk.) Und da war's denn, wo wir Muße und Einsamkeit genug fanden, viel und vertrauter miteinander zu reden. Ich hab ihn doch ganz anders, als meine Vorstellung war, gefunden, gerade zu meiner Zufriedenheit. Daß es schwer ist, ihm näher zu kommen, liegt nicht in seinem Willen, sondern in seiner Eigentümlichkeit, in der Sprachschwierigkeit, seine Gefühle und Ideen so, wie sie in ihm liegen, auszudrücken; in der Intention beider und der Liebe, die diese ihm für sie abdringt. Bis er weiß, daß man ihn errät, fühlt, durch jeden Einlaß, den er gibt, hineinsieht, kann er nicht reden. – So stell ich mir's vor; sag Du mir, ob ich recht habe.

Auch Goethe schreibt nun an Reichardt: Über den Breslauer Rat am Oberamt und Oberbergrichter:

Schuckmann ist mir *sehr* lieb geworden …

Und dann an Schuckmann selbst:

Welches Vertrauen ich zu Ihnen gefaßt, haben Sie gewiß in den letzten Zeiten unseres Umganges gefühlt, und mit Vergnügen habe ich bemerkt, daß der Herzog Sie auch aus der *großen Menge* unterschieden und ein besonderes Vertrauen auf Sie geworfen.

Schuckmann (später), resümierend:

Ich bin sehr nahe und innig mit Goethe bekannt geworden und habe einen vortrefflichen Menschen an ihm gefunden. Was ich Dir über seine Schwierigkeit im Ausdruck schrieb, war ganz weg, sobald er herzlich ward und außerhalb der Konvention mit mir lebte. Kalt kann er eigentlich nicht reden, doch dazu will er sich mit Fremden zwingen, und das hat wohl auch gute Gründe. Folgt er vertrauend seiner Natur, wirft er aus dem reichen Schatze seine Ideen in ganzen Massen hervor. Ich will sagen: er spricht, wie der Algebraist rechnet: nicht mit Zahlen, sondern mit Größen, und seine lebendige Darstellung ist nie Gaukelspiel der Phantasie, sondern seine Bilder sind immer das wahre Gegenstück, was die Natur dem Ding gab, und führen den Hörer ihm zu, nicht ab. Das ist jetzt mein reines Urteil über seine persönliche Art, ohne Einwirkung der Zuneigung, die ich zu ihm gewonnen habe. Freilich, alle übrigen Menschen hier, von Garve bis zu Seydlitz, finden, daß er sich sonderbar ausdrücke, daß er nicht zu verstehen sei und lästige Prätentionen mache; – und doch hat er sich von meiner guten Schwiegermutter recht vertraulich die Wundertaten des Enkels und ihre Wirtschaft im Hause erzählen lassen, die ihn auch recht lieb darum hat. Auch Kessel ist eine Ausnahme; dem war er durch seine Liebhaberei verwandt, und er hat ihn einen Nachmittag, da er Kessels Kupferstiche besah, durch das, was er darüber äußerte, sehr entzückt.

Sein Studium scheint jetzt Kant, und auf seinem Wege in eigener Manier, der *Mensch* zu sein. Das sieht man auch klar in *Faust* und *Tasso*, und ich habe manche vortreffliche Dinge von ihm gehört, die da zu stehen verdienten. Über seine Werke haben wir nicht gesprochen, weil er es zu vermeiden schien. Doch konnte ich's nicht lassen, ihm einmal ein paar Worte über

Tasso zu sagen, der meinem Gefühl *immer der erste von allem, was ich je gelesen, bleibt.*

Ein Mädchen gefiel ihm hier, *die Freundin meiner Seligen,* Henriette, von der Du die Zeichnung bei mir gesehen hast. Auch hier hat ihn *sein Auge* nicht betrogen.

11

Die Große Cour im Breslauer Königshof findet auch weiterhin an jedem Mittwoch und Sonntag statt. Wiederum begegnet Goethe, kaum hat er sich im Saal umgeschaut, Friedrich von Schuckmann. Nach dem gegenseitigen Händedruck zieht Goethe, für einen Augenblick, Schuckmann herzlich an sich.

Der einzige Gast beim gestrigen Schuckmann-Diner dankt dem Gastgeber noch einmal für den halben, mit ihm verbrachten Tag, die guten Gespräche und für den kleinen Ausflug zum Zwinger, wo die Breslauer Kaufmannschaft ebenso unaufdringlich wie fröhlich ihr Gartenfest gefeiert habe. Er vergißt auch nicht zu erwähnen, daß es ihm ein ganz besonderes Vergnügen gewesen sei, Henriette von Lüttwitz nachträglich zu ihrem Geburtstag am 5. August zu gratulieren und mit ihr anzustoßen auf noch möglichst viele Begegnungen, worauf die Einundzwanzigjährige errötet war, doch ihm sodann selbstsicher Bescheid getan hatte. Schuckmann, sechs Jahre jünger als sein Gegenüber, spürt die Wärme, ja Leidenschaft im Tonfall seines verehrten Dichters und stimmt ihm mit glänzenden Blicken zu. Dabei behält er die großgeöffnete Flügeltür unauffällig im Auge.

Jäh beugt sich Schuckmann etwas vor und flüstert.

Da hält auch Goethe Ausschau und mustert das

soeben auf dem Parkett erschienene Ehepaar, dem zwei junge Damen folgen. Freiherr und Freifrau von Lüttwitz mit ihren Töchtern.

Henriettes Eltern haben sich nach altem Stil festlich gekleidet, was die Stattlichkeit des Paares sogar angenehm hervorhebt. Lüttwitz ist allerdings fast einen Kopf kleiner als seine Gemahlin. Doch das bemerken bloß scharfäugige Beobachter.

Die breiten Schultern des Großagrariers, sein männlich gefurchtes und markantes Gesicht setzen ihm ohne weiteres zu, was ihm an Zentimetern fehlt.

Die Töchter hingegen, ganz à la mode, tragen das schwanenweiße Chemise aus Seide, *sans corsage.* Selbstredend wacht die Mutter darüber, daß die jungen Damen, bevor sie ihre Chemisen anlegen, in solide Unterkleider schlüpfen. Daß sie sich nicht etwa heimlich diese fleischfarbenen Trikots beschaffen und unterziehen, womit einige berüchtigte, unerschrockene Kurtisanen sogar bei Hof schon Aufsehen erregt haben. Sind das nicht Bagatellen in diesem Jahrzehnt, in dem (natürlich aus dem revolutionären Frankreich eingeführt) überall in den großen Städten und an den Höfen Europas das reichlich freizügige, *gepuderte* Dekolleté mehr und mehr die Mode bestimmt?

Die Familie von Lüttwitz bleibt nun stehen, voll beschäftigt mit Grüßen, Begrüßungen und Vorstellungen. Links neben Henriette ihre siebzehnjährige Schwester Leonore. Blond. Zierlich. Kokett. Sie ist offensichtlich von ganz anderer Art als ihre dunkelhaarige Schwester. Beide haben Schultern und Ausschnitt in fast unsichtbare Gazeschleier gehüllt. Außerdem gehören zu ihrer Kleidung lange, bis hinauf in die Ellenbeuge reichende Handschuhe aus schneefarbener, mit Atlas gefütterter Seide.

Goethe fällt es schwer, seine Augen von Henriettes weißer, geschmeidig schlanker Gestalt abzuwenden.

Schuckmann entgeht das nicht. Augenblicke später zieht er Goethe am dunkelbraunen Frackärmel hinter sich her, dann läßt er ihn los; Goethe hat das Zeichen verstanden und folgt Schuckmann weiter auf den Fersen. Bei seiner Weltläufigkeit und Erfahrung auf dem Breslauer Parkett ist es für den Rat und Oberbergrichter ein leichtes, den Dichter aus Weimar trotz der Menge der Geladenen durchzulotsen – bis Schuckmann plötzlich von einem kuriosen Zufall spricht und Goethe gar nicht anders kann, als die Familie des Freiherrn von Lüttwitz kennenzulernen.

Der Herr auf Gut Hartlieb, im Vorfeld von Breslau, dem noch vier weitere Rittergüter gehören sollen, dieser Herr mit dem pompösen Titel *Generallandschaftsrepräsentant* trägt zu seiner Perücke mit Zopf auch den höfischen Frack des *Ancien régime,* Kniehosen, weiße Strümpfe und Lackschuhe mit Silberschnallen. Seine Gemahlin hat sich für eine weißgepuderte Hochfrisur entschieden, ebenso für eine *Robe volante* in Altrosa.

Beide Seiten zeigen sich höflich interessiert. Dann ist es Schuckmann, der für eine geraume Weile die Konversation führt. Er erzählt brillant, man lächelt, schmunzelt, amüsiert sich, man lacht vergnügt über eine aktuelle Anekdote, Schuckmann gibt eine weitere zu.

Goethe und Henriette sind in diesem Augenblick so sicher, wie es nur Liebende sein können. Ja, sie sind ein Herz, vollkommen eines Sinnes, daß sich in den nächsten Sekunden niemand hier von dem Causeur Schuckmann abwenden werde, um auf ihr Geflüster zu achten. Unbewegten Gesichts wechseln sie einige Sätze, schnell, halblaut.

Nicht einmal Leonore, die Jüngere, die sonst bei solchen Heimlichkeiten sofort hellhörig zu werden beginnt, vernimmt etwas, wodurch sie Verdacht schöpfen könnte.

Doch das erfährt Goethe von Henriette erst bei ihrer nächsten Zusammenkunft.

12

Schwer zu verstehen. Noch schwerer zu glauben.

Es ist aber die Wahrheit und nichts als die Wahrheit: Sie haben nun acht Tage Zeit füreinander.

Richtig müßte es allerdings heißen: Sie sind an diesen acht Tagen jeweils zwei bis drei Stunden im Freien beisammen; manchmal auch bloß eine halbe. Ohne eine dritte Person. Gelegentlich, wenn sie eng beieinander in der gepolsterten böhmischen Halbchaise sitzen, haben sie Paul Götze vor sich auf dem Kutschbock. Paul ist verschwiegen. Eher spielerisch schlägt er mit seiner langen Lederleine dem schlanken Rappen auf den Rücken.

Wahrscheinlich fahren sie zuerst zu dem ungewöhnlich großen Geviert. Dem weitberühmten Ring von Breslau. Sie steigen aus. Während Kutscher Paul Pferd und Wagen hinter sich her zieht, Schattenkühle suchend, gehen Henriette und Goethe einmal um das mächtige Rathaus herum, das mitten auf dem Ring steht: eine Stadt für sich.

Wie Henriette, so findet auch Goethe das gotische oder spätgotische Rathaus reich an Herrlichkeiten. Die Giebel. (Vor allem der auf der Ostseite.) Die zahlreichen Erker, mit farbigen Scheiben verglast, mit kleinen, turmförmig spitzen Dächern gedeckt. Die Portale. Epitaphe. Steinernen Treppen.

Goethe murmelt, dies alles müßte man in jedem Licht des Tages … aus verschiedensten Entfernungen …

Henriette, die hellrote Unterlippe leicht vorgestülpt, pustet sich ein paar feine dunkle Haare aus der Stirn.

Ob Goethe wisse, daß jede der vier Seiten des Ringes einen eigenen Namen habe. Er schüttelt den Kopf. Sie zählt die *Goldene-Becher-Seite* im Süden und die *Naschmarkt-Seite* im Norden auf …

Auf dem Katzenkopfpflaster des Ringes muß Henriette in ihren dünnsohligen Schuhen vorsichtige Schritte machen. Goethe reicht ihr seinen Arm, dankend hängt sie sich bei ihm ein. Im nächsten Augenblick spürt er ihren leichten, sich anschmiegenden Körper. Eine Wunscherfüllung. Nun, Arm in Arm, sehen sie wie ein Paar aus.

Dann ist Goethe über die Menge der hier aufgeschlagenen Marktbuden verwundert. Aus den meisten fliegt Dampf und Duft von Wurstkesseln. Goethe schnuppert mit Behagen.

Da habe er gelesen, sagt er und gibt die Quelle nicht an, die Schlesier hätten in ihrer Natur eine Duplizität. Zwei Qualitäten, zwei komplementäre. Einerseits gäbe es bei ihnen erdgebunden Schwerblütiges, Tiefversonnenes, das Gottsucherische, ein stark gefühlsbetontes Verstehen und Handeln, Leidenschaftlichkeit bis zur Selbstzerstörung, aber auch die stille Sehnsucht nach dem Unfaßbaren; andererseits ein Beharren auf dem Boden der Tatsachen, nüchternes Urteilen, Lust an Mathematik, obendrein seien die Schlesier heiter, gastfrei, eifrig, arbeitsam und aufgeschlossen für das Neue. Dieses Doppelt-Geprägtsein führe in der Sprache der Mystiker und Dichter zu einer Doppelsinnigkeit.

Schon beim Schuster aus Görlitz habe er sie gefunden: Einerseits Gedanken, die schwerfällig, stolpernd um Klarheit ringen – gepaart mit Eingebungen, die dem Verfasser oftmals wie von Engelszungen zugeflüstert scheinen …

Henriette glaubt, die Zuneigung ihrer Landsleute zum Weltlichen komme in Goethes Vorstellung vielleicht zu kurz.

Genauso wie die himmlischen Eingebungen, sagt sie, lieben Schlesier geräucherten Speck. Mancher von ihnen zieht gewiß einen Kranz Wurst, heißgemacht, mit entsprechend viel Mostrich drauf, einem Lorbeerkranz vor. Und wenn sich dir, lieber Mann, die Gelegenheit bietet, einen Löffel gehäuft voll Quark zu kosten, den die Schlesier Weißkäse nennen und die Schlesierinnen mit Sahne, Schnittlauch, Zwiebeln und Paprika anmachen, wird er dir auf der Zunge zergehen …

Sie bricht ab. Denn vom schlesischen Mohnkuchen, dem streuselbedeckten, oder von saftig süßen Mohnklößen mag sie erst gar nicht anfangen.

Zweifellos, sagt Goethe lächelnd, sind wir jetzt auf der *Naschmarkt-Seite*.

Sie gehen zu Fuß weiter. Henriette zeigt ihm die Schmiedebrücke. Eine Brücke, die keine ist. Was ist sie dann? Eine uralte, von düsteren Kaufläden und lärmenden Wirtshäusern fast aller Spielarten belebte Geschäftsstraße, die schließlich eine Schräge bekommt und gemächlich zur Oder hinunter führt.

Ein andermal lassen sie sich von der Chaise auf die Werder-Insel fahren. Henriette muß einen Augenblick überlegen. Nicht der alte Pavillon im Göldnerschen Garten, sondern der benachbarte im Vollandtschen Garten ist derjenige, in den Lessing sich gern zurückzog, wenn er seinen Sekretärskram für den Gouverneur von Breslau, den General von Tauentzien, erledigt hatte.

Jetzt bin ich wieder im Bilde, sagt sie und weist mit der Hand auf den efeugrünen Pavillon, der weiter weg liegt, mehr zum Rand der Insel hin. Goethe schaut neugierig in den großen Garten hinein. Vielleicht sei es bloß eine Legende, meint Henriette, doch sie habe ältere Breslauer wiederholt behaupten hören, hier habe Lessing den Entwurf zu *Minna von Barnhelm* geschrieben.

Versonnen blickt Goethe in das stille, sommerlich verblichene Grün.

Mit einemmal ist ihm, als ergäben Garten und Pavillon, das Lustspiel und ein Fräulein von Lüttwitz zusammen etwas leicht Poetisches. Fast ein Gedicht.

Auf dem Rückweg versetzt Goethe:

Weißt du, daß ich vom Dichter Lessing eine sehr hohe Meinung habe, während Lessing der Ansicht gewesen ist, ich würde überschätzt.

Henriette streicht ihm mit ihrer Hand über die Stirn. Vogelfederleicht.

Das kann ich nicht glauben, sagt sie. Denn mit Sicherheit hast du es nicht von ihm selbst. Man hat es dir nur hinterbracht. Auf Urteile von Zuträgern und Ohrenbläsern gebe ich nichts. Und du solltest erst recht nichts darauf geben.

Goethe, verblüfft, küßt ihr liebevoll die Hand.

Zu den Stunden im Freien kommen die gemeinsamen Mahlzeiten im Pachaly'schen Palais, von dem Friedrich von Schuckmann eine Hälfte bewohnt. Ist Goethe nicht mit einem hiesigen Gelehrten verabredet, zu keinem vaterländischen Bankett eingeladen, hat er gewissermaßen dienstfrei, dann sucht er das Palais am Roßmarkt auf.

Schuckmann kommt seinetwegen früher aus dem Amt. Gemeinsam essen sie zu Abend. Henriette hilft Schuckmanns betagtem Diener beim Decken der Tafel. (Übrigens bleibt sie nun häufiger über Nacht.) Natürlich erscheint auch Frau von Röder zu Tisch. Sie ist verantwortlich, daß in der Küche ihres Schwiegersohnes gut und lecker gekocht wird. Ihre fast schwärmerische Verehrung für den berühmtem Gast zeigt sich darin, daß sie ihm die besten Stücke vorlegt, ihn auf besondere Gaumenfreuden aufmerksam macht. Seit Italien schätzt Goethe eine reiche Tafel, das heißt, eine herrschaftliche, gemäßigt pikante Küche. (Keinen Knoblauch! Der macht ihn sogleich krank.) Seitdem nimmt auch sein Leibesumfang sacht zu. Überdies, als Weintrinker und -kenner kann er sich schon lange sehen lassen. Bei Schuckmanns werden nur Weine bester Kreszenzen eingeschenkt. Bisweilen sieht der Hausherr selbst nach seinen gutgelagerten Vorräten und plündert sie eigenhändig. Sie trinken eine Flasche Chablis nach der anderen. Schuckmann sagt, bei dem Chablis müsse er nach einem gewissen Quantum leider passen.

Und dann kalauert er charmant: Von Goethe könne er nicht genug bekommen. In diesem Punkt verstehe ihn niemand so gut wie Henriette. Oder auch die liebe Mama. Darin seien sie sich einig, alle drei.

Henriette, die Wein trinkt, als trinke sie ihn aus Fingerhüten, nimmt diesmal einen richtigen Kutscherschluck. Vor kurzem hatte Goethe ihr den Anfang dieses Jahres erschienenen Band VI seiner *Gesammelten Schriften* zugeeignet. Das Singspiel *Lila* kam ihr langweilig vor, sie überflog es nur. Aber in derselben Nacht las sie dann noch den *Tasso,* Wort für Wort. Nun will sie von *Tasso* sprechen. Sie spricht auch, verspricht sich jedoch schon kräftig im ersten Satz. Darüber wird sie nicht rot, sondern blaß. Sie fängt noch einmal von vorn an. Jetzt ist ihre Sprache einfach, hell.

Man solle es nicht für Überheblichkeit halten, sagt Henriette, wenn ihr die *Sanvitale* leicht durchschaubar vorkomme. In erster Linie ein Biest. Verheiratet, doch wünsche sie nichts sehnlicher, als auch noch einen großen Dichter an die Kette zu legen und ihn hinter sich herzuziehen wie einen Tanzbären. (Pause.) Aber dann die *Prinzessin.* Diese *Leonore von Este.* Wenn von der die Rede sei, wenn sie sich wie eine Hofmarschallin über die Etiquette verbreite, sagt Henriette, verspüre sie nicht selten ein Frösteln zwischen den Schulterblättern. Ob die Prinzessin wohl Tasso wahrhaft liebe? Wenn sie ihn liebe, warum stoße sie ihn dann weg, im entscheidenden Moment? Von Anfang an, sagt Henriette, sei sie beim Lesen das Gefühl nicht losgeworden, daß die Prinzessin Tasso verhext habe. Wirklich verhext. Deshalb spreche er meist wie im Fieber. Sei so entsetzlich verwirrt, daß er einmal dies, dann das Gegenteil gutheiße.

Friedrich von Schuckmann ist das alles, mit Verlaub, schnuppe. Also gut, zweiten Ranges; seinetwegen.

Er höre, sagt er, ein *Quintett.* Zwei Aktricen, drei

Akteure. Sehr klare, menschliche Stimmen. Die Kunst der Stimmführung. Ein herrliches Schweben und Weben. Poesie, die auf alles Gesprochene einwirke, so weit, daß auch noch das Ungebärdige, Unvernünftige, Sich-selbst-Vergötternde am Ende gereinigt, sich in eins füge. Die wundersame Sprache, liebe Leute! Das ist kein Theaterstück. Das ist Gesang.

Dennoch, meint Henriette, der Tasso könne einem schon leid tun.

Goethe blickt unverwandt, mit unverwandter Liebe in ihre weit offenstehenden Augen.

Henriette, sagt er leise, warm. Wir wollen uns niemals trennen.

Und sie, die ihm fast noch ins Wort fällt:

Coûte que coûte!

13

Sie haben das Zentrum von Breslau im Rücken, wo es rauscht von Karossen, Equipagen, Kutschen, Kaleschen. Wo es zwischendurch immer wieder rasselt, paukt, trommelt und aus friederizianischen Querpfeifen schrillt. Erst gegen Abend, wenn Stille einzuziehen beginnt, vernimmt man den von weither kommenden warmen Schall der Waldhörner.

Hier am Strom zucken jetzt Spiegellichter durch die Luft. Goethe träumt. Er erzählt von seinen Träumen, als wären sie Luftspiegelungen. Henny hört ihm zu, während sein Kopf in ihrem Schoß liegt. Sie lagern beisammen im vergilbten Gras. An einer einsamen Stelle auf der Oderböschung. Im Schatten breitästiger Ulmen.

Er blinzelt zu Henny hoch. Sie sagt:

Dreh einmal den Kopf zur Seite, Goethe, lieber Mann. Ist sie heute nicht blitzblank, unsere Oder?

Sie schaut auf seinen rötlich-braunen Reisefrack, den er abgelegt hat. Dann zieht sie ihre feinen Augenbrauen ein wenig in die Höhe und sagt:

Zum Frack helle Reithosen mit Hirschledereinsatz, obendrein schmale hohe schwarze Stiefel! Das ist gegenwärtig bei den Engländern *fashionable*, isn't it?

Du magst das Englische. Weil dir die Franzosen so wenig behagen? Oder sind es bloß die *Sansculotten?* Übrigens, dein Hoher Hut ist in der Farbe vielleicht nicht ganz passend ...

Henny sagt auch, zum Beispiel, Breslau habe jetzt wesentlich mehr Einwohner als Frankfurt am Main. Triumphierend blickt sie in großgeschnittene, fast schwarze Männeraugen, verschränkt die Hände hinter ihrem Nacken und dehnt sich.

Nämlich?

Fünfundfünfzigtausend!

Auf der Oder ziehen lautlos zwei Frachtgutkähne an ihnen vorbei, mit buntgeflicktem Segel.

Später, beim Gehen, haben beide wieder den gleichen Schlenderschritt. Manchmal umfaßt er ihre Hand, zieht sie an sich; oder sie ist es, die sich weich, elastisch bei ihm einhängt.

Ab und zu kommt von der Oder eine Mütze voll Wind. Er weht ihr den langen weißen Rock um die Beine, daß er weit nach vorn fliegt, ihnen vorausfliegt. Goethe liebt das Weiße, Wehende, alles liebt er an ihr. Auch ihre Bewegungen; so, wie sie rasch ihren ausladenden blauen Strohhut abnimmt und ihn vorsichtshalber an seinem Band überm Unterarm trägt.

Goethe, sagt Henny, und wenn ich dich lieber habe, als du vielleicht magst?

Mit zunehmend höherem Sonnenstand blendet sie das Tageslicht so stark, daß sie einander nur aus halbgeschlossenen Augen betrachten können.

Liebe an Sommertagen.

Der Sommerwind.

14

Mit ungeheurem Knallen, Platzregen und Wolkenbrüchen ziehen Gewitter über die Stadt. An der Oder stehen sie eine Weile still. Es ist der 24. August. Goethe begibt sich zu Friedrich von Schuckmann. Er hat vor, zwei heikle, vielleicht sogar peinliche Gespräche zu führen.

Zuerst ersucht er Henriette, außerordentlich sacht, ihm zwei oder drei Fragen zu beantworten. Henny schaut ihn groß, mit Befremden an. Dann aber versichert sie Goethe, Schuckmann habe ihr noch nie, auch nicht mit einem einzigen Wort, angedeutet, sie könne den Platz ihrer toten Freundin bei ihm einnehmen, sie brauche bloß zu wollen.

Auch bei Schuckmann geht Goethe behutsam vor. Vielleicht hat sein neuer schlesischer Freund nur im Sinn, das übliche Trauerjahr abzuwarten? (Schon um die Generalin, seine Schwiegermutter, nicht zu verletzen – ohne deren Zupacken im Haushalt und bei der Pflege des Kleinkindes Schuckmann nun wirklich nicht weiter wüßte.) Doch nach dem Trauerjahr? Näher kann für Schuckmann doch gar nichts liegen, als die in seinem Haus hochwillkommene, stets hilfsbereite Freiin von Lüttwitz zu ehelichen! Einmal abgesehen von Henriettes Charme und Intelligenz – allein durch eine ihm wohlbekannte, zur Ehe taugliche, dazu noch mit Heiratsgut gesegnete junge Frau wäre Schuckmann mit einem Ruck doch aller Schwierigkeiten, Umständlichkeiten und Unbequemlichkeiten ledig, mit denen er sich in seinem Witwerstand – trotz der Helferinnen – nun einmal herumquält. Und selbst Frau von Röder: Müßte sie es nicht geradezu rührend finden, wenn nach der obligaten Trauerzeit der Mann ihrer so früh verstorbenen Tochter nunmehr deren Lieblingsfreundin zur Nachfolgerin erwählte?

Was Goethe die meiste Erleichterung bringt, ist schließlich Schuckmanns Hinweis, daß es außer Henriette noch eine Freiin von Lüttwitz gebe, aparterweise eine Blondine, und diese Leonore gefalle *ihm* zumindest ebenso gut wie Henriette. Übrigens habe Leonore den Vorzug, Henriettes *jüngere* Schwester zu sein, die ein etwas längeres Warten auf den Ehestand sicher ohne weiteres …

Dann sagt Freund Schuckmann noch, was für ein glückliches Auge oder Augenmaß Freund Goethe doch wiederum bewiesen habe. Zuletzt, ohne jeden Nachdruck, erwähnt er den Generallandschaftsrepräsentanten von Schlesien, der zuweilen ein Dickschädel sein könne. Wenn nötig, werde Schuckmann selbstverständlich seinen Einfluß auf den alten Lüttwitz geltend machen – a viva forza!

Im Freien fühlt sich Goethe so unbeschwert und zuversichtlich, daß er fast ins Laufen gerät und auf den Katzenkopfsteinen sekundenlang mit seitlich ausgestreckten Armen balancieren muß wie ein Seiltänzer … Was er sich als heikles, peinliches, gegenseitiges Sich-Belauern vorgestellt hatte, kommt ihm nun wie eine heitere Episode zwischen zwei Herren von Distinktion und einer jungen Freiin vor, die die meiste Zeit (und er denkt bei den nächsten Worten an ihren vollwörtlichen Sinn) durch Abwesenheit glänzte.

Ungeheure Schwüle in Breslau.

Goethe verschnauft ein wenig im Schatten des *Roten Hauses.* Wischt sich das Gesicht trocken. Doch an einem so verheißungsvollen Tag kann ihm die Schwüle nur wenig ausmachen, relativ wenig.

Sicher, voller Erwartung durchquert er die Vorzimmer der Hotelsuite seines Herzogs. Zuerst Stimmengewirr. Gedämpftes Gelächter. Da warten die jungen Herren Offiziere aus Preußen auf Ordre, oder sie haben einfach zur Verfügung zu stehen. Dann mehr und mehr Stille. An einem aufgeklappten Spieltisch sitzen zwei Kanzlisten nebeneinander vor Aktenstößen und Kassabüchern. Ihre Pendants sind zwei Läufer, die sich, dem Spieltisch gegenüber, auf einem reichlich mitgenommenen, morgenländischen Diwan ausruhen. Für das letzte Vorzimmer reicht ein einziges Möbelstück aus: ein Prachtsessel. Den hat der Flügeladjutant des Generalmajors inne. Er sitzt äußerst gerade, schlägt jedoch erst in diesem Moment die schwerverschlafenen Augen auf. Am Eingang zu den inneren herzoglichen Gemächern sind zwei Posten aufgestellt, bewaffnet mit den überlangen Säbeln der Kürassiere.

Goethe hat darauf gehofft, doch keineswegs damit gerechnet: *Durchlaucht der Herzog* ist anwesend! Sein Geheimer Rat wird unverzüglich vorgelassen. Aber daß er Serenissimus nun auch noch allein antrifft, ist wieder ein Glücksfall, der zur augenblicklichen Glückssträhne Goethes einfach gehört. Sein gnädiger Herr empfängt ihn in aufgeknöpftem Gala-Gilet, unter dem er ein weißes, am Halsbündchen ungarisch farbig besticktes Hemd trägt, dessen Ärmel sich nach unten, bis über die Manschettenbündchen, aufbauschen; dazu seidene Hausschuhe.

Bei diesem drückenden Wetter, sagt Durchlaucht, sei selbst für einen unruhigen Geist wie ihn eine Regimentsrast unerläßlich.

Indessen schenkt ihm sein Leibdiener, der mit dem strohblonden Toupet, schwarzen ungesüßten Kaffee ein. Goethe, ausgesprochener Gegner des Kaffeetrinkens, zieht seinen braunen Reitrock aus und hängt ihn über eine Stuhllehne. Mechanisch prüft er den Sitz seines weißen Halstuches mit der Doppelschleife. Kurz darauf erhält er seinen Tee, neben dem ein Glas Arrak steht.

Da nun kein Dritter anwesend ist, gehen beide im Nu zum freundschaftlichen Du über. August lauscht offensichtlich mit gespannter Miene, während Wolf seine Lieblingsgeschichte ausbreitet. Der Ältere hat einen Ton angeschlagen, der dem Jüngeren sogleich bewußt macht, hier seien spaßhafte wie frivole Einwürfe durchaus nicht erwünscht. Noch hat Wolf die in seiner Geschichte vorkommenden Personen nicht mit Namen genannt. Er, an kunstvoll spannendes Erzählen gewöhnt, will seinen einzigen Zuhörer erst gegen Schluß damit verblüffen.

Doch auch August hat eine nicht minder große Vorliebe für die Effekte der Überrumpelung. Plötzlich unterbricht er den Redefluß seines Wirklichen Geheimen Rates und sagt ihm auf den Kopf zu, sein, Goethes, *Roman* habe sich bislang hauptsächlich im Schuckmannschen Haus am Roßmarkt zugetragen. Im Mittelpunkt dieses Romans stehe ein häufiger weiblicher Gast jenes Hauses, kurz, die ältere der beiden Lüttwitz-Töchter.

Goethe hat längst gelernt, sich von frappierenden Äußerungen seines hohen Herrn nicht umwerfen zu lassen, um es salopp zu sagen, sondern seine Verdutztheit bloß mit einem höfischen Lächeln leiser Verwunderung anzuzeigen.

Eine weitere Darstellung der Liebesgeschichte erübrigt sich nun für Wolf. Jetzt erst kommt ein Gespräch in Gang. Es beginnt mit leichtem Geplänkel. Stich – Parade. Finte – Ausfall.

Wolf läßt seine Leidenschaft vorerst außer Betracht. Dafür spielt er das aus, was er für seine Trümpfe hält. Wenn er Henriette zur Frau bekomme, habe er zunächst einmal mehr Glück als Verstand. Mit Genugtuung streicht er das Aparte, ihre Anmut und Intelligenz, dann den schlesischen Uradel dieser jungen Dame heraus. Nicht allein würde er, Wolf, durch eine solche Verbindung eine bedeutende Aufwertung seiner gesellschaftlichen Stellung bei Hofe erfahren. Ebenso würde seine Repräsentation von Weimar als dem ersten Zentrum von Geist und Poesie in Deutschland – *sein* Auftrag also, den August bislang für außerordentlich wichtig betrachtet habe – neue Züge von Liebenswürdigkeit und bestrickendem Zauber annehmen, hätte er Henriette zur Seite.

August bedient den Klingelzug. Dann beauftragt er seinen Leibdiener, sich beim Hotelwirt persönlich nach einem gewissen Rotwein aus Burgund umzutun und davon hinreichende Mengen im Vorzimmer zu deponieren. Ihn wie seinen Gast dürste es bei dieser Schwüle immens.

Zuletzt hat August die Argumente des Freundes mit leichter Ungeduld zur Kenntnis genommen. Selbstverständlich käme Wolfs Ehe mit einer charmanten Freiin, die Esprit habe, jung und auch noch reich sei, nicht allein dem Ansehen Wolfs zugute. Aber obwohl August die Vorzüge Henriettes, die er gleichfalls für beträchtlich erfolgversprechend einstuft, ja, sehr wohl zu schätzen weiß, werden seine nicht ausgesprochenen Überlegungen von Enttäuschung begleitet.

Er trinkt zwei Gläser Burgunder so durstig oder heftig, daß ihm ein paar rote Tropfen übers Kinn laufen.

Dann sagt er zu Wolf, eigentlich sei es noch gar nicht lange her, daß er, der Landesvater, gegenüber seiner eigenen Familie mit ihrem Kreis von Hofwachteln klipp und klar für Mamsell Vulpius eingetreten sei. Daß er, fast zwei Jahre lang, immer wieder vorgebrachte Anfeindungen und Herabsetzungen von in Weimar wohlbekannten Hofcliquen und Konventikeln unterschiedlichster Farbe, die stets Goethes hübscher, patenter Christiane gegolten hätten, ausdauernd zurückgewiesen, ja auch zurückgeschlagen habe. Und dann? Habe er sich dann, nachdem die Christiane diesen kleinen Burschen zur Welt gebracht hätte, Wolfs *ersten Sohn,* nicht ohne weiteres als Gevatter zur Verfügung gestellt? Die Patenschaft übernommen? Und wem wohl zuliebe?

Auch Wolf trinkt nun zügig.

Daß er, entgegnet Wolf, mit seiner Affäre oder Liebesgeschichte seinem gnädigen Herrn und Freund nun tatsächlich in den Rücken falle, das will er, Wolf, überhaupt nicht bestreiten. Nie im Leben! Bedauerlicherweise jedoch habe er sich gegenüber allen, mit denen er in diesem heiklen Fall zu tun habe, schmählich verhalten, ja sich tiefe Schuld aufgeladen. Oder er werde dies noch tun müssen.

Aber wie, fährt Wolf nach einer Pause aufseufzend fort, wie soll ich es denn besser machen? Was soll ich, was kann ich ändern?

Wolf erhebt sich, geht zum nächstgelegenen Fenster, bleibt stehen, in seiner urtypischen Haltung, also aufrecht, schon mit Versteifung im Rücken, die Hände im Kreuz zusammengelegt. Das Fenster geht hinaus, richtiger hinunter auf die verkehrsreiche Reuschestraße. Wolf nimmt keinen Anteil am unten flanierenden Straßenpublikum, an den im Schritt fahrenden Kutschen und Kaleschen. Aber halbbewußt registriert er wohl doch den Verkehr, während seine Gedanken um ganz andere Probleme, Mißlichkeiten kreisen, nach Lösungen suchen.

In einer knappen Viertelstunde wird es in Breslau abendlich düster. Dann erschreckend finster. Kaum hört man die Turmuhren fünf schlagen.

Dann ist nur noch der Sturm zu hören.

Der Orkan.

Mit immer neuen, noch schnelleren Böen wirft er sich gegen alles, was ihm im Weg steht. Im Nu schlägt er offenstehende Fenster in Scherben, deckt im Vorbeifliegen Dächer ab, daß die Ziegel auf dem Trottoir nur so prasseln. Er zerfetzt. Er bringt zum Bersten. Er wirft um. Er knickt. Er heult auf.

Minutenlang muß man sich im Salon des Herzogs mit den Blitzen als einziger Lichtquelle begnügen. Dann kommen sie im Laufschritt herbeigeschwärmt, die Bediensteten, die Ordonnanzen, mit wildflackernden Wachslichten, und haben Mühe, Leuchter und Lüster im Fürstenzimmer anzuzünden.

Sicher ist der erste Scherbensalat, innen und außer Haus, noch das wenigste.

Ein Wolkenbruch geht auf Breslaus Innenstadt mit solchen Regenschwällen nieder, daß man augenblicksweise glaubt, Teiche, ja Seen platzten aus den schwarzgrauen Wolken und schlügen mit vollem Gewicht auf Gebäude und Brücken, Buden, Schuppen und Parkanlagen – als wollten sie nichts von alldem verschonen. Die krachenden Donnerschläge sind jetzt so nahe, daß das *Rote Haus* in seinen Grundfesten bebt.

An Stellen, wo sich draußen das Regenwasser staut, um dann plötzlich, mit Gewalt, weiterzuschießen, verlieren Fußgänger den Halt. Müssen auf Händen und Füßen waten, bis sie sich an irgendetwas festklammern, wieder aufrichten können. Regenschirme, Sonnenschirme fliegen mit umgebogenen Stäben durch die Luft. Hinterher fegen Damenhüte, der Hohe Hut eines Herrn, Zeitungspapier, ein Schwarm panisch durcheinander fliegender oder taumelnder Feldtauben. In den Gossen unten schwimmen kleine Hunde umher, aufgeregt bellend. Besser haben es natürlich die Herrschaften in ihren Kutschen und Droschken. Bloß in der einsehbaren Querstraße mit ihrer Straßensenke (unter einer Brücke), wo blitzschnell unglaublich viel Regenwasser zusammengelaufen ist, verlieren selbst die Zugpferde und die Droschkenräder den Grund, und die Fahrzeuge treiben für Sekunden wie ungeschlachte Gondeln dahin.

Wolf hat von alldem bloß wenig wahrgenommen. Schon deshalb, weil der Platzregen vielleicht eine Viertelstunde lang ununterbrochen über die Fensterscheiben wusch und den Durchblick verschleierte.

Nach kaum einer halben Stude sitzen sie an einem zierlichen Mahagonitischchen einander wieder gegenüber, Goethe und der Herzog, und trinken in langen Zügen wieder ihren fast schwärzlichen Roten, ein Hochgewächs aus Burgund. Es ist kühler geworden, angenehm, doch lange dürfte die Frische kaum anhalten.

Wolf beginnt von seiner Einsamkeit zu reden.

Seit er aus Italien zurück ist, sei nicht nur seine Liebe oder Liebesfreundschaft zu Lotte (Lida) endgültig zerbrochen. Auch die beiden Herders, die ihm im Grunde nicht wenig zu verdanken hätten, würden ihn nun öfter schneiden. Obendrein habe man ihm von einem Schiller-Brief berichtet und daraus zitiert:

Häufig um Goethe zu sein, würde mich unglücklich machen; er hat auch gegen seine nächsten Freunde kaum Momente der Ergießung, er ist von nichts zu fassen.

(So, beinahe wörtlich.)

Inzwischen hat Wolf seine Flasche geleert, der Herzog schaut ihn fragend an. Da bestellt Goethe eine dritte Bouteille. Nun möchte der Herzog auch noch eine dritte. (Aber um einen Hauch gekühlt, ihr Halunken! Und daß ihr auch frische Gläser serviert! Avanti.)

Die altmodisch gewordene Bezeichnung *Bouteille* ist aus Goethes Gebrauchswortschatz längst verschwunden. Bloß wenn er zerstreut ist, das heißt, wenn seine Geisteskräfte auf einen einzigen bedenkenswerten Punkt gerichtet sind, kommt ihm das Wort noch auf die Zunge.

Skål, Wolf, sagt Durchlaucht, als sie mit dem frischen Roten anstoßen. Der Generalmajor hat zur Zeit einen Flügeladjutanten, der in Dänemark aufwuchs.

Plötzlich kommt Wolf auf eine Reihe von jungen Frauen oder Frauenzimmern zu sprechen, denen er sich während der letzten zwanzig Jahre genähert habe, die ihn wiedergeliebt hätten …

Er läßt sie vor den Augen seiner Erinnerung noch einmal Revue passieren. (Lida ausgenommen, die schließlich verheiratet und Mutter von fünf Kindern war.) Danach behauptet er, keine weibliche Person habe sich unter ihnen befunden, die ihm *ebenbürtig* gewesen sei. Und Anna Elisabeth Schönemann (Lili)? Vielleicht. Ganz sicher sei er sich nicht.

August möchte gleich zurückfragen, was Wolf unter *ebenbürtig* verstehe, im vorliegenden, also in seinem Fall – unterläßt es jedoch. O ja, dieser General und Freund kann sehr feinfühlig sein.

Warum bin ich Henriette nicht zwei, drei Jahre früher begegnet? fragt Wolf.

Ja, zum Henker! erwidert der Herzog und erlaubt sich zu grinsen. Tausendmal hat er sich solche Fragen anhören müssen. Einige Male von sich selber. Und nun kommt Goethe damit wie unsereiner!

Da faucht Goethe los:

Hölle! Wetter Element! Potz Mord! Ich werde rasend!

(Pause)

Weißt du, fragt Serenissimus, wie das geklungen hat?

Na wie denn?

Es hörte sich an, als ob du dich über eine versalzene Suppe beschwerst.

Fur Goethe waren die Verwünschungen und Vermaledeiungen aus einer Art von verstiegenem Galgenhumor hervorgebrochen.

Ich erinnere mich noch gut, sagt der Herzog, wie du diese Flüche kultiviert, wie du sie herausgeschleudert hast. Einen Zipfel von deiner genialen Epoche habe ich ja gerade noch erwischt. Damals waren es natürlich Kraftausdrücke, wahre Ausdrücke von Kraft!

Wolf starrt vor sich hin: Ja nun.

Gib's doch zu, August, sagt er dann, ich bin und bleibe ein Hundsfott!

Der Jüngere antwortet ihm, mit einer Mischung aus Spott und Ehrfurcht:

Und sowas wie dich habe ich beizeiten für die poetische Zierde des Heiligen Römischen Reiches Deutscher Nation gehalten!

Nachdenklich richtet er seinen Blick zur Zimmerdecke. Dann murmelt er etwas in das kerzenerhellte Halbdunkel hinein. Wolf versteht bloß den Schluß:

Aber deine Geheimnisse, o Herr, sind nicht unsere Geheimnisse.

Der ältere Freund senkt den Kopf, sinnt vor sich hin.

Karl August überrascht ihn nun mit dem Satz: Wir Menschen werden wunderbar geprüft.

Wolf hört aber nur halb hin. Er scheint am Ende eines Gedankenganges angelangt:

Das Beste unserer Überzeugungen ist nicht in Worte zu fassen. Die Sprache ist nicht auf alles eingerichtet.

Da wird es unversehens taghell. *Durchlaucht der Herzog* springt auf und entriegelt eigenhändig beide Fenster.

Fauler als meine Diener, sagt er, sind bloß noch meine Adjutanten.

Und dann freut er sich wie ein Zaunkönig über die augenblickliche Invasion von erfrischenden Windstößen. Seltsam, wie der Wind eine Weile deutlich nach Zimt duftet.

Am folgenden Tag spürt man in Breslau bloß noch wenig von der Abkühlung durch das schwere Hochsommergewitter.

Bei Schuckmanns am Roßmarkt nimmt Goethe Henny beiseite und stellt ihr die Frage, ob sie, Henriette Freiin von Lüttwitz, seine Frau werden wolle.

Im Nu schließt Henny ihn in die Arme und küßt ihn einfach und durstig wie eine Sechzehnjährige.

Sie spricht auf Goethe ein. Goethe aber vernimmt kein Wort. Er hört nur ein Rauschen. Als wäre er nach langem Tauchen unter Wasser eben aufgetaucht. Er wartet. Das lästige Rauschen geht vorüber. Er hört Hennys Stimme.

Weißt du, was ich manchmal denke? Liebster Goethe, du bist der erste Dichter, in dessen Reich die Sonne nicht untergeht.

Träumt er? Er meint zu träumen.

Doch nachher fragt er sie trocken: Von wem hast du das?

Sie sagt: Von Karl dem Fünften.

Da legt Goethe nochmals die Arme um sie und zieht sie voller Liebe an sich. Sie tauschen rasch eine Vielzahl kurzer Küsse, dann immer längere.

Später, als Henriette hört, daß Goethe morgen schon auf eine Reise von sechs Tagen geht, auf der er die Mittelgebirgslandschaft der Grafschaft Glatz kennenlernen will, da macht Henny ihre Augen ganz schmal.

Auch Goethe werden die Umstände der Reise plötzlich recht verdrießlich. Aber er hat die Fahrt doch geplant, die Reisetage festgesetzt, sie auf sich zukommen sehen! Am ärgerlichsten: Daß er seinen eigenen Geburtstag nicht im Beisein Hennys feiern kann. Schon der *Zahlen* wegen. Zahlen haben für Goethe beleibe nichts Untergeordnetes. Alles menschliche *Ermessen* wird erst durch sie möglich; das Unterscheiden von Tagen, Jahren, Jahrhunderten, Jahrtausenden, von Gerade und Ungerade, arm und reich …

Ah sie sind die ΔΑΙΜΟΝΕΣ des Abstrakten! Am Schicksal des Einzelnen wie an dem der großen Menge beteiligt, kalt oder heiß. Weiß jemand, wo das Spiel der Zahlen aufhört und wo ihre Mystik anfängt?

Goethe, der die Mystik der Zahlen von je ehrt, wird am 28. August einundvierzig Jahre. Henny ist am 5. August einundzwanzig geworden.

15

Am 26. August erhält Goethe aus *Durchlaucht des Herzogs* Reisekasse abgezählt hundert Taler. Es ist morgens zehn Uhr.

Pünktlich fährt Paul Götze am Hoteleingang vor. Mit wenig Gepäck; die Mantelsäcke gut verwahrt und festgeschnallt. Diesmal wird er Goethes böhmische Halbchaise zweispännig fahren – wie sonst nur mit Postpferden. Zu seinem schwarzen Traber durfte sich Paul aus dem Marstall des Herzogs noch eine braune Stute ausleihen, die *Dunja.*

Goethe tritt mit morgendlicher Zuversicht aus dem *Roten Haus.* Seine schwarzen Hochschäfter hat Paul mit Schuhwichse und zweierlei Bürsten zum Spiegeln gebracht. Wer Goethe zum Kauf eines neuen Hohen Hutes aus Seidenfilz anregte, nunmehr passend in dunklem Ocker, das kann Paul freilich nicht wissen.

Sie verlassen Breslau in südwestlicher Richtung.

Schon seit langem steht es fest, daß Goethe etwa eine Woche die Grafschaft Glatz bereisen wird: einen annähernd quadratischen Mittelgebirgskessel, wunderschön gelegen. Nun hat Goethe seine Reiseroute so gewählt, daß er am Nachmittag auf Gut Hartlieb kurz Station machen kann, wenn nichts dazwischen kommt. Auf diesem Rittergut verbringt die Familie des Freiherrn von Lüttwitz regelmäßig die heißen Monate und den Nachsommer.

Duft von Gravensteinern.

Wenn Goethe aus seiner Chaise nun zurückschaut, sieht er am Ende der schnurgeraden preußischen Allee von der großen Stadt Breslau kaum mehr als ein Hitzeflimmern von tieferem Blau, ungefähr auf einen Halbkreis konzentriert.

Aber mit der Hand über den Augen kann er noch den, jetzt stark verwischten, Turm der Elisabethkirche wahrnehmen. Er ist der höchste Kirchturm einer Stadt mit vielen Kirchen. Wie war das noch? Einst soll er gar um hundertachtzig Fuß höher gewesen sein – so hoch nämlich war seine gotische Spitze aus Holz. Irgendwann später wurde bei einem orkanartigen Unwetter das hölzerne Oberteil umgerissen und auf den Kirchplatz geschleudert. Dann kam, anstelle der gotischen Spitze, ein sechseckig gemauerter Renaissance-Klotz, auf dem man eine welsche Haube anbrachte. Seitdem ergibt der Turm von St. Elisabeth, zusammen mit dem ungewöhnlich hohen Kirchenschiff, keinen stilreinen, doch einen unvergeßlichen Umriß.

Hennys Geschichten.

Solche Erläuterungen bis ins einzelne hatte er hauptsächlich von seiner klugen und auffallend Bescheid wissenden Begleiterin auf den Straßen und Plätzen der schlesischen Hauptstadt zu hören bekommen.

Die Hauslehrer der Lüttwitzschen Kinder.

Breslau.

Breslau.

Jäh, mit Macht, steigt etwas längst Vergessen-Geglaubtes, vermutlich Jahre Zurückliegendes vom Grund seines Erinnerns auf, bis an die Oberfläche.

Ist es denn wahr? Wirklich einmal wahr gewesen?

Wenn ja, so muß es sich gleich zu Beginn der achtziger Jahre zugetragen haben.

Damals entwarf Goethe für sich und Charlotte von Stein einen kühnen Lebensplan. Er wollte seinen Dienst bei Hofe quittieren und sich als Schriftsteller in Breslau niederlassen; gemeinsam mit Lotte und ihrem Sohn Fritz.

Denn ihm war in jener Zeit zumute, als würde die Luft in den Kleinstaaten und Fürstentümern des alten Reiches zunehmend stockiger. Als nähme das Lebensgefühl ihrer Einwohner mehr und mehr Spießerhaftes an. Die Bauern waren stumpfsinnig, die Gutsherren verschuldet und ohne Elan, die Bürger devot, Frauen und Mädchen *empfindsam*, die Gelehrten trocken, die Offiziere roh, die Poeten einfallslos.

Andererseits hatte sich in Goethe die Meinung festgesetzt: Wenn überhaupt in Deutschland, so ließe sich nur noch im Osten reine und freie Luft atmen – in den weiten Ebenen Schlesiens und auf den Lichtungen ostpreußischer Wälder. Ja, in Preußen wehte der Geist belebender Aufklärung und Toleranz. Eine Zensur gab es hier längst nicht mehr.

Das Bedeutsamste, was Friedrich der Zweite nach dem Siebenjährigen Krieg vollbracht hatte, war die Beseitigung der Schäden und Verwüstungen des Krieges in Schlesien und der großzügige Wiederaufbau der Provinz, die dem König nun die liebste von allen war. Insbesondere hatte er sich um ein rasches Aufblühen der Landeshauptstadt bemüht. Hatte Gespräche mit Ministern, einheimischen und durchreisenden Gelehrten in Berlin geführt, ob überhaupt und dann auf welche Weise sich der Geist der Wissenschaften nach Breslau verpflanzen lasse. Er unterstützte den Bau eines repräsentativen Theaters, wollte, daß man in absehbarer Zeit auch eine Kunstakademie und eine Singakademie gründe, ja es freute ihn, wenn er erfuhr, daß sich in feineren Gaststätten und Cafés geistreiche, musische Menschen regelmäßig träfen. Christian Garve, der den *Werther* ausführlich rezensiert, das heißt, ziemlich gezaust hatte, doch bei einem späteren Besuch in Weimar von Goethe mit Respekt begrüßt wurde, dieser Christian Garve also war hier der Mittelpunkt eines Kreises von Philosophen, Dichtern, Verseschmieden.

Gerade die Bautätigkeit und die Förderung der Künste ließen den großen Zuschnitt des Königs erkennen. Von Weimarer Pfennigfuchserei in den Staatsfinanzen war im preußisch gewordenen Schlesien offenbar wenig, ja nichts zu spüren. Goethe hatte sich von Reisenden gründlich informieren lassen.

Zudem hoffte er, bei den Bewohnern der großen Oderstadt würde noch manches vom Erbgut ihrer Ahnen nachwirken. Vom Siedlermut und Kolonistenglück. Von dieser Ausdauer und Bereitschaft zum Risiko; diesem Nicht-Locker-Lassen, mit dem sie die Grenzen des Ihrigen weiter und weiter hinausgeschoben hatten in die Wildnis, die Wälder, in das Nichtgeheuere...

Damals war Goethe dreißig, Frau von Stein siebenunddreißig. Er zweifelte nicht einen Augenblick, daß er auch das schriftstellerische Metier in kurzer Zeit wie kaum ein Zweiter in den deutschsprachigen Ländern beherrschen würde. Seit dem unbeschreiblichen Erfolg seines *Werther* hatte er Herausgeber von Zeitschriften und Musenalmanachen, Verleger und Buchhändler zur Genüge kennengelernt. Sein Gehirn strotzte von dichterischer Einbildungskraft. Er dachte und träumte strömend. Seine Sinne registrierten das ihnen Erreichbare Tag und Nacht. Und seiner Seele traute er die Unermüdlichkeit von Albatrosschwingen zu.

O es würde ihm ein leichtes sein, seiner kleinen Familie den gewohnten Lebensstil zu garantieren. Und daß er Lotte sogleich nach ihrer Scheidung von Hofstallmeister von Stein heiraten würde, darüber war jedes weitere Wort unnütz. Das stand von Anfang an fest.

Dieser Plan wurde von den Liebenden mit Enthusiasmus und Innigkeit wieder und wieder durchdacht, ausgemalt, fortgeträumt.

Nach wenigen Monaten allerdings kamen Lotte die ersten Bedenken. Dann mehrten sich ihre Zweifel.

Labilität, Pessimismus begannen nun auch Goethe zuzusetzen. Aber er schüttelte sie immer wieder ab. Er war stark, er war willens, ihren gemeinsamen Traum unbedingt zu verwirklichen. Und doch wurde auch er wankelmütig. Vielleicht dauerte Lottes Unentschlossenheit, die sich in eine schwere Geduldsprobe für Goethe verwandelte, zu lange?

Noch nie hatte er so deutlich empfunden, daß aus dem schlichten, kaum wahrnehmbaren Vergehen von Stunden und Tagen allmählich etwas hervorgehen konnte, dem wir schließlich nicht mehr gewachsen sind. Das uns lähmt. Plötzlich wird aus diesem einfachen *Vergehen* der Zeit ein *Delikt,* verübt an jedem einzelnen.

So verblaßte, verblich das schöne Bild:

Goethe selbdritt vor Breslaus Vedute.

16

Gut Hartlieb. Das Herrenhaus. Offenbar ganz umgeben von einem wildwachsenden Park. Im Innern jedoch eine große, französisch gezirkelte und gestutzte Gartenanlage. Mehr weiß Goethe nicht. Aber er hat alles schon bedacht, mit Paul abgesprochen.

Das Parktor aus Schmiedeeisen steht offen. Hier steigt Goethe aus, während Paul Götze mit der Chaise in die Parkeinfahrt biegt, auf dem Weg weiterfährt und mitten im Grünen außer Sicht gerät.

Eine Viertelstunde später macht sich Goethe zu Fuß auf den Weg, der mit feinstem Sand bestreut ist. Als er das Herrenhaus erspäht, schmunzelt er in sich hinein. Denn er hatte richtig vorausgesehen. Angesichts dieses schloßähnlichen Kastens, dieses alten, erhaben verwitterten Barockbaues mit Nebentrakten und einer dreißig Fuß breiten Freitreppe, hätte er sich in seiner Halbchaise wie in einer Hundehütte auf Rädern ausgenommen.

Das Herrenhaus liegt im Schatten von Wipfeln. Wie im Halbschlaf. Paul mit seinem Fahrzeug ist nicht zu sehen. Das ist gut. Sehr gut. Denn das bedeutet, daß man ihn zu einem rückwärtigen Eingang oder in den Wirtschaftshof gewiesen hat. Sicher hat er inzwischen Goethes kleine Aufmerksamkeiten bei den Damen abgegeben.

Bevor noch ein Bediensteter Goethe öffnen kann, läßt ihn Henriette ein. Ehe er ein Wort hervorbringt, taucht er mit einem langen Blick in ihre geweiteten grünen Augen, die blaue Einsprengsel haben. Henny fällt ihm nicht um den Hals, hier nicht. Goethe küßt ihre Hand. Da spürt sie von neuem, wie er sie liebt. Und weil sie ihr Glück nicht zu beherrschen scheint, schaut sie ihn unvermittelt durch Tränen an, die jedoch stehenbleiben, sich gleich wieder verflüchtigen.

Während sie die Vorhalle durchqueren, bewundert er ihr Äußeres: etwas Duftigweißes aus Musselin, den roten Gurt, breit wie eine Schärpe, der ihre Taille fest umschließt, die Satinschuhe mit Kreuzbändern, die an Ballettschuhe erinnern.

Ihre Stimmen hallen. Henny dankt für das weiße Körbchen mit kandierten und glasierten Früchten, das Paul bei ihr abgegeben habe. Zwischendurch flüstert sie. Bei ihrer Mutter finde sie allmählich Verständnis, mehr und mehr Unterstützung.

Und der Herr Vater? fragt Goethe ebenso leise.

Der sei im Augenblick und unter diesen Umständen weder für noch gegen eine Heirat. Er sei der Ansicht, er und der Familienrat müßten sich Zeit nehmen, Zeit zu reiflicher Überlegung. Von einer Hochzeit holterdipolter halte er absolut nichts. Wie gut, daß er, Goethe, obgleich er es ja eilig habe mit seiner Reise, hierher gekommen sei. Vor allem, um die Familie näher kennenzulernen, ihre Bedenken zu zerstreuen.

Sie suchen Henriettes Mutter im Garten auf. Freifrau von Lüttwitz trägt auf dem Lande keine Perücke. Im Gegensatz zu ihrer ältesten Tochter hat sie blondes Haar, das noch voll und nur wenig nachgedunkelt ist. Ihre Kleidung wirkt fast schlicht, ist sommerlich leicht.

Nach der Begrüßung und einem kurzen Rundgang suchen alle drei den luftigen Gartensaal auf, dessen Türen weit offen stehen. Drinnen streichen sie an einem mit Leder eingelegten Tischchen vorbei, auf dem, wie ausgestellt, eine Platte von Meißener Porzellan mit einem frischen Berliner Baumkuchen steht. Die Schloßherrin lobt das duftende Backwerk. Die Konditorei auf der Schweidnitzer Straße, in der Goethe den Kuchen und anderes mehr eingekauft hat, ist ihre Lieblingskonditorei.

Ein runder Tisch nebenan ist schon gedeckt. Daß man dort einen großen, mit einigen stumpfsilbrigen Flecken an sein Alter gemahnenden Samowar aufgebaut hat, und nun ein livrierter Diener den Damen mit ihrem Gast echten russischen Tee mit Kandiszucker reicht, dazu kleines Gebäck, geht auf eine Anregung von Henny zurück. Sie hat sich jede Vorliebe oder Abneigung Goethes, die er bisher erwähnte, fest eingeprägt.

Hennys Mutter kommt nun auf eine gewisse Nachricht aus der *Schlesischen Zeitung* zu sprechen. Sie ist gut informiert über den Brand eines Hauses in der Nikolai-Vorstadt am 18. August, zehn Uhr nachts. Goethe läßt sie berichten. Er selbst hat niemandem davon erzählt.

Der Brand drohte schon, sich durch starken Funkenflug zu einer Feuersbrunst auszuweiten, die möglicherweise die ganze Vorstadt hätte einäschern können. Aber da tauchte, fast im letzten Moment, ein Fremder auf. Tollkühn sprang er durch die Flammen und rettete eine Mutter mit zwei Kleinkindern vor dem sicheren Feuertod. Dann faßte er die Löschversuche sich kopflos gebärdender Häusler und ihrer heulenden Weiber durch seine glänzende Übersicht und seine energischen Anweisungen zu effektiver Brandbekämpfung zusammen. Zum Schluß kommandierte er sogar die umständlich eingesetzte Feuerwehr.

Jedenfalls, sagt Hennys Mutter, habe die *Schlesische* ihren Bericht mit einer gleichsam antiken Wendung beendet: Geheimrat Dr. von Goethe, hochgeschätzter deutscher Dichter, habe sich um die Stadt Breslau verdient gemacht.

Goethe lacht auf.

Diesem Schreiber, meint er, sei aber der Gaul gehörig durchgegangen. Übrigens, als Oberkommissar für Brandbekämpfung in Weimar und Umgebung habe er viele Jahre mit dieser Materie zu tun gehabt.

Materie! Da lacht auch Henny leise mit.

Plötzlich steht ein etwa Vierzehnjähriger mittem im Gartensaal. Er fixiert den Gast, der zwischen seiner Mutter und seiner Schwester sitzt. Dann wirft er einen sehnsüchtigen Blick auf den Baumkuchen. Im nächsten Moment zieht er sich aber mit einem flüchtigen *Diener* wieder lautlos durch die offene Tür in den Garten zurück.

Von meinen beiden Brüdern, sagt Henny, ist Ernst der jüngere.

Nun aber bittet Frau von Lüttwitz den Herrn Geheimrat, er möge ihr doch ausführlich über seine Herkunft, von seiner Vaterstadt erzählen.

Goethe hält es für klug, mit Frau Aja zu beginnen. Sogleich fesselt er auch die Zuhörerinnen. Allerdings, sehr weit kommt er nicht.

Ein junger Livrierter, um Exküse bittend, hat den Auftrag, den Herrn von Goethe in das Kabinett des Herrn Barons zu begleiten, denn der Herr Baron wünsche, Herrn von Goethe daselbst begrüßen zu dürfen.

Eine Wendeltreppe führt zum Kabinett hinauf. Goethe betritt ein geräumiges Turmzimmer. Einstmals Verächter von gesellschaftlichen Formalien und Ritualen, ist der Gast aus Weimar nun ehrlich überzeugt, gerade auf Höflichkeit komme es an; denn die sei ein Zeichen von Urbanität, Toleranz, Ritterlichkeit. Geschliffene Manieren verrieten, daß einer lange in guter Gesellschaft gewesen.

Freiherr von Lüttwitz teilt Goethes Ansichten wohl nur bis zu einem gewissen Grad. Mit Verbeugungen ist er sparsam, er verneigt sich auch nur knapp. Der Herr auf Hartlieb ist ein Endfünfziger, breitschultrig, mit markanten Gesichtszügen, wohlkonserviert. Er trägt seinen Casaquin in türkischem Muster mit seidenbesetztem Kragen, eine Art Hausmantel, leger, nicht zugeknöpft.

Goethe beginnt mit der Erklärung, er bitte um Pardon, daß er seiner Werbung um Henriette, die erste Tochter des Hauses, beinahe die Form einer Überrumpelung geben müsse. Er befinde sich nämlich auf dem Weg in die Grafschaft Glatz und wolle mit seiner kleinen Chaise heute noch bis Frankenstein kommen, mindestens aber bis Nimptsch.

Lüttwitz erweist ihm als Zuhörer den schuldigen Respekt. Nach Goethes letztem Satz kommt er ihm sogar mit Bonhomie entgegen und bietet ihm aus einer kunstvoll gearbeiteten Tabatière einen edlen Schnupftabak an.

Der Gast macht, indem er einen halben Schritt zurückweicht, eine dankbar verneinende Geste. Er vertrage das Schnupfen nicht. Daß er Tabak überhaupt und in jeder Form haßt, braucht Hennys Vater nicht zu wissen. Wenigstens nicht schon jetzt.

Goethe fährt fort und unterrichtet Lüttwitz knapp

über seine Frankfurter Familie mit ihrem einstigen Oberhaupt, dem Schultheiß Textor, sein Studium der Jurisprudenz sowie über die seltsame, ja schicksalhafte Begegnung mit dem jungen Weimarer Herrscherpaar. Inzwischen sei er im Herzogtum der *zweite Mann.* Doch schon seit längerem habe ihn der Herzog von vielen Ämtern und Pflichten entbunden, so daß ihm, Goethe, genügend Zeit zur Verfügung stehe für seine wissenschaftliche und literarische Arbeit. (Eigentlich hat er die literarische *vor* der wissenschaftlichen Arbeit erwähnen wollen.) Er wird etwas ausführlicher, um Lüttwitz die Bedeutung seines Italienaufenthalts von annähernd zwei Jahren nahezubringen. Mit derselben Genugtuung erwähnt er schließlich, daß er auch den Frühling dieses Jahres in Venedig verbracht habe.

Was seine Einkünfte betrifft, so scheint es Goethe verfrüht, Zahlen aufs Tapet zu bringen, Deputate und andere herzogliche Vergünstigungen aufzuzählen. Lüttwitz teilt offenbar Goethes stille Meinung, denn auch bei ihm wird nachher von Henriettes Mitgift etcetera bloß andeutungsweise die Rede sein.

(Viel später, mit etwa fünfundsechzig Jahren, beziffert Goethe in einem Brief an den Kanzler von Müller sein Anfangsgehalt mit 1200 Talern und sein laufendes Gehalt mit 1800 Talern im Jahr.

Zum Vergleich: Sein Herzog bezieht eine Apanage von über 25000 Talern.

Andererseits sind 25000 Taler eine Summe, die damals junge Aristokraten in den Londoner Clubs, bei Brooke's oder bei White's, in einer Wette verlieren.

Einen Parvenu wie mich, wird Goethe in jenem Brief

schreiben, konnte bloß die entschiedenste Uneigennützigkeit aufrecht halten ... Ich habe meinen schriftstellerischen Erwerb und zwei Drittel meines väterlichen Vermögens hier zugesetzt.

Dieser kurze Kommentar ist zwar an den Kanzler von Müller gerichtet, er soll aber auch einmal der Nachwelt klarmachen, daß Goethe seine Stellung als Freund des Herzogs nie mißbraucht hat.)

Als dann Freiherr von Lüttwitz an der Reihe ist, erzählt er trocken von seinen Latifundien – außer Gut Hartlieb vier weitere große Güter –, von seinen bedeutenden wirtschaftlichen Verhältnissen. Aber er bleibt bei Redensarten. Was er jedoch keineswegs verheimlicht, ist sein Stolz darauf, daß die Lüttwitze nachweislich schon im 15. Jahrhundert geadelt worden seien, von Kaiser Sigismund, auf dem ersten und einzigen Reichstag von Breslau 1420. Dann geht er überraschend liebevoll (warum überraschend?) auf seine Kinder ein, seine zwei Mädchen und zwei Jungen, von denen Henriette ja nun die älteste sei. Sie, die beispielsweise über bestimmte Dinge mehr wisse als alle Familienmitglieder zusammengenommen, *sie* brauche er wohl nicht anzupreisen.

Goethe verzieht keine Miene, obgleich er Lüttwitz gern darauf aufmerksam gemacht hätte, sein Schlußsatz sei so instinktlos und dumm gewesen, das halte man ja im Kopf nicht aus!

Fazit?

Goethes Bewerbung um seine Tochter, meint der Vater, werde von seiner Gemahlin und ihm wohlwollend aufgenommen. Aber dieses Anhalten um eine

Hand komme doch sehr plötzlich. Es zeuge nicht eben von reiflichen Überlegungen, könne schließlich auch gar nicht davon zeugen, denn Goethe kenne Henriette nicht mehr als zehn Tage.

Lüttwitz ist noch nicht am Ende. Goethe möge ihm verzeihen, sagt er jetzt, aber die Rolle des Vaters mit einer heiratslustigen Tochter spiele er zum ersten Mal. Er jedenfalls müsse noch manches für diese Rolle lernen, anderes im Familienrat diskutieren, vielleicht auch alte Freunde befragen ... Kurzum, sobald die Sache entschieden sei, werde man Herrn von Goethe zunächst einen schriftlichen Bescheid zukommen lassen. Hôtel *Zum roten Haus*, nicht wahr?

Die Erwähnung des Hotels, überlegt Goethe, als ihm unten im Parterre Henriette entgegenkommt, und jetzt wiederholt er es laut für sie: Die Erwähnung des Hotels sei eigentlich das einzige, was auf *absehbare* Zeit hindeute; darüber sei er jedenfalls froh, denn er kenne auch die Taktik der ewig hinausgeschobenen Entscheidung.

Draußen vor dem alten feudalen Herrensitz atmet Goethe in tiefen Zügen, ohne daß es Henny bemerkt, die ihn zu seinem Wagen begleitet. Sie hingegen freut sich besonders, daß ihr Vater offenbar keinen Anstoß genommen habe an dem beträchtlichen Altersunterschied zwischen dem Bewerber und der Umworbenen. (Dabei ist gerade ihr Jahrhundert doch reich an solchen Ehen.) Für Henny jedoch sind die zwanzig Jahre Unterschied das einzige von Bedeutung. Das, was sie ganz für sich zu Ende denken muß.

Unterwegs im Park, als sie sich noch für die letzten Schritte bei ihm einhängt, sagt Henny:

Ich finde es schade, daß du meiner Familie nicht die Augen geöffnet hast, weswegen dich alle Welt bewundert.

Sein Gesicht hellt sich auf, als er versetzt:

Ach weißt du, mein Herz, ich werde eben nie klüger und muß Gott danken dafür.

Henny schaut über die Baumkronen hinweg ins Dunstigblaue:

Ich … ich werde dich künftig sehen, wie man einen Stern sieht.

Und er sagt zu ihr: Suche nichts in mir, denn in mir ist alles Liebe für dich.

Schon fällt das Tageslicht in merklich schrägen Bahnen durch den Park. Und die Schatten sind satt von einem tiefgrünen Ton.

Goethe reicht Henny ein doppelt gefaltetes Blatt, das sie gleich hinter ihren roten Gürtel steckt. Erst jetzt fällt ihm auf, daß sie ein weißes Band in ihrem dunklen Haar trägt. Hübsch steht es ihr! Und dann singt er, obwohl er zu singen verlernt hat. Henriette versteht von dem Gebrumm nur: … *jung und morgenschön …*

Da möchte sie ihn noch lieber haben können!

Sie erwidert seine Blicke und Zärtlichkeiten.

Unterdessen spricht er von der Zukunft, die jedem, der in sie hineinlebe, ein Anrecht auf Zuversicht einräume.

Sie haben den Schloßpark fast durchquert, da spürt Goethe, wie die Luft sein Gesicht für Augenblicke mit seltsamer Schärfe anrührt. Er blickt Henny fragend an, überlegt. Ist es das scharfe Wehen des

Abschieds? Er errät: Henny möchte sich jetzt von ihm trennen. Wirklich auf dem Absatz kehrtmachen!

Auch Goethe ist kein Freund von langen, vielleicht noch tränenreichen Abschiedszeremonien. Aber Henny ist noch rigoroser. Wenn sie Adieu sagt, will sie keine Zuschauer – selbst nicht einen, den sie nett, sogar liebenswert findet, und der Paul Götze heißt. Sie kennt die Schloßausfahrt zur Genüge. Nur noch ganz wenige Schritte, und beide, Goethe und sie, würden aus dem Schutz der Bäume ins Freie treten.

Ade, Goethe. Komm glücklich wieder. Nichts als Liebe wird dich erwarten.

Henny hat die Worte nur halblaut hervorgebracht; als wäre ihr Mund bis in die Kehle hinunter trocken, spröd.

Der Abschiednehmende küßt ihr beide Hände.

Bloß ein Katzensprung, in der Tat.

Schon sieht Paul zu, wie Goethe allein hinter den Bäumen und Hecken hervorkommt, einmal rasch zurückblickt und dann geradewegs auf das Gefährt zuhält. Der Kutscher wartet mit seiner offenen Kutsche draußen hinterm Parktor, also schon auf der Chaussee.

Beide Pferde scharren und stampfen. Teils aus Ungeduld, teils weil sie Lärm gern haben.

Auf dem Rückweg, als Henny sicher ist, von niemandem beobachtet zu werden, außer vielleicht von einigen Vögeln, die kurz auf ihren Zweigen ausruhen, um sie neugierig zu beäugen, holt sie Goethes gefaltetes Blatt aus ihrem Gürtel und liest:

Woher sind wir geboren?
Aus Lieb.
Wie wären wir verloren?
Ohn Lieb.
Was hilft uns überwinden?
Die Lieb.
Kann man auch Liebe finden?
Durch Lieb.
Was läßt mich lange weinen?
Die Lieb.
Was soll uns stets vereinen?
Die Lieb.

17

Sie fahren immerzu nach Süden. Zunächst liegen meist gutgehaltene und saubergekalkte Straßendörfer auf ihrem Weg. Wie damals, als sie von Sachsen nach Schlesien hinüberwechselten. Zwischen den Dörfern hauptsächlich weite, leere, manchmal erst mit dem Horizont verschwimmende Stoppelfelder. Die größten von ihnen gehören zweifellos zu den Gütern und Dominien adliger Herrschaften. Oben in der Luft schwirrt es von Zugvögeln, die die Halbchaise unten überholen. Während die Vögel nach Sammelplätzen Ausschau halten, schließt sich, nach und nach, ein Schwarm dem anderen an. Bald werden sie ein Heer sein.

Auf den apfelduftenden Chausseen zieht jedes Fuhrwerk eine weiße Staubfahne hinter sich her.

Paul weiß, diesmal können sie sich Zeit nehmen. Wenigstens bis zu ihrem ersten Halt in der Grafschaft Glatz. So läßt er gelegentlich sein Gespann selbst bestimmen, wann es ein rasches, wann es ein lasches Tempo für richtig hält.

Goethe fragt seinen Kutscher:

Machst du auch den Fehler: Daß du dich mehr dünkst, als du bist, und dich weniger schätzt, als du wert bist?

Der hält die Frage für eine Fangfrage und entgegnet schlau: Es kommt darauf an. Ich meine, von Fall zu Fall.

Goethe denkt weiter: Es gibt für alles immer zwei Zeitpunkte; den richtigen und den verpaßten.

Später streicht er gewissermaßen seinen letzten Gedanken durch. Er erscheint ihm phrasenhaft.

Da meldet sich Paul:

Könnte es nicht sein, daß wir manchmal mehr unserer Fehler wegen geliebt werden als wegen unserer guten Eigenschaften?

Goethe klopft seinem Kutscher den Rücken.

Bene dixit.

Angenehm frische Windstöße.

Da man sie über die weiten abgeernteten Fluren nicht kommen hört, haftet ihnen etwas Launisches an. Allenthalben nehmen die Bodenwellen im Gelände an Höhe zu. Sie formen sich zu Hügeln, und auf den Hügeln sammeln sich immer dichtere Wälder an.

Der Kutscher bittet, am nächsten Gehölz halten zu dürfen. Dort übergibt er Goethe die Kutscherleinen und verschwindet im Nu hinter Buchen und Birken. Seine Blase verlangt dringend nach Erleichterung. Nachher, die Gelegenheit nutzend, steigt auch sein Herr aus der Chaise und schlägt sich in die Büsche.

Nun werden die Dörfer seltener.

Aber Weiler tauchen auf.

Bis sich auch diese kleinen Ansammlungen von Landwirtschaften nach und nach zerstreuen.

Von den Einzelgehöften an den Hügeln scheint jedes seine eigene Einsamkeit zu haben.

Wie am Bober und an der Katzbach sind die Bauernhäuser und Scheunen auch hier mit hölzernen Giebeln versehen. Alles übrige ist Mauerwerk mit weißem Bewurf. Die einstige Farbe der Dachziegel kann man nur mehr ahnen bei diesem verwaschenen Braunrot oder bei jenem hellen, bis ins Rosa spielenden Violett.

Goethe und Götze sind sich einig. Am leichtesten läßt sich das Alter der Höfe von den verschiedenen Farben der Giebel ablesen. Nach Beendigung der Bauarbeiten muß wohl ein Giebel wie der andere gewesen sein: aus sauber zurechtgesägten, Stoß auf Stoß genagelten Brettern von nahezu weißer Holzfaser. Jetzt sind sie mehr oder weniger kräftig nachgedunkelt. Durch Zeit, Alter, Wetter, Verwitterung. Die ältesten Giebel sind so schwarz, daß sie wie vom Feuer verkohlt ausschauen.

Wiesenhänge. Wiesentäler. Buckelwiesen.

Ihr ausgebleicht silbriges Gras.

Bauern und Knechte in Hemdsärmeln, die mit ihren Sensen weit ausholen und Blumen und Gras in Schwaden niedermähen. Der zweite Schnitt im Jahr. Aus Gras wird Grummet. Den Mägden gleiten die langen Stiele ihrer Holzrechen durch die Hände, während sie das Grummet auseinanderziehen, damit es schneller an der Luft trocknen kann. Der Duft des Grases geht zunehmend im Duft des Heus auf.

Und überall Birken. Auch Birkenchausseen.

Am Himmel kommt es zu einer Ansammlung von Haufenwolken, zu denen große wandernde Erdschatten gehören. Goethe wird nicht müde, ihre Entstehung zu verfolgen, ihre Formen zu vergleichen, um dann auf Luftschichtungen und -strömungen zu schließen: das atmosphärische Geschehen. Hier nehmen die Wolken insbesondere die Südseite des Himmels ein, wo man das Glatzer Gebirge erkennen müßte, nun aber nicht erkennt.

Dort treiben sie, dunkelgrau, blaugrau, rosabraun, sehr weiß; in langen Zügen. Kaum merklich vorwärtskommend. Wie große Schiffseinheiten.

Dann hört man das Mahlen der Räder. Für eine Weile gibt der Boden unter ihnen ein wenig nach. Der Sand des Waldbodens. Rechts und links von den Böschungen der zerfahrenen Straße schwimmt Fichtenduft heran, hüllt sie ein, die Fremden in ihrem Gefährt. Nichts als Fichtenduft.

18

Frankenstein erreichen die beiden Reisenden kurz vor Anbruch der Dunkelheit. Als sie auf die kleine Stadt zugefahren waren, wunderten sie sich über den höchsten Kirchturm, bei dem es sich offenbar um einen schiefen Turm handelte. Sie steigen im *Weißen Roß* ab. Nachher bestätigt ihnen der Wirt, daß der Glockenturm der Stadtpfarrkirche seit rund zweihundert Jahren diese sonderbare Neigung nach Osten aufweise, die, vom Lot weg, gut anderthalb Ellen messe. Um den Turm vor dem Einsturz zu retten, habe der Magistrat viele Baumeister aus der Umgebung um Rat gefragt. Umsonst.

Goethes Halbchaise verläßt Frankenstein überaus früh, um drei Uhr morgens. Um sechs sind sie bereits in Reichenstein, wo Goethe eine Rast befiehlt, denn er möchte den bekannten Bergstollen *Zum goldenen Esel* in Augenschein nehmen. Anschließend geht es noch weiter nach Süden, hinunter in den Glatzer Kessel, bis sie in Bad Landeck ankommen. Ein Bad in wunderschöner Gebirgslage. Goethe interessiert sich für die Quellen des Kurorts, möchte Näheres wissen. Seit der alternde König wegen seiner Gicht hier zur Kur weilte (damals hieß er bei seinen Landeskindern schon forsch, familiär der *Alte Fritz*), hat das Bad einen doppelt so großen Zulauf wie bisher. Noch am Abend spaziert Goethe durch Wiesen und Anlagen und informiert sich im Badehaus über die (stark radiumhaltigen) Schwefelquellen, deren Temperatur etwa dreißig Grad Celsius entspricht.

Anderntags, kurz vor Sonnenaufgang, macht der Morgenmensch Goethe Toilette. Paul wird ihm gleich dabei behilflich sein, doch erst muß er seine Gratulation vorbringen. Er wünscht seinem lieben gnädigen Herrn von ganzem Herzen Glück zu seinem einundvierzigsten Geburtstag. Goethe bedankt sich mit Wärme, und Paul bückt sich wie ein Chinese besonders tief und dreimal hintereinander.

Für diesen Sonnabend, den 28. August, hat sich Goethe einiges vorgenommen. Paul weiß es, daß sie sich sputen müssen. Seinen beiden Zugpferden aber muß er es immer von neuem klarmachen. Der Himmel ist bewölkt, nur zart und leicht. Noch am Vormittag erreichen sie Glatz, die Hauptstadt der Grafschaft. Goethe läßt vor den *Ratsstuben* halten. Er verhandelt mit der Wirtin, es geht um ein reichliches Essen für zwei Personen aus allerlei gebratenem Geflügel, und der springende Punkt dabei ist, daß unbedingt Schlag halb eins serviert werden muß. Die Wirtin schwört bei allen Heiligen.

Wie das übrige Schlesien, so gehört auch diese Grafschaft hier seit einem halben Jahrhundert – das heißt, seit den verblüffenden Feldzügen Friedrichs des Zweiten gegen Österreich – zu Preußen. Danach hat Friedrich drei große Festungen anlegen lassen, die dem österreichischen Heer die Rückeroberung der Gebiete mächtig erschweren sollen: in Schweidnitz, in Silberberg, in Glatz.

Goethe nimmt die Zeit wahr und schaut sich in Glatz um. Die Stadt selbst liegt am Hang des Schloßberges, der terrassenförmig bebaut ist. Unweit steht das alte Rathaus. Eine Mariensäule. Ein Brunnen. Die Gotteshäuser hier sind zahlreich, und es gibt eine Brücke mit steinernen Heiligen. Sie wölbt sich über die Glatzer Neiße, die zu den starken Nebenflüssen der Oder zählt. Am Ende der Brücke die ausgewogen schönen Doppeltürme der Minoritenkirche.

Die höchste Stelle des Berges nimmt die klotzige Festung ein. Glücklicherweise hat man bei ihrem Bau auf die Stadt ein wenig Rücksicht genommen, so daß Einheimische wie Besucher nicht das Gefühl haben, diese mächtige militärische Anlage laste auf ihnen, wo immer sie stehen und gehen, wie ein eisernes Joch. Von der *Donjon* genannten höchsten Bastion hat man gewiß eine unvergleichliche Aussicht. Zivilisten haben allerdings da oben nichts zu suchen.

Goethe nimmt es achselzuckend hin.

Unterwegs, rings um ihn her, werden seine Künstleraugen von verwinkelten Stadtgassen gefesselt, mit Bürgerhäusern, die Ensembles bilden und sich aus luftigen, leicht verblichenen Farbtönen sowie tiefblauen Schlagschatten zusammensetzen. Und solange Goethe in Glatz umherstreift, kommt er immer wieder an diesen kleinen gepflegten Stadtgärten vorüber, mit ihren Holunderbüschen, Kletterrosen, ausgesamten Feuerlilien, hohen herrlichen Malven.

Das alles könnte als anziehende Vorlage dienen für mehr als eine Vedute in Wasserfarben.

Mittags vernimmt Goethe von der Wirtin der *Ratsstuben*, daß die Glatzer ihre Stadt gern als *kleines Prag* bezeichnen. Dann läßt sie für die Herren auftragen. Das Geburtstagsmenue besteht aus sechs Gängen. Paul findet sie abwechselnd *delikat* oder *köstlich*. Selbstverständlich vergißt er nicht, auch den Wein zu loben.

Goethe nickt und bestellt vom teuersten eine weitere Flasche.

Wünschelburg erreichen sie noch zeitig genug, um auf die Große Heuscheuer zu steigen.

Ein Führer findet sich leicht. Eigentlich haben sie keinen nötig, denn der sogenannte Leiersteig rechts hinauf ist weder steil noch unübersichtlich.

Der Berg ist ein Tafelberg und hat in der Tat etwas vom Aussehen eines gewaltigen Heuschobers. Seine Höhe beträgt zweitausend Fuß (ü.d. Meeresspiegel). Aber höchstens die letzten dreihundert überragen die uralten Tannenriesinnen, die den Berg dicht umringen. Die Große Heuscheuer hat mehrere halsbrecherische Steilabfälle. Ihr Plateau allerdings ist von Auswaschungen, Einbrüchen, Wurzellöchern und Windschliff zerfurcht.

Der Ausblick nach Süden ist frei und mannigfaltig, der nach Südwesten, also zum Riesengebirge hin, um diese Stunde verhangen, zu. Immerhin schaut Goethe nun *gierig nach Böhmen hinein* – was er in seinen ironisch martialischen sechs Versen aus der Zeit des *Feldlagers* vorweggenommen hatte.

Der Bergführer, ein hageres Männlein mit einem Kletterstab, der ihm weit über seinen Kopf reicht, hat eine Menge wohlformulierter Sätze zur Hand. Die meisten beziehen sich auf die hiesigen geologischen Strukturen und sind wissenschaftlich exakt und interessant. Zweifellos hat er sie auswendig gelernt. Doch ob er die Sätze nur nachplappert oder in ihnen eigene Erfahrungen wiederfindet – Goethe wird nicht klug aus ihm. Der Kleinwüchsige deutet, mit seinem Stab fuchtelnd, bei dieser oder jener Aussicht in die Ferne, stellt sich vor den beiden Bergsteigern auf die Zehenspitzen und erklärt mit ärgerlich hoher Stimme beispielsweise:

Hier kann man es genießen, wie sich die sanften Formen des Urschiefers, die steilen Rücken und Kuppen des Waldenburger Porphyrs und die eckigen und rechtwinkligen Formen des Quadersandsteins streng harmonisch zusammenfügen …

Schon nach den ersten Worten läßt sich Goethe von der aufreizenden Stimme nicht mehr ablenken und konzentriert sich ganz auf den Inhalt der Mitteilungen. Und ob bloß eingelernt oder wirklich gewußt, geben wir es nur zu: Solche Auskünfte vernimmt der Geologe und Mineraloge Goethe herzlich gern.

Zurück nach Wünschelburg. Im Westen wird der Himmel dunkelfarbig. Wie im einzelnen besprochen, trennt sich Goethe nun von Kutscher und Kutsche.

Er sucht Andreas von Rauch auf. Einen preußischen Major außer Diensten, der am Rand des Ortes eine Gärtnerei betreibt, groß wie eine Plantage, und ein bei Pferdeliebhabern geschätztes Gestüt, beides aus Passion. Goethe wird vom Hausherrn respektvoll empfangen, denn *Durchlaucht der Herzog* hat seinen Geheimen Rat von Breslau aus brieflich empfohlen. Goethe erscheint zur rechten Zeit. Gleich wird das Abendessen aufgetragen.

Dann stellt sich heraus, daß Goethe den Herrn von Rauch ursympathisch findet. Ein Witwer Anfang fünfzig, hochgewachsen, hager, mit schmalen Jägeraugen und einem Knebelbart. Das Tischgespräch wendet sich nach kurzen Förmlichkeiten dem gelehrten Austausch zu. Der Major ist ein hervorragender Kenner der Pflanzen und Mineralien. Und wie fundiert sein Bescheidwissen über die hiesigen Gebirge, von denen er mehr und mehr erzählt, fabelt und raunt! Goethe läßt sich kein Wort entgehen.

Es wird reichlich spät, bis sich die Herren erheben. Inzwischen hat die Haushälterin für Goethe ein bequemes Nachtquartier herrichten lassen.

Aber Goethe ist noch nicht müde genug für den Nachtschlaf. Er sieht sich im Gästezimmer um. Es ist geräumig und frisch gelüftet. Er geht einige Male auf und ab. Dann holt er aus seinem Portefeuille das Notizbuch hervor. Er will eine Bemerkung des Majors festhalten, um sie morgen mit frischem Kopf durchzudenken. Er setzt sich, streckt die Beine unter den Tisch, besinnt sich. Der Major hatte ein Phänomen der Erkenntnis formuliert, sachlich, mit schlichten Wörtern, von denen aber eine rätselhafte Helligkeit ausging. Goethe schreibt:

Eigentlich geschah nichts. Aber es entschleierte sich etwas. Und nicht etwas, das mir einmal geschehen war, sondern ein Unabänderliches.

Absichtslos blättert er in seinen letzten Aufzeichnungen. Aus der Breslauer Universitätsbibliothek hatte er sich *Aurora oder Morgenröte im Aufgang* von Jakob Böhme ausgeliehen und sich vor allem aus dem

19. Kapitel manches notiert, in dem Böhmes eigentümliche Sprachgewalt kulminiert.

Es ist in dir, und so du magst eine Stunde schweigen von allem deinem Wollen und Sinnen, so wirst du unaussprechliche Worte Gottes hören.

Oder dies:

Ich trage in meinem Herzen nicht erst Buchstaben zusammen aus vielen Büchern, sondern ich habe die Buchstaben in mir. Liegt doch Himmel und Erde mit allem Wesen, dazu Gott selbst, im Menschen.

Auch das steht noch dabei:

Der Jünger fragte den Meister: Wo fährt die Seele denn hin, wann der Leib stirbt, sie sei selig oder finster?

Der Meister sprach: Sie bedarf keines Auffahrens; das äußerliche tödliche Leben samt dem Leibe scheiden sich nur von ihr. Sie hat aber Himmel und Hölle zuvor in sich. Welches in ihr nun offenbar wird, entweder der Himmel oder die Hölle, darinnen steht sie.

Der Schusterphilosoph, 1575 gestorben, wurde neunundvierzig Jahre alt. Abraham von Frankenstein hatte Jakob Böhme im Jahr vor seinem Tod besucht und nachher eine Schilderung des *Philosophus teutonicus* veröffentlicht, aus der Goethe folgendes in seinem Notizbuch festhielt:

Seine, Jakob Böhmes, außergewöhnliche Leibesgestalt war verfallen und von schlechtem Ansehen, kleiner Statur, niedriger Stirne, erhobener Schläfe, etwas gekrümmter Nase, grau und fast himmelbläulich blinzelnden Augen, sonst wie die Fenster am Tempel Salomonis, kurzdünnen Bartes, kleinlautender Stimme, doch holdseliger Rede, züchtig in Gebärden, bescheidentlich in Worten, demütig im Wandel, geduldig im Leiden, sanftmütig von Herzen. Seinen über alle Natur von Gott hocherleuchteten Geist und seine ganz reine wohlverständliche hochdeutsche Redensart hat man aus diesen seinen unverfälschten Schriften in göttlichem Licht zu prüfen und zu erkennen.

Goethe blättert zurück und liest dann drei untereinander stehende Eintragungen:

Mannsräuschlein: so nannte man im siebzehnten Jahrhundert gar ausdrucksvoll die Geliebte.

Die Zärtlichkeit ist das Ruhen der Leidenschaft.

Versuche anstellen, die den Ton der Unbedingtheit genauer als bisher beschreiben. Die Unbedingtheit in einer geliebten Frauenstimme, wie sie etwa bei ihrem Ausruf laut wird: Coûte que coûte!

19

Goethe erwacht vom Morgengeläut naher und ferner Kirchen. Es ist Sonntag. Auch das reichhaltige Frühstück, zu dem der Major von Rauch seinen Gast in die helle Veranda bittet, weist darauf hin.

Als die Herren sich vom Tisch erheben, zieht Goethe aus seiner Rocktasche einen schmalen Band mit dem Titel *Die Metamorphose der Pflanzen.* Seine zweite Neuerscheinung in diesem Jahr. Da er sie bei einem kleinen Verlag, fast wie nebenher, drucken ließ, hat sich die Veröffentlichung noch nicht herumgesprochen. Auch in Schlesien hat Goethe *Die Metamorphose der Pflanzen* mit keinem Wort erwähnt – trotz all seiner in Breslau geführten Gespräche. Selbst der liebenswürdige Schuckmann ist bisher nicht eingeweiht worden.

Der Major jedoch gehört für Goethe zu jener *kleinsten Schar,* von der er sich in seiner Naturlehre verstanden glaubt. Nur sie, die kleinste Schar, ist es wert, daß Goethe ihr einige seiner geheimsten Überlegungen, in 123 Paragraphen gegliedert, anvertraut. Er überreicht dem Major a.D. ein auf Velin abgezogenes Exemplar, das er schon mit einer Widmung versehen hat. Der Major verneigt sich dankend.

Goethe blickt ihm offen und freimütig in die Augen:

Es ist mein neuestes Buch, und es ist mir wohl zu

verzeihen, wenn ich, für den Augenblick, eine Zärtlichkeit dafür habe.

Der Major schlägt das Bändchen an einer beliebigen Stelle auf. Hier steht der 31. Paragraph. Er liest ihn bedächtig, Wort für Wort:

Bildung des Kelches: Oft sehen wir diese Umwandlung schnell vor sich gehen, und in diesem Fall rückt der Stengel, von dem Knoten des letzten ausgebildeten Blattes an, auf einmal verlängert und verfeinert, in die Höhe; und versammelt an seinem Ende mehrere Blätter um eine Achse.

Der Major denkt: Wie mit dem Silberstift geschrieben.

Er weiß jedoch nicht, ob er mit dem Vergleich auch in Goethes Augen die Sache richtig getroffen hat; deshalb verbeugt er sich lieber noch einmal, stumm.

Den größten Teil des Vormittags verbringen die Herren munter bei den Pferden des Gestüts, im Stall und auf der Koppel. Der Major winkt einen der Stallburschen zu sich. Er erhält einen Auftrag. Binnen kurzem führt er den Herren eine Fuchsstute von kräftigem, doch nicht unedlem Bau vor. Der Major beschreibt sie Goethe als besonders geeignet und ausgebildet für Ritte ins Gebirge. Sie hört auf den italienischen Namen *La Rossa.* Ihr Fell, im Untergrund hellbraun, hat darüber einen starken rötlichen Schimmer. Goethe streichelt ihr Stirnhaar und klopft ihr anerkennend den blanken Hals. Dann hält er ihr auf der flachen Hand einen halben Apfel hin, den sie erst aus ihren sanftweichen Nüstern anhaucht, ehe sie mit den Zähnen nach ihm hascht.

Nachmittags reiten von Rauch und Goethe anderthalb Stunden durchs Gelände. Goethe sagt, La Rossa sei ein wundervolles Pferd. Wie dankbar müsse er Major von Rauch sein …

Der Abend wird vorwiegend mit dem Studium von Landkarten verbracht. Öfter fallen die Namen *Adersbach* und *Weckelsdorf*. Auf einer der Karten markiert der Major Wege und Wendepunkte.

Am 30. August, um halb sechs Uhr früh, steigt Goethe in die Bügel, La Rossa schnauft auf, während er sich bequem im Sattel niederläßt. Dann neigt er seinen Kopf und bedankt sich ein letztes Mal für viele Freundlichkeiten. Major von Rauch winkt ab, lächelt und salutiert barhäuptig.

Den einsamen großen Überland- und Gebirgsritt hat sich der Reiter schon seit dem Aufbruch von Breslau am lebhaftesten vorgestellt, am heftigsten gewünscht. Kein Gedanke daran, daß auf seine Vorfreude womöglich Enttäuschungen warten könnten.

Am Himmel wird es schön.

Die preußisch-böhmische Grenze liegt nahezu vor der Haustür. Der Reiter vernimmt, wie sein Sattelzeug knirscht, und spürt am strengen Zügel, wie lebhaft die Stute am Zaum kaut. Er reitet zunächst an der Grenze entlang. La Rossa muß kräftig steigen, es ist jetzt das Eulengebirge, und der Reiter wendet nicht eher, bevor er die Hohe Eule (ungefähr 3000 Fuß) aus einer Entfernung betrachten kann, die ihm einen umfassenden Blick auf den Berg ermöglicht. Auch das Eulengebirge ist – wie das Riesengebirge – ein Teil der Sudeten.

Dann erst sucht er einen Grenzübergang und reitet nach Böhmen hinein.

Böhmen gehört zur Krone Österreichs. Eine kleine Stadt hier heißt Braunau. Das sie umgebende Gebiet wird das *Braunauer Ländchen* genannt.

Hufeklappern. Schnauben.

La Rossa zeigt ihrem Reiter viel Gutwilligkeit, und der freut sich über ihren ausgreifenden, aber weichen Trab. Klopft ihr impulsiv den Hals. Bei abgemähten übersichtlichen Bergwiesen läßt er sie manchmal galoppieren, doch nur im verkürzten Galopp. Er will sie nicht zu starkem Schwitzen bringen, noch weniger einen Unfall mit ihr riskieren. Etwa alle zwei Stunden sitzt der Reiter ab, läßt die Fuchsstute verschnaufen, grasen – während er sich gehörig streckt und die hartgewordenen Muskeln lockert.

Dann weiter auf kurven- und kehrenreichen Waldwegen, durch schlagartige Wechsel von Licht und Schatten. Das Flimmern vor den Augen. Immer schöner die Ausblicke. Die Durchblicke. Das unerreichbar Ferne.

Sein Bewußtsein: Als ob es sich immer weiter aus ihm entfernte!

Grüne Zauberei. Aus Reiten wird Gleiten. Blaue Zauberei.

Ein Dutzend Flintenschüsse.

Ihr weites, leiser und leiser werdendes Echo in den Bergen.

Da kommt der Reiter wieder zu sich. Jäger sind weit und breit nicht zu sehen. Aber Holzfäller halten in ihrer Arbeit inne und ziehen, den Herrn zu Pferd grüßend, tief ihre Tuchmützen. Einer schlägt Knüppelholz, ohne aufzuschauen.

Obacht, die Langholzfuhren!

Aus blauem Himmel plötzlich, wie aus einer Gießkannenbrause, ein Sprühen von Regentropfen.

Zu Mittag steigt der Reiter im Hof hinter der Posthalterei Braunau vom Pferd. Er lockert La Rossa den Sattelgurt und übergibt sie einem der Stallknechte, der sie gut tränken und füttern soll. Der Reiter aber betritt nicht eher den ländlichen Gasthof, bis er sicher ist, daß sein Pferd hier die nötige Pflege hat. Er selber löffelt dann einen tiefen Teller Linsensuppe leer und kaut dazu einen ungewöhnlich schmackhaften Kanten Bauernbrot. Der Wein ist gepanscht.

Von den beiden auf der Landkarte deutlich unterstrichenen Zielorten würde der Reiter zunächst Wekkelsdorf erreichen. Da ist schon die Abzweigung rechter Hand mit dem entsprechenden Wegweiser. Doch Major von Rauch hat Goethe geraten, erst die *Felsenstadt* Adersbach zu besichtigen, dann nach Wekkelsdorf zurückzureiten. Goethe verläßt sich auf Rauchs Kenntnisse und bleibt auf der geradeaus führenden schattigen Waldstraße.

Was Adersbach hauptsächlich für Geologen sehenswert macht, ist sein Sandsteinflöz. Mehr als eine preußische Meile lang, eine Viertelmeile breit und über hundert Fuß hoch. Auswaschungen, Erosionen, der Schliff von Stürmen, Schnee und Eis haben jedoch den Sandsteinklotz in Hunderte von kleinen Felskegeln verwandelt, die nun insgesamt ein Labyrinth bilden. Der Reiter, La Rossa am Zügel hinter sich herziehend, durchwandert das Labyrinth, bleibt da und dort stehen, um sich Gesteinsverschiebungen oder -brüche bedachtsam einzuprägen. Er paßt auf, daß er die Orientierung nicht verliert. Er ist heute nicht der einzige Besucher von Adersbach. Eine kleine Gruppe Erwachsener macht sich wie Kinder durch schrilles Rufen, Pfeifen und lautes Lachen bemerkbar.

Goethe muß nun auf derselben Waldstraße nach Wekkelsdorf zurück. Er biegt bei der Abzweigung nach links, und als dann der Weckelsdorfer Irrgarten vor ihm erscheint, gibt er dem Major recht. Wiewohl Weckelsdorf im Vergleich zu Adersbach als minder schön gilt, für Rauch wie nun auch für Goethe ist der Gesamteindruck des Weckelsdorfer Naturlabyrinths nach der Besichtigung von Adersbach zweifellos eine *Steigerung*. Hier ist der Reiter zu dieser Tageszeit der einzige Besucher. Immer wieder läßt er sich von phantastischen Steingebilden fesseln. Die Kegel haben hier oft eine Höhe von zirka zweihundertundzwanzig Fuß. Geologisch gehören sie höchstwahrscheinlich zu der Turoner Region.

Am Spätnachmittag verlassen Pferd und Reiter die Sehenswürdigkeiten. Eineinhalb Stunden später erreichen sie die kleine Ackerbürgerstadt Schömberg, wiederum auf schlesischem Boden. Nachdem der Reiter den Ort fast durchquert hat, sieht er, wie es ihm beschrieben wurde, das auffallende Anwesen eines Großbauern namens Hampel liegen. Das Pferd La Rossa ist hier bekannter als der Reiter und wird schon erwartet. Hampel Gottlieb nimmt die Fuchsstute persönlich in Empfang. Alles klar. Der Reiter wechselt mit La Rossa einen letzten langen Blick.

Im Ausspannungshof des Gasthauses *Unter den Raben* steht zwischen Fuhrwerken und Kutschen aus brüchigem Leder eine böhmische Halbchaise. Goethe ist froh darüber, und als er sich bückt und in die niedrige Gaststube eintritt, erhebt sich Paul Götze von seinem Sitz.

Was soll ich groß erzählen, sagt er zu seinem Herrn, ich bin rasend faul gewesen in den zwei Tagen, aber wenigstens den Brief von Sutor habe ich endlich beantwortet.

Sutor ist Goethes zweiter Diener, der sich in Weimar, nunmehr bei Christiane Vulpius, nützlich machen soll.

Die Reisenden essen wieder an einem Tisch zu Abend. Goethe mustert nochmals gründlich seine Landkarte.

Morgen werden wir erst am späten Vormittag aufbrechen, sagt er zu Paul, denn weit haben wir es nicht mehr zu diesem vielgerühmten Kloster hier.

Goethe faltet die Karte sorgfältig zusammen.

Stell dir vor, Paul, unweit von unserem Städtchen gibt es Orte, die Wüstewaltersdorf und Wüstegiersdorf heißen.

Paul hebt den Kopf und fragt: Im Ernst, gnädiger Herr?

Im völligen, mein Lieber. Doch mit Oasen in endlosen Sandwüsten haben diese Ortschaften natürlich nichts zu tun. Ich habe mich umgehört, es sollen zwei ordentliche schlesische Vorgebirgsdörfer sein, sauber gehalten, bewohnt von nicht übermäßig wohlhabenden Tuchwebern. Merk dir, Paul, hier in den Vorbergen sind Töpfern, Spinnen, Weben und die Glasbläserei für viele Menschen oft der Haupterwerb.

Aber warum *Wüste?*

Ja nun, das habe ich mich auch gefragt, erwidert Goethe, blickt vor sich hin und schweigt. O, Goethe kann lange schweigen. Ärgerlich lange.

Und als dann Paul auf die Idee verfällt, *Wüste* sei womöglich ein schlesisches Dialektwort und habe hier nicht die Bedeutung wie in Weimar und anderswo, wiegt Goethe den Kopf oder nickt er gar?

Auch diesmal findet Goethe zunächst keinen Schlaf. Das Wälderrauschen, das Flüsserauschen, das Rauschen von Gefieder. Bilder über Bilder von einem langen Ritt, aus der Kavaliersperspektive (wie man noch im 17. Jahrhundert dazu sagte), das alles scheint sich von neuem in seinem Kopf einzustellen, insbesondere die weiten, unpathetischen Mittelgebirgsblicke: das rauscht und blinkt und schimmert und hört nicht auf.

Wie groß seine Zuneigung zu stummem dinglichem Glück!

Wie geht ihm noch immer das Herz dafür auf, was die Mehrzahl als *landschaftliche Umgebung* ungerührt zur Kenntnis nimmt.

Doch zwischendurch, gab es nicht einen Unmut und eine Abwehr bei ihm …?

Die Landschaften heute, die er gern gezeichnet hätte.

Merkwürdig, daß er mit einemmal wieder Lust zum Zeichnen und zum Malen verspürt. Es wirklich bedauert, seine Federn, Kreiden und Tuschen nicht dabei zu haben.

Damals, als er heimlich nach Italien aufbrach, hinterließ er in Weimar rund zweitausend Blätter: die meisten mit Stift oder Rohrfeder gestrichelt, aber auch viele in Sepia und in Mischtechniken, ebenso reine Aquarelle. Allein dreihundert Blätter, und zwar die schönsten, hatte er Charlotte von Stein geschenkt.

Und nun Rom, wo ihn bald eine Gruppe ausgebildeter und ausgepichter deutscher Maler umringte! Wo er die Stirn hatte, zunächst als *Filippo Miller, Tedesco, pittore* aufzutreten! Als er sich nun Zeit nahm und den deutschen Malern beim Malen auf die Finger schaute, auch mit ihnen hinauszog und sich an denselben Motiven wie sie versuchte, wurde ihm tiefer und tiefer bewußt, daß er kein bildender Künstler war. Und auch nie einer werden würde. Basta così!

Die deutschen Maler in Rom aber sahen das nicht so dramatisch. Hackert. Maler Müller. Tischbein. Kraus. Kniep. Sie alle meinten, er, Goethe, habe durchaus Talent. Was ihm nur fehle, seien ein paar Kenntnisse (Anatomie, Perspektive, Stoffkunde), ein paar Kunstgriffe in der oder jener Technik, ein paar Tricks, zum Beispiel das Malen mit der trocken-spröden Pinselspitze.

Hier unter so vielen Malerfreunden können Sie die fehlenden Kenntnisse leicht erwerben, sagte Hackert abschließend. Wenn Sie beispielsweise bei mir achtzehn Monate bleiben wollen, würden Sie nachher Dinge fertigbringen, woran nicht bloß Sie, sondern auch andere eine reine Freude hätten.

Goethe ließ sich überreden, hielt jedoch nur ein knappes Jahr durch. Das sogenannte Akademische, das ihm immer schon mißfallen hatte, vermochte er nur mit Widerstreben nachzuahmen; Hackert betrachtete es bloß als Durchgang zu Eigenem, aber das Eigene wollte sich *so* nicht einstellen. Dadurch fand sich Goethe in seiner Meinung erst recht bestärkt. Sein bißchen Talent – was war es letztendlich als gutgemeinter Dilettantismus, ein wenig Kritzeln und Klecksen, mal in dieser, mal in jener Manier …

Aber heute, in Schömberg, im Gasthof *Unter den Raben,* vor dem Einschlafen, sieht Goethe nun die Sache in einem anderen Licht. Damals, vor zwei oder drei Jahren, hatte er sich zweifellos unklug verhalten, war ein richtiger Esel gewesen. Warum, um Himmelswillen, wollte er unbedingt das gleiche erreichen wie die versierten Berufskünstler mit ihrem akademischen Wissen und ihren probaten Techniken? Jetzt leuchtet es ihm zum Glück ein, daß er sich weder um die Anerkennung der Künstler zu scheren brauche, noch um die Gunst des Publikums.

Und am Ende sagt er sich:

Wenn mich Landschaften wieder zuinnerst bewegen, mich so hinreißen, daß ich nichts Lieberes weiß, als mich ihnen durch Zeichnen oder Malen zu nähern, sie auf diese Weise an mich zu ziehen, um mich ihrer, was sie mir etwa sagen wollen, zu vergewissern –: dann werd ichs auch tun! Dann lasse ich mir von niemandem mehr dreinreden. Und im übrigen, es muß ja nicht alles immer über alle Begriffe sein.

Am letzten Tag im August rollt Goethes Halbchaise geradeaus nach Norden, hinein ins Waldenburger Bergland. Das nächste Ziel ist Kloster Grüssau. Noch einmal ein hochsommerlicher Tag. Der Herr wie sein Kutscher in Hemdsärmeln. Gegen Mittag wird es so heiß, daß sie jeden längeren Hügelschatten, in den sie für Momente eintauchen, dankbar wahrnehmen. Ihr Gespann scheint ganz wie sie zu empfinden.

Hinter dem nächsten Gehölz kommen jetzt einige Ziegeldächer von Wirtschaftsgebäuden zum Vorschein. Die Straße führt an einem Weiher entlang, dessen Ränder stark verschilft sind. Doch mehr zur Mitte hin gibt es Spiegelungen im stillstehenden Wasser. Als Goethe die Reihe von Mauern und Dächern und Bäumen betrachtet, erschrickt er ein wenig über die beiden hellen Türme, die ins Bild kommen und wie alles Gespiegelte auf dem Kopf stehen. In der nächsten Sekunde fliegen seine Blicke in die Höhe. Da ragen sie nun wirklich in das vor Hitze blasse Blau, die Barocktürme der Marienkirche: mit ihrer reichen, geschweiften und gewundenen Vertikal-Architektur, ihren verkupferten Helmen, den ersten Anflügen von Patina.

Mönche und Besucher sagen ihnen, welche Teile der weitläufigen Klosteranlagen man besichtigen darf. Goethe schaut auf einen von Rauch, dem Major, geschriebenen Notizzettel:

Ursprünglich als Benediktinerabtei gegründet. Dann Übernahme von Grüssau durch Zisterzienser. Große Kriegsschäden ... Die Marienkirche, auch Marienmünster genannt, wird Ende des 17. Jahrhunderts vollständig neu aufgebaut ...

Seitdem also gibt es diesen imposanten Barockbau mit dem mittelalterlichen Gnadenbild am Hochaltar, mit den zahlreichen Seitenkapellen, überreich verziert. Doch ohne Kuppel in der mittleren Vierung. Im Kircheninnern ist es fast zum Frieren kalt. Dem Schimmern und Glänzen von Marmor folgt ein Flimmern von Silber, Gold, Kleinodien. Goethes Staunen bleibt maßvoll – was bei einem vorauszusehen ist, der baufällige römische Tempelreste oder das nicht minder antike Stückwerk von Paestum oder Segesta über alles zu stellen pflegt.

Ja nun!

Doch dann gibt es noch die kleinere, turmlose Josephskirche. Ein Pater verneigt sich und weist Goethe auf den Freskenzyklus mit Motiven aus der Josephslegende hin. In der Tat, Pater. Wie außerordentlich gut gemalt! Und der Name des Malers? Michael Willmann? Vor dem, sagt Goethe zu Paul, ziehe ich tief den Hut.

Nachdem sie sich erfrischt und die Pferde reichlich versorgt haben, scheint die ärgste Hitze vorbei zu sein. Sie müssen heute noch ungefähr drei bis vier Stunden fahren, um gegen halb sieben in Landeshut einzutreffen. Goethe hat sich zu dem Umweg entschlossen, allein wegen des guten Quartiers. Denn hier haben sie sich schon einmal behaglich ausgeruht – damals auf ihrem Weg nach Zirlau, zum Herzog und seinen Garderegimentern.

Am 1. September 1790 wird wieder früh aufgebrochen. Köhlerhannes und Dunja an der Deichsel wittern, wo es eigentlich noch nichts zu wittern gibt, ihren Stall und beschleunigen von selbst ihre Gangart. Gegen zwölf Uhr sind sie in Schweidnitz und um halb vier zurück in Breslau.

Paul mit seinem glänzenden Orientierungssinn (wir

erwähnten ihn schon) fährt durch das Gewirr von Straßen und Gassen, ohne sich auch nur ein einziges Mal zu verfahren. Schließlich lenkt er sein Gespann im Trab haarscharf durch das offene Hoftor des Hôtels *Zum roten Haus.*

Nun hat Paul mit dem Ausspannen, dem Tränken und Füttern der Gäule und mit dem Hinaufschleppen des Reisegepäcks gehörig zu tun. Goethe ist unterdessen schon auf seinem Zimmer, dritte Etage. Im Nu erfaßt sein Blick das auf der Schreibplatte des Sekretärs abgelegte Billet, blau versiegelt.

Er spürt, wie sein Herz schlägt. Er erbricht das Siegel aus blaugefärbtem Wachs. Er hat sich nicht getäuscht.

Henny schreibt:

Deine Gegenwart, Liebster, hat auf mein Herz eine wunderliche Wirkung gehabt. Seit Deiner Abreise kann ich gar nicht sagen, wie mir ist. Mir ist wohl und doch so traumselig. Reicht denn ein Leben wie das meine aus, Dich so zu lieben, wie nur Du es verdienst?

20

Nur die Kanten des Billets verraten, daß die Hand, die das Blatt hochhält, in Augenhöhe, sacht bebt. Goethe liest die Zeilen noch einmal. Wort für Wort. Seine Sehnsucht nach Henny wird immer größer, so mächtig, daß er nicht mehr auf der Stelle stillstehen kann. Unruhig, erwartungsfreudig überläßt er sich der Geschäftigkeit.

Zunächst bekommt Paul einen Auftrag und läuft schon treppab, um so rasch wie möglich mit zwei gefüllten Wasserkrügen treppauf steigen zu können. Inzwischen kramt Goethe aus seinem Rohrkoffer frische Unterwäsche hervor, das weiße, scharf geplättete Hemd mit dem weitoffenen Kragen, das bei Paul das *schwanenweiße* heißt, sowie ein mauvefarbenes Halstuch, das aus Seide ist und noch ungetragen.

Wie gut es doch tut, das vom Reisestaub juckende, von der Sonne verbrannte Gesicht tief einzutauchen in eine Schüssel, angefüllt mit brunnenkaltem Wasser.

Paul hält den Ausgehrock seines Herrn in die Höhe und bürstet ein paar imaginäre Stäubchen von den Revers. Die kurzen Straßenstiefel jedoch, die Goethe nun gegen seine Reitstiefel mit den hohen Schäften einzutauschen wünscht, weisen noch Lehm- und Schmutzstreifen vom letzten Ausgang auf. In der Tat, die müssen gründlich gesäubert und gewienert werden, und zwar dalli.

Goethe kleidet sich um, macht sich fein. Das Billet hat er bedachtsam zusammengefaltet und in die Innentasche seines Rockes geschoben.

Vom *Roten Haus* zu Schuckmanns Palais, Roßmarkt 10, geht man bekanntlich nicht länger als eine Viertelstunde. Goethe muß sich wiederholt zu einem herrenmäßig ruhigen Schritt zwingen.

Bei Schuckmanns öffnet der alte Diener, verneigt sich und läßt den Geheimen Rat eintreten. Der Hausherr, erfährt Goethe, ist momentan noch im Amt, wird jedoch in etwa einer halben Stunde erwartet. Beide stehen in der Empfangsdiele, für Augenblicke unschlüssig. Nun meldet sich wieder der Diener mit der Frage, ob er den Herrn Geheimen Rat der gnädigen Frau von Röder melden solle. Währenddessen schaut Goethe blitzgeschwind zu den Zimmertüren im Hintergrund, ob sich denn noch immer keine öffnet. Dann gibt er dem Diener Bescheid, der nunmehr in die Beletage hinauf muß.

Nachher kommt er mit der Generalin von Röder die Stufen herab.

Nun ist es zu spät für eine junge, schlanke, sehr verliebte Person, zu guter Letzt noch aus einem der hinteren Zimmer zu stürmen, um den Überraschten glücklich zu umarmen. Endgültig zu spät. Goethe unterdrückt mit Mühe seine Enttäuschung. Die erste in diesem Haus.

Die Generalin ist auch diesmal so ungezwungen wie herzlich, o ja, sie weiß es zu schätzen, daß sie den berühmten Dichter eine kleine Weile ganz für sich haben wird. Sogleich wird ihre Konversation lebhaft. Eine Henriette von Lüttwitz aber kommt und kommt nicht vor. Schließlich erkundigt sich der Besucher, leicht ungehalten, nach Henny. Frau von Röder sieht an Goethe vorbei, als sie erklärt, daß sich die liebe arme Henriette schon seit einer Woche unpäßlich fühle und Gut Hartlieb nicht verlassen habe. Ein Bote sei gekommen, um es auszurichten.

Da steht Friedrich von Schuckmann in der Tür, rotwangig gesund, wie er leibt und lebt. Sie fassen einander bei den Schultern, drücken sich kräftig die Hände.

Nachher nehmen sie in Schuckmanns Arbeitszimmer Platz, das auf eine Terrasse hinausgeht und auf eine kleine Gartenanlage. Die schmalen hohen Flügel der Terrassentür stehen offen. Von draußen ist ein erfrischender Luftzug zu spüren. Es beginnt zu dämmern. Die Herren sind jetzt unter sich. Freund Schuckmann weiß, daß eine Rede ohne Umschweife erwünscht ist. Daß er zur Sache kommen soll.

Während Goethes Reise in die Grafschaft Glatz war Henriette nur ein einziges Mal in Breslau. Sie suchte Schuckmann in seinem Amtssitz auf. Sie hatte Gut Hartlieb heimlich verlassen, und sie bat Schuckmann, ein blau versiegeltes Billet eigenhändig auf Goethes Schreibsekretär zu legen.

Goethe sieht Schuckmann dankbar und voller Wärme in die blaugrauen Augen.

Schuckmann senkt den Blick.

Einiges muß noch hinzugefügt werden.

Henriettes Vater hält es partout für nicht schicklich, daß seine Tochter weiter bei Schuckmann verkehrt, solange er und der Familienrat über Henriettes Zukunft an Goethes Seite noch keinen definitiven Beschluß gefaßt haben. Zudem hat er ihr ausdrücklich empfohlen oder befohlen, sich auf keinen Fall *fortzu-*

stehlen, um Goethe nach seiner Rückkehr bei Schuckmann zu empfangen. Ein Akt des Ungehorsams würde ihr nicht nur einen langen und strengen Hausarrest einbringen, sondern auch ihrer Angelegenheit ganz beträchtlich schaden.

Goethe erhebt sich, tritt hinaus auf die Terrasse.

Zum zweiten Mal ist er von Henny enttäuscht.

War *sie* es nicht, die für beide den Wahlspruch ausgab: Coûte que coûte? Und nun ist sie ganz brave Tochter, die sich von dem Herrn Vater gängeln läßt. Eine junge einundzwanzigjährige Frau, von der er seit zwei Stunden auch einen schriftlichen Liebesbeweis besitzt! Doch sein nächster Gedanke trifft ihn wie ein Schlag vor die Stirn.

Was wäre, wenn Henny ihren Wahlspruch beherzigte? Wenn sie plötzlich hier ins Zimmer träte: frei für ihn, nur für ihn! Selbstverständlich enterbt, verstoßen von der Familie – die jetzt auch noch im Begriff wäre, einen Riesenskandal anzuzetteln und Goethe als den wahren Schuldigen erklären würde?

Finster läßt Goethe sich wieder neben Schuckmann nieder.

Der ist mit seinen Neuigkeiten noch nicht am Ende. Es gibt noch einige Interna aus dem Hartlieber Herrenhaus. Schuckmann hat kürzlich auf einer Soiree einen Oheim Henriettes getroffen, einen alten Bekannten, die Gelegenheit wahrgenommen und sich bei diesem alten Herrn vorsichtig erkundigt, welche Pläne man auf Gut Hartlieb denn so schmiede.

Voraussetzungen für eine Eheschließung Goethes mit Henriette von Lüttwitz:

Goethe muß von seinem Weimarer Amt zurücktreten, seinen Dienst bei Hofe quittieren. Er muß in der

Nähe von Breslau ein Landgut erwerben und sich dann als Gutsherr mit Henriette verloben. Henriette wird ein weiteres Gut als ihre Mitgift in die Ehe einbringen, so daß dann das Paar *standesgemäß* auftreten kann. Hans Wolf von Lüttwitz wird dafür sorgen, daß ein approbierter, äußerst geschickter, doch auch besonnener Verwalter, dem man rückhaltlos vertrauen kann, für die Bewirtschaftung beider Güter bestellt wird. Er selber, Lüttwitz, wird seinem Schwiegersohn, so lange wie notwendig, mit Rat und Tat zur Seite stehen. Alle Dinge müssen aber derart angelegt werden, daß dem Gutsherrn zweier Güter für seine wissenschaftlichen Studien wie auch für seine Poeterei de facto mehr freie Zeit bleibt als dem Geheimen Rat unter seinem Fürsten.

Zum Schluß, sagt Schuckmann, bringe ich noch ein Zitat. Genauer, das Zitat eines Zitats. Henriettes Oheim zitierte Henriettes Vater folgendermaßen:

Breslau als Preußens dritte blühende Hauptstadt könne einem Dichter wie Goethe entschieden mehr poetische und gesellschaftliche Anreize bieten als diese thüringische Kleinstadt mit ihrem winzigen fürstlichen Musenhof, der schon genügend Platz in einer Puppenstube fände. Das ganze Sachsen-Weimar sei doch bloß für Liliputaner so groß und weit wie Liliput.

Beide lachen auf, Goethe wider Willen.

Schuckmann erklärt noch, die Anspielungen am Schluß seien mit Sicherheit Hinzudichtungen von Henriettes belesenem Oheim, denn Hans Wolf habe in dieser Richtung nun mal nicht die geringsten Ambitionen.

Goethe steht auf und versetzt zur Überraschung des schlesischen Freundes:

Je länger man sich mit den Einzelheiten beschäftigt, desto mehr scheint der Entwurf im ganzen zu gewinnen.

Gegen sieben Uhr ist Goethe zurück. Ob sein Landesherr im *Roten Haus* zu dieser Zeit noch zu erreichen ist? Ein Adjutant am Eingang zu den privaten Gemächern seines Generals hält es für möglich, denn er kennt Goethe. Fast lautlos verschwindet der Offizier in der fürstlichen Suite. Goethe darf dann sofort hinein, um sich von seiner Reise durch die Grafschaft Glatz zurückzumelden.

Drinnen verbeugt sich knapp der Leibdiener und öffnet die Tür zum kleinen Salon. Der Herzog steht mit dem Rücken zum Eintretenden und schaut abwechselnd in zwei übereck angebrachte Wandspiegel. Rühren soll er sich nicht, in diesem Moment, da ein Schneidermeister gerade den vorschriftsmäßigen Sitz einzelner neu angefertigter Uniformstücke überprüft.

Machen Sie es sich kommod, Goethe, ruft der Herzog laut. Wie Sie sehen, bin ich in der Gewalt der Schneiderzunft, ihr Sklave.

Goethe findet in seiner Nähe nur zwei Stühle mit hohen steifen Lehnen und nimmt Platz. Früher, als er im Herzogtum des Etats wegen fast alle Ausgaben genehmigen konnte oder streichen mußte (als rigoroser Streicher war er gefürchtet), hatte er sich auch mit den Monturen von einem halben Hundert Weimarer Leibhusaren, die alle vier Jahre gegen neue ausgetauscht wurden, zu beschäftigen. Wie lange das schon her war!

Der Herzog schwadroniert, und siehe, der Breslauer

Hofschneider kann mithalten. Nur seinen Gesellen muß er dann und wann blitzschnell am Arm rütteln, denn der gerät immer wieder in Träumereien mit offenem Mund, vergißt seine Handreichungen für den Meister Schneider. Zum ersten Mal in seinem Leben sieht der Geselle aus nächster Nähe ein so hohes Tier.

Karl August nutzt die Breslauer Zeit, um sich neu einzukleiden. Noch vor Goethes Abreise nach Glatz hat ihn sein Fürst und Freund ziemlich deutlich wissen lassen, was ihm Preußens Krone für seine militärischen Aktivitäten zu zahlen bereit sei. Die Hälfte sei ihm schon von der Berliner Kameralverwaltung beim Beginn des Feldzuges ausgehändigt worden. Für die zweite habe er Ordre gegeben, sie der herzoglichen Finanzkasse in Weimar abzuliefern. Darüber hinaus habe sich Friedrich Wilhelm der Zweite sehr spendabel gezeigt und viele seiner höchsten Offiziere nicht nur mit Sternen und Schärpen dekoriert, sondern ihnen auch dukatenschwere Schatullen in die Quartiere übersandt.

Berittene Garderegimenter rekrutieren sich in allen großen Armeen aus Kürassieren. Als der Herzog Regimentskommandeur der Rohr'schen Kürassiere in Aschersleben geworden war, kleidete er sich selbstredend als Kürassieroberst ein. Dann, als Brigadier zweier Regimenter Schwerer Reiterei, hatte er nicht viel mehr als seine Rangabzeichen auszutauschen.

In Weimar freilich wird der Herzog wieder Husaren befehligen, seine Leibhusaren. Karl August ist der geborene Husar (wenn es den leibhaftig geben sollte). Vorsorglich läßt er sich nun in Breslau die Uniform eines Husarengenerals schneidern. Die Kürassieruniform, die er während der schlesischen Unternehmungen täglich anlegen muß, ist ihm reichlich zuwider. Doch ganz unmöglich für ihn, vor seine Gardekürassiere in Husarenuniform zu treten. *Garde du Corps* und *Gensdarmes* würden sich nicht scheuen, ihn, ihren Brigadier, als *Hochverräter* mit Zynismen, beißenden Lästereien und schlagfertigen Verhöhnungen zu behandeln, ja einander darin noch zu übertreffen suchen.

Um durch das Warten nicht zu ermüden, denn diese Anprobe zieht sich leider in die Länge, prüft Goethe mit scharfem Auge die Aufmachung eines Generals der Leichten Kavallerie von oben bis unten.

Das Auffälligste bei den Husaren ist natürlich der goldverschnürte Dolman. Dazu trägt ein General der Leichten Kavallerie sein pelzverbrämtes Husarenjäckchen keck über der Schulter. Zum krummen Säbel an der Seite gehört ein elastisches Gehänge mit feudaler Säbeltasche, auf die der Namenszug des Trägers gestickt ist. Dicht bei der Gurtschnalle des Generals fallen über den Hosenbund kostspielige Berlocken. Die Reithose selbst heißt bei den Husaren Schoitasch, sowohl im Ungarischen wie im Deutschen; wahrscheinlich, weil sie mit gesteppten Goldfäden überreich verziert ist. Und die engen Hosenbeine stecken in halbhohen Reiterstiefeln mit überhöhten Absätzen, vergoldeten Sporen.

Das einzige, was der Chef zweier Gardekavallerie-Regimenter aus Berlin im Augenblick nicht trägt, liegt auf einem Sessel in seiner Nähe: die hohe Pelzmütze, versehen mit dem Kalpak und an der Stirnseite mit einem blanken, blinkenden Totenkopf. (Nur Husarengenerale leisten es sich, ihre Mützen aus Otterfell nähen zu lassen.)

Dann gehen Meister und Geselle rückwärts zur Tür und machen unterdessen noch tiefe Bücklinge.

Der Herzog findet, Goethe sei auf der Reise schmaler im Gesicht geworden, was ihm jedoch gut stehe. Dagegen er, der preußische Reitergeneral, werde sicher in kurzer Zeit wieder in der Lage sein, selbst die Nähte seiner *neuen* Uniform zu sprengen. Da er noch eine Verabredung hat, um acht Uhr, sagt er eilig:

Übermorgen, Wolf, werde ich dir einen beträchtlichen Wunsch erfüllen.

Übermorgen? Wolf besinnt sich.

Übermorgen, sagt er dann, ist der 3. September. Der Tag, an welchem du dreiunddreißig wirst.

Eben! Und du wirst es mir nachfühlen, daß ich keinesfalls gewillt bin, zum Teufel, eine Reihe langweiliger Gratulationen und Geburtstagsreden über mich ergehen zu lassen. Ich möchte auch nicht den festlichen Mittelpunkt einer Fête von zwei Regimentern abgeben. (Ich liebe Regimenter, doch Regimentsfêten sind au fond Krawalle, spätestens nach einer Stunde.) Daher, alter Freund, gehen wir übermorgen auf Reisen. Hast du die *Friedrichsgrube* vergessen? Und wie du damals in Zirlau, in unserem Kantonnement, davon geträumt hast, die *Feuermaschine* zu sehen! Übermorgen früh fahren wir so zeitig nach Tarnowitz, daß wir in Breslau keinem Menschen begegnen werden, der uns aufhalten könnte. Wir: das bist du, Wolf, das ist der Graf Reden, und das ist meine Wichtigkeit. Ist dir bekannt, daß Redens Spezialität gerade die Friedrichsgrube ist? Er kennt sie in- und auswendig. Er soll über Bergwerke einfach alles wissen. Reden arbeitet eng mit Minister Heinitz in Berlin zusammen. Heinitz soll ihn schon jetzt zu seinem Nachfolger ausersehen haben. Aber auch der *Mensch* Reden ist vorzüglich. Ganz erste Wahl. Morgen tafeln wir beide zu Mittag, du und ich, und besprechen die Details der Fahrt, abends sind wir bei Reden eingeladen. Auf morgen denn.

Um den Mitteilungsdrang von August nicht in voller Fahrt zu unterbrechen, hat Wolf es unterlassen, seinen Herzog und Freund daran zu erinnern, daß er (Wolf) mit Schuckmann und einem Dutzend interessanter oder bedeutender Herren bereits am 16. August bei Graf Reden diniert hatte.

21

Vormittags zieht es Goethe unwiderstehlich zu Friedrich von Schuckmann. Durch Paul hat er gestern, am späten Abend, noch in Erfahrung gebracht, daß Schuckmann sich von seinen Pflichten an diesem Vormittag ohne weiteres befreien könne, wenn sich die Möglichkeit biete, mit Goethe zusammenzusein.

Nun verbringen die beiden ihre Vormittagsstunden auf der Gartenterrasse des Hauses am Roßmarkt.

Im Zusammenhang mit der für morgen geplanten Fahrt erwähnt Goethe einen sonderbaren Zufall. Bei Redens Diner vor zwei Wochen hatte er vom Gastgeber erfahren, die Wiederinbetriebnahme seiner berühmten Friedrichsgrube bei Tarnowitz sei im ersten Halbjahr 1784 erfolgt – zur gleichen Zeit wie die abermalige Eröffnung des Bergwerks Ilmenau.

Goethe gerät ins Erinnern, Erzählen. Acht Jahre zuvor war er, der überaus schönen Landschaft wegen, bei Ilmenau zu Pferd umhergestreift und plötzlich auf das seit Jahrzehnten schmählich vernachlässigte, danach stillgelegte Bergwerk gestoßen. Er hatte nicht lange gefackelt, um es aus seinem Schlaf zu holen. Im ganzen Umkreis waren nur noch zwei – schon recht betagte – Steiger aufzutreiben. Sie zeigten und erklärten Goethe den Einstieg in den Schacht. Zugleich aber warnten sie den jungen gnädigen Herrn vor einem Alleingang. Doch Goethe stieg in die Tiefe.

Seitdem war er von diesem Bergwerk, in dem man einst Kupfer und Silber abgebaut hatte, besessen. Schon war sein Plan geboren, den alten Untertagebau wieder in Gang zu setzen. Und er glaubte fest daran, durch das von neuem gewonnene Silber die ewige Finanznot des verarmten Landes Sachsen-Weimar beheben zu können.

Ilmenau wurde in Goethes Leben zum größten und schwierigsten Werk – und zu seiner bittersten Niederlage. Die Herausforderung hatte für ihn etwas Titanisches. Er holte sich aus dem Bergamt Ilmenau einen tiefverstaubten Wust von Besitzurkunden, Schürfrechtzulassungen, Schemata der Schachtstollen, Zeichnungen nach der Natur von Abteufungen und Wasserschäden, Ergebnisse von Messungen, von Gewichtserstellungen, die langen Lohnlisten, die Kassabücher mit Soll und Haben. Da er für sein Projekt tagsüber wenig Zeit hatte, las er nächtelang. Er las alles, was er über den Bergbau, seine Methoden, Theorien, seine Geschichte ausfindig machen und herbeischaffen konnte – bis hin zu alchimistischem Fug und Unfug und zur Schatzgräberei. Und da auch Geologie und Mineralogie zur engeren Materie gehörten, wurde er ein so leidenschaftlicher Liebhaber dieser Wissenschaften, daß keine Frau sich zu rühmen vermochte, er hätte sie länger geliebt.

Goethe besorgte nun mehrere Gutachten über die Grube, brachte den Herzog auf seine Seite, eine Bergwerkskommission wurde gegründet, in der Goethe den Vorsitz übernahm, ja, er kümmerte sich um alles. Um die Wiederinstandsetzung der alten Stollen und den technischen Neubau der Förderanlagen sowie jener Vorrichtungen, die den immer drohenden Wassereinbruch in die Stollen verhindern sollten. Er war bei Gesteinsuntersuchungen und Schmelzversuchen dabei, es kam ihm sehr darauf an, den Bergleuten gute Arbeitsbedingungen und einen angemessenen Lohn zu verschaffen.

Mit ihren Silberbergwerken im Harz hatten die alten Sachsenkaiser einmal ihre Vorrangstellung begründet; deshalb hatten sie in den Pfalzen bei Goslar gehaust und von da über jene Fürsten geherrscht, denen solche Schächte und Schätze nicht zur Verfügung standen.

Goethe gedachte ihrer auf seinen Harzreisen, die hauptsächlich Erkundungsritte und Studienfahrten waren. Bei den auch weiterhin ergiebigen Zechen und Hütten sammelte er immer neue Kenntnisse.

Dann, im Frühjahr 1784, die feierliche Wiedereröffnung. Goethe hielt in Ilmenau eine Rede, die alle, die ihm zuhörten, in eine wunderbare Heiterkeit versetzte.

Und dann?

Dann das ständige Arbeiten und Kämpfen unter Tage mit geringer Ausbeute. Das Kämpfen in den Stollen mit Wasser, Feuer, Erdrutsch, Steinschlag. Goethe ließ die Bergkommissionsmitglieder gegen kühnere und ihm ganz ergebene Leute vom Fach austauschen. Seine Leidenschaft und Begeisterung nahm alles hin, ertrug alles.

Es war, wie er einmal in einem anderen Zusammenhang sagt, das ewige Wälzen eines Steines, der immer von neuem gehoben werden wollte.

Auf dem Rückweg zum Hotel verdichtet sich bei Goethe die Ansicht, er habe gestern, in seinen Gedanken, unrecht über Henny geurteilt. Ihr heimliches Verlassen des Schlosses Hartlieb, trotz angedrohter Konsequenzen, ihr Aufsuchen Schuckmanns in seinem Breslauer Amt sowie ihre Bitte, Schuckmann möge ihr Billet in Goethes Hotelzimmer schmuggeln – hatte sie damit nicht fürs erste ihren Einsatz erbracht, weit mehr aufs Spiel gesetzt als er? Er, der außer einer förmlichen Werbung auf Gut Hartlieb nichts mehr unternommen, Henny nicht einmal auf seiner Reise durchs Glatzer Bergland ein paar Zeilen geschrieben hatte!

Wie komme ich überhaupt dazu, was legitimiert mich denn, so fragt er sich jetzt, alles weitere eigentlich von Henny zu erwarten?

22

Der geistige Gehalt eines Buches liegt immer halb im Schatten wie ein Planet, während die andere Hälfte sich sichtbar macht und traumlos am Leben teilnimmt.

23

Sacht wird es am Himmel hell.

Noch rührt sich nichts. Noch schläft sie in den Morgen hinein, die große Oderstadt.

Doch jetzt?

Jetzt ist da ein immer deutlicher werdendes, also näherkommendes Räderrasseln. Eine Equipage ist unterwegs, dicht gefolgt von einer Halbchaise. Sie sind dabei, die Stadt zu verlassen. Mit einemmal verschwinden Pferde und Wagen im Odernebel. Aber nachdem sie eine der Brücken über den hier fast fünfhundert Fuß breiten Strom passiert haben, tauchen sie aus dem Nebel wieder auf, werden zusehends klar.

Sie sind nun auf der linken Oderuferseite und werden es wohl einen Tag lang bleiben.

Die Equipage, die Graf Reden gehört, ist von einfacher Vornehmheit. Dagegen sind die vier vorgespannten Rappen Eigentum des Herzogs von Sachsen-Weimar. Englische Traber. Lebhaft und schnell greifen sie aus. Lebhaft ist auch die Unterhaltung der drei Reisenden in der Kutsche. Anfangs scheint noch die Nachwirkung des Champagners im Spiel zu sein, den der von heute an dreiunddreißigjährige Herzog beim Gabelfrühstück mit seinen Gratulanten ausschenken ließ – vor der Abfahrt in dunkler Frühe.

Die Reisenden in der Halbchaise sind die Diener der

drei vorausfahrenden Herren. Sie gähnen mit kleinen verschlafenen Augen. Ihre Antworten fallen einsilbig, brummig aus. Im Stockdunkeln, bei Kerzenlicht, hatten sie alles Nötige für die Fahrt herrichten und sich um ihr Gespann selbst kümmern müssen. Ihre Zugpferde sind Postgäule: ein Zweiergespann mit einem Vorspannpferd (Troika). Goethes Diener Paul spornt sie tüchtig an, denn der zweite Wagen soll sich – so gut er kann – an das Tempo des ersten halten.

Die beiden anderen Diener haben sich, wenn auch unwillig, bereit erklärt, Paul abzulösen. Jeweils nach zwei Stunden Fahrt soll gewechselt werden. Der älteste von ihnen ist der Leibdiener des Herzogs, der ein Toupet mit flachsblonden Locken trägt.

Die Reiseroute hat Reden, der Graf und Berghauptmann, festgelegt. Es ist der kürzeste Weg nach Tarnowitz. Er stimmt nahezu überein mit der alten Salzstraße und ist auch zu dieser Zeit noch ein vielbefahrener Handelsweg zwischen Breslau und Krakau, beziehungsweise Wieliczka. Sein letztes Teilstück ausgenommen, führt er immer an der Oder entlang.

Wer von Breslau herkommt, fährt hauptsächlich auf der linken Oderseite und sieht an der Strömung, daß er die Oder stromaufwärts begleitet. Der Graf schätzt die gesamte Fahrstrecke auf gut zweiundzwanzig Meilen. Goethe will es nicht glauben, daß sie zu dritt oder sechst – wie der Herzog lächelnd versichert – diese Strecke in einem Zug, ohne zu übernachten, bewältigen werden.

Ohlau und Brieg. Die ersten größeren Orte an ihrem Reiseweg. Einstmals Herzogstädte. Noch ist man im

Niederschlesischen. Der Kutscher Haberland, Bediensteter des Grafen, kennt sich aus. Zahllose Male ist er mit seinem Herrn zwischen Breslau und dem allmählich aufblühenden oberschlesischen Revier hin und her gependelt.

In der Stadt und Festung Brieg hält dann Haberland zunächst so, daß der Herzog wie auch sein Begleiter (ohne sich von ihren Sitzen zu lüften) die großzügige Anlage der Schloßeinfahrt überblicken, auch Einzelheiten studieren können. Eine wunderschöne Fassade, reine Renaissance.

Der Graf ist der Ansicht, fast noch schöner sei die Toreinfahrt von Schloß Öls. Vielleicht werde man sie auf dem Rückweg zu Gesicht bekommen.

Die Traber ziehen an. Die Kutsche rollt, richtiger, holpert weiter. Denn es geht über krummes Steinpflaster. Um zwei, drei Straßenecken. Nachher halten sie auf dem Brieger Ring vor einem gutbürgerlichen Gasthaus. Gerade schlagen mehrere Turmuhren ineinander. Elf Uhr.

Der Graf lädt seine Mitreisenden zu einem Imbiß ein. Er steigt als erster aus und geht den anderen auf der kleinen Freitreppe zum Gasthaus voran. Am Eingang läßt Goethe seinem Herzog den Vortritt, der sich zur Feier des Tages in seine neue Generalsuniform geworfen hat.

Der Wirt im Hintergrund starrt den Fürsten an. Erblaßt. Rührt sich nicht. Nur sein Unterkiefer bebt leicht. Flugs stürzt die hübsche Wirtin aus der Küche und macht die Honneurs.

Der Herzog geizt offenbar mit jeder Minute. Als

müßte er einen Fahrplan exakt einhalten. Gleich nach dem letzten Bissen springt er auf. Da beeilen sich die anderen Herren ebenfalls.

Als Goethe draußen, noch von der Treppe aus, die am Rinnstein wartende Kutsche ins Auge faßt, erkennt er sie nicht wieder.

Diese hier ist ein älteres, wuchtiges Modell. Ebenso fremd ist ihm das Gespann. Vier Braune, deren Felle ungewöhnlich glänzen, stehen angeschirrt da. Waren es vorher nicht Rappen? Allerdings der Kutscher oben auf dem Kutschbock ist derselbe Haberland, der die Herren rasch und sicher nach Brieg gebracht hat.

Schon öffnet der Graf den Schlag. Vom Gewicht des Herzogs wippt der Kutschkasten. Heiß ist es drin. Sie müssen die Fenster rechts und links sofort auftun. Der Kutscher läßt die Peitsche mit dem Silbergriff im Futteral stecken und schnalzt nur mit den Lippen. Vorsichtig fährt er auf den Katzenköpfen des Ringes an. Bald danach beweisen die Braunen, wie frisch und guter Dinge sie sind, und daß sie auch mit einem wuchtigen Fahrzeug hinter sich die erwartete Reisegeschwindigkeit erreichen werden.

Goethe erkundigt sich, wo die Kutsche des Grafen denn geblieben sei. Graf Reden blickt versonnen geradeaus. *Durchlaucht der Herzog* aber erwidert in leicht spöttischem Ton: Einer seiner Weimarer Leibhusaren habe die Equipage hier übernommen und werde sie, nach ausreichender Ruhepause für die Rappen, zurück nach Breslau kutschieren, genau bis vor die gräfliche Wagenremise.

Goethe: Ja nun.

Minuten später, auf der steinalten Land- und Heerstraße nimmt die böhmische Halbchaise ihren Platz hinter der Kutsche wieder ein. Anfangs unbemerkt. Was die Diener dreier Herren munter, gesprächig macht, liegt in erster Linie an einem eben rasch verzehrten *zweiten* Frühstück (*manger froid dans la main*, nennen sie's und grinsen). Doch es hängt auch mit dem neuen Relaisgespann aus Brieg zusammen. Auf den ersten Blick ein gewöhnliches Zweiergespann, gewiß. Doch dann staunen sie nicht schlecht, alle drei: denn diese beiden schlanken Apfelschimmel von der Post entwickeln ohne viel Lärm und Aufsehen eine Schnelligkeit, zu der sie – mindestens in den Augen der Reisenden – weder Grund noch Anlaß haben.

Graf Redens Diener Alfons Zielonka (oder wie er sich selbst beim Namen nennt: Zielonka Alfons) räsoniert gern. Umständlich erklärt er, daß er die Schimmel für ehemalige *Remonten* halte, die bekanntlich nach vier- bis fünfjähriger Ausbildung in einem der militärischen Remontendepots ihre Eignungsprüfungen für die berittene Truppe ablegen müßten. Wer sie nicht bestehe (oft bloß wegen kleiner Fehler), werde sogleich ausgemustert. Das bedeute, diese meist aus guten Gestüten stammenden Fünfjährigen würden versauktioniert. So mancher Kavalier bei Hofe, so mancher Gutsverwalter oder Gutsinspektor, doch auch Zirkusreiterinnen und Inhaber privater Reitbahnen (neuerdings nach dem Engländer *Tattersall* genannt), sagt Redens Diener, sie alle besuchten derartige Auktionen und kauften mitunter bildschöne Pferde durchaus wohlfeil ein.

Aber doch keine Postmeister! fährt Paul dazwischen. Was wollen denn die mit Reitpferden, womöglich noch mit vollblütigen, he? Wo sie doch nur Gäule zum Ziehen von Postwagen, Lohn- und Relaiskutschen bereitzustellen haben!

Der Leibdiener mit dem flachsblonden Toupet, der zu kutschieren an der Reihe ist, hört den anderen kaum zu, läßt aber die Schimmel laufen und laufen. Doch mit einemmal wird ihm das Tempo anscheinend zu gefährlich, er zieht die Leinen kräftig an, läßt die Pferde nur mehr am kurzen Zügel traben. Danach wendet er sich an seine Mitfahrer und behauptet ernsthaft, er habe nun den Schlüssel. Ihm sei nämlich wieder eingefallen, daß – und er betont jetzt affektiert jedes Wort – unter allen Rössern die Schimmel die ambitiösesten seien. Ja, mit diesen beiden Apfelschimmeln traue er sich zu, die vierspännig vorausfahrenden Hoheiten glatt zu überholen.

Aber da täuscht er sich. Die Braunen mit dem blitzenden Fell haben auch ihren Ehrgeiz, und kaum wittern sie die Konkurrenz im Rücken, legen sie sich unaufgefordert noch kräftiger ins Geschirr. Vergnügt stellt der Herzog das erhöhte Tempo der Kutsche fest.

Er hat das, was man einen tüchtigen *Pferdeverstand* nennt. Er kennt es von Jugend auf, das gelegentlich offene Rivalisieren unter Pferden. Jetzt genügt ihm ein kurzer Blick durch das winzige Rückfenster der Kutsche, um sich zu vergewissern. Denn *umschmeißen* dürfen weder die Schimmel noch die Braunen.

Spätsommertage im Osten.

Ein Tieflandstrom, der Oder heißt. Und diese steinalte Straße, die ihre Entstehung hauptsächlich der Findigkeit und Zielstrebigkeit von Fuhrleuten verdankt.

Eine Generation um die andere hat der Oder gehorcht, sich nach ihrem Lauf gerichtet.

Die Oderniederungen, die noch von der eiszeitlichen Hohlform des wilden Urstroms zeugen, sind verhältnismäßig schmal auf beiden Seiten; ihre einstigen Ufer hüben und drüben verschieden hoch. (Die Bezeichnung *Urstromtal* hat Goethe vermutlich noch nicht gekannt.) Immerhin führt die Salzstraße sechzig bis hundertundzwanzig Fuß über dem Spiegel des Stromes dahin. So haben die Reisenden nicht allein einen guten Überblick über die Niederungen, die man hier *Aue* heißt, sie haben dazu auch weite Sicht auf das rechte Oderufer.

Goethe kennt Main und Neckar, kennt den Rhein, wenn auch noch nicht den Niederrhein. Kennt die Elbe bei Dresden. Die Saale. Die Donau bei Regensburg.

Mit den aufgezählten Strömen, das sieht Goethe nun ein, ist die Oder nicht, oder nur oberflächlich, zu vergleichen.

Diese große, doch fast lautlose Wasserader Schlesiens ist, zumindest im Mittellauf, ein oft in Wäldern versunkener Strom. Wie grüne Wände treten hier immer wieder Bestände von Eichen, von Linden und Buchen bis an die Uferböschung. Bloß selten sind es die üblichen Reihen von Erlen, Pappeln und Weiden, die überall gern an Wasserläufen stehen und schon von weitem auf sie aufmerksam machen.

(Auf der Hinfahrt nach Italien hat Goethe in Regensburg, von der *Steinernen Brücke* aus, eine für die damalige Zeit kühne Zeichnung mit wenigen klaren Federstrichen auf einem hellgrauen Blatt ausgeführt, wodurch uns von der Breite und der Gewalt strömender Wassermassen ein eindringliches Bild vermittelt wird.)

Graf Reden läßt da und dort kurz anhalten, obgleich der Herzog über den Zeitverlust brummt. Sie steigen zu dritt aus, gehen auf die Uferböschung zu. Nun macht Reden die Weimaraner auf die hier besonders verbreiteten Eichen aufmerksam. Bäume von fünfhundert-, achthundertjährigem Wildwuchs mit unglaublich bizarrem Astwerk – mit Wipfeln, deren Laub sich schon anfängt zu verfärben, aber noch wie ein Flimmern, Flirren und Fliegen durch die Bläue ist.

Sie gehen hundert oder zweihundert Schritt zu Fuß weiter.

Schmale Schilfgürtel schmiegen sich an den Lauf der Oder. Kalmusduft. Das sommerlich verbrannte Grün der Uferböschung. Eine Zeitlang wird es abgelöst von silbernem Sand. Das in Weihern stehende, doch in Gehölzen verborgene Altwasser verrät sich bisweilen durch Sonnenblitze von Weiherspiegeln. Dann wird es mit einemmal nahezu heiß. Denn die drei kürzen ihren Weg ab, indem sie eine der großen abgemähten Wiesenbuchten des Stromes überqueren, die schattenlos ist.

Reden gibt wieder, was er von einem ehemaligen hessischen Offizier, der aus Amerika zurückgekehrt sei, gehört habe. Dort drüben, hörte er, nenne man die Spät- oder Nachsommertage nicht Altweibersommer, sondern *Indianersommer*.

Goethe am linken Kutschenfenster, immer wieder Ausschau haltend, hat den günstigsten Blick auf die Oder. Sozusagen mit halber Fahrt treiben mehrere Frachtkähne stromabwärts. Einige haben geflickte Segel gesetzt. Doch der lasche Wind bauscht sie kaum auf. Die obere Masthälfte läßt sich – wenn man auf Brücken zuhält – gleichsam abknicken. So gleiten die Schiffer mit ihren Ladungen selbst unter niedrigen Brücken hindurch.

Reden erklärt.

Je weiter sie nach Südosten gelangen, desto fruchtbarer wird der Boden. In Leobschütz, das freilich von hier noch weitab liegt, haben die Äcker eine Lößkrume. Reiche Bauern verkaufen ihr Getreide nach Binnenschiffsladungen. Statt Sand streuen sie an Sonn- und Feiertagen Mehl auf ihre Fußböden. Oder Puderzucker.

Reden erläutert.

Daß die Oder zum Beispiel ein großer Fluß ist, der immer schon zur Versandung geneigt hat. Unten am Grund lagert er Feinsand und Ton ab.

Was ist die *Versommerung* der Oder?

Wenn das Oderwasser rar wird, meint Reden, und die Fahrrinne deswegen gefährlich eng wird. Aus den kleinen Oderhäfen holt man Lotsen auf die Kähne. Sie springen ohne weiteres ein und können die Lastkähne zentimetergenau steuern. Doch selbst sie haben nicht immer Glück. Unter Wasser wandernde Kies- und Sandbänke kommen zum Stillstand, wo sie niemand vermutet. Und plötzlich läuft so ein Kahn auf Grund. Nur mühselig, mit aller Gewalt und mit Hilfe aller Schiffer, Schifferfrauen und Schifferjungen aus der *Nachbarschaft,* das heißt, von den nachfolgenden Kähnen, kann so eine gestrandete Ladung wieder flottgemacht werden.

Das ist auch der Hauptgrund, warum die Schiffer mit ihren Kähnen in kleinen, kameradschaftlich verbundenen Rudeln die Oder hinunterfahren oder -segeln. Jeder Binnenschiffer hier ist auf die Hilfe und Treue von seinesgleichen angewiesen.

Reden weiß genug Exaktes, wenn er gefragt wird.

Goethe bemerkt, daß es hier zwischen den größeren Städten keine Oderbrücken gibt. Aber, dann und wann, freie breite Fähren, die von zwei oder drei Mann durch Staken mit langen, bis auf den Grund des Stromes reichenden Stangen vorwärtsbewegt werden. Sie können ein vollbeladenes Fuhrwerk übersetzen. Nur die Unterschlupfbuden der Fährleute und vereinzelte Fischerhütten wagen sich bis ans Oderufer vor. Nach anderen Behausungen sucht man in der *Aue* meist vergeblich. Vom Wasser aus gesehen, liegen die Dörfer oberhalb der Niederungen; erst hinter dem Kamm des urzeitlichen Ufers kommen sie zum Vorschein; es sind hier nur wenige.

Als Straßendörfer schmiegen sie sich an die alte Salzstraße. Diese wiederum folgt durchaus nicht jeder Windung der Oder parallel. An manchen Stellen ist es den Fuhrleuten zu zeitraubend erschienen, die Oderwindungen und -kurven nachzuzeichnen, sie haben sich erheblich vom Ufer entfernt und damit ihren Weg verkürzt. Übrigens hat man die Hochufer hier und da durch Dämme verstärkt. Begradigungen des Stromes, seine Regulierung im großen Stil, wurden schon unter König Friedrich dem Zweiten vorgenommen. Er rühmte sich, eine neue Provinz – ohne auch nur einen Schuß Pulver – erobert und seinem Reich eingefügt zu haben: den gewaltigen Warthe- und Netzebruch in der Neumark, den er kanalisieren, entwässern ließ.

Seltsam, daß die Oder *mitten* durch Schlesien fließt – das Land also in annähernd zwei Hälften teilt. Andere finden den Vergleich mit einer Mittelachse besser. Die meisten Schlesier aber halten den Strom für die Herz- und Lebensader der Provinz.

Auch das *Zeitalter der Aufklärung* habe nichts daran geändert, meint Graf Reden, daß das einfache Volk die Oder noch weiterhin als etwas Mythisches erlebe. Freilich nicht so, wie es die Grenznachbarn der Schlesier täten, die ihren Weichselstrom patriotisch-katholisch mystifizieren als den *Heiligen Strom der Polen.* Da hielten die Schlesier Maß, Gottlob. Ihr Mythos von der *Mutter Oder* sei wohl bescheiden genug. Ja, eine kraft- und liebevolle Mutter sei sie, die alles, was schwach werde, nicht vorwärts komme, behütet werden möchte, auf ihre starken Arme nehme und *vorantrage.* Man fühle sich nicht allein *von ihr* aufgehoben, sondern auch *bei ihr.*

In einem anderen Vergleich, etwa in dem mit dem wein- und bacchusseligen, zunehmende Deutschtümelei in Sang und Klang hervorbringenden *Altvater Rhein,* schneide die Oder noch besser ab; um es wortspielhaft zu sagen: *unvergleichlich* besser.

Mehr und mehr schmunzelnd hat Goethe zugehört.

Zu Recht gilt Graf Reden als guter Gesellschafter. In der weiteren Unterhaltung stellt sich heraus, daß Reden drei Jahre jünger als Goethe ist. Offenbar gehört er zu jener Aristokratie, die Goethe von Jugend auf bewundert hat, nämlich diejenige der alten Adelsgeschlechter. Was Goethe noch immer besonders schätzt, ist ihre unaufdringliche Geistesgegenwart, die zwanglose Haltung, die keine Spur von Befangenheit zu kennen scheint, ja, diese Beherrschtheit, diese Gelassenheit gerade in jenen Momenten, wo alle Welt nichts anderes zeigen kann als Aufgewühltheit, Sentiment.

Reden ist über Mittelgröße, schlank, sein Gang federnd. Schon äußerlich macht er auf Goethe einen noblen Eindruck. Obgleich er viel an der frischen Luft ist, hat er ein helles, vom Wetter kaum gegerbtes Gesicht, mit männlichen Kanten. Gut passen dazu die genügend weit auseinanderstehenden, schmalen, blaugrauen oder steingrauen Augen und – wenn er seine Perücke nicht benutzt – die kurzgeschnittenen sandblonden Haare. Zu allem Überfluß besitzt Reden auch noch das bei Frauen gegenwärtig sehr beliebte, von Mädchen geradezu angeschwärmte *hellenische Profil.*

Daß Friedrich Wilhelm von Reden erst vor vier Jahren von Friedrich Wilhelm dem Zweiten in den Grafenstand erhoben wurde, davon hat Goethe keine Ahnung.

Reden schweigt.

Auch Goethe schweigt. Der Herzog ist eingeschlummert. Er schläft tief, zurückgelehnt in seine Polsterkissen, das Kinn, das noch immer an ein trotziges Knabenkinn erinnert, auf der Brust. Seine neue taillierte Generalsuniform (obwohl Serenissimus seinen Rock aufgeknöpft hat), macht ihm sichtlich heiß. Doch er merkt es nicht, wie sich Schweißperlen auf seiner Stirn bilden, einzeln oder ineinanderlaufend, manchmal zu seinen Brauen hinabgleiten und sie dunkel machen.

Entsteht womöglich Fahrtwind bei einem Vierergespann, auch wenn es nur im Schritt geht? Fast scheint es so. Denn wie vom Fahrtwind werden mehrere glänzende Fliegen durch die Fensteröffnungen in den Kutschkasten hineingeweht. Sie versuchen vor allem, sich auf dem schutzlosen, gut riechenden Gesicht des Herzogs kitzelnd und stechend niederzulassen.

Graf Reden, Stoiker, verscheucht sie wieder und wieder.

3. September. Der dreiunddreißigste Geburtstag des Herzogs.

Goethe gerät in einen merkwürdigen Zustand. Eine Art von Traumschwanken. Die Zahlen! Die Mystik der Zahlen! Traumselig scheint er sie zu erfassen.

Geht das Wort *traumselig* nicht auf Hennys Billet zurück?

Es ist das Licht süß und den Augen liebreich, die Sonne zu sehen.

Das ist wahr, doch woher stammt, was wahr ist? Und hat das überhaupt einer niedergeschrieben oder es bloß gedacht?

Seit ungefähr zwölf Stunden sind sie unterwegs. Goethe schaut nach drüben, auf die andere Oderuferseite, wo der Horizont augenblicklich sehr tief liegt. Und der ohnehin schon mächtige Himmel östlicher Landstriche noch mehr Raum gewinnt.

Wer zu diesem Himmel emporblickt, dem tut sich

jetzt ein leuchtendes Blau sondergleichen auf – durchsichtig, soweit die Schärfe des Auges reicht.

So hat für Goethe die Farbe Blau noch nie existiert.

Als er nach einer Weile glücklicher Versunkenheit und Sprachlosigkeit dem Grafen gegenüber Andeutungen davon macht, beginnt Reden wieder zu erzählen.

In preußische Dienste war der Graf, der aus dem Hannoverschen stammt, anno 1783 berufen worden und hatte im Sommer desselben Jahres seine Tätigkeit in Tarnowitz aufgenommen. Auch Reden hatte in seinem Leben eine derartige Luzidität und Transparenz von blauer Luft im September noch nirgendwo gesehen. Sie hatte ihn förmlich übermannt. Jedesmal, wenn er hoch in dieses Blau geblickt hatte, war ihm so selig schwindlig geworden, daß er sich rasch einen Festpunkt auf der Erde suchen mußte, um nicht stocksteif hinzuschlagen. Stocksteif selig. Aber der Mensch gewöhnt sich selbst an seine Epiphanien. Und so ging es auch ihm. Schon im zweiten Jahr überwältigte ihn das schlesische Septemberblau nur noch gelinde. Dafür aber träumte er nun am hellichten Tag immer wieder einmal, daß er dank der einzigartigen Durchsichtigkeit des östlichen Blaus zu dieser Jahreszeit bis ans *Ende des Ostens* sehen könne.

Oho! ruft Goethe aus und macht die großen Augen noch größer.

Reden muß lächeln.

24

Als die vierspännige Kutsche über die Oderbrücke rollt, schaut Goethe mit vorgestrecktem Kopf aus dem Kutschenfenster. Der helle Strom ist auch bei Oppeln noch verhältnismäßig breit, aber in der Nähe der Ufer scheint der sandige Grund durchs Wasser herauf. Halbwegs in der Mitte, wo die Oder mit kleinen Wellen und Wirbeln schneller strömt und die Sonne immer von neuem aufgleißt, erkennt man die Fahrrinne für die Lastkähne. Weiter weg von der Brücke spiegeln sich in der Flut weiße, abgeschattete Wolkenzüge.

Nun sind die Reisenden auf der rechten Oderseite und sehen, bevor sie in die Stadt Oppeln hineinfahren, auf einer Insel im Strom den verfallenen Herzogsitz. Goethe fragt Reden und erfährt von ihm, welches Geschlecht hier auf der *Ostrowek* genannten Nordspitze der Insel gehaust habe.

Daß auf dem Oppelner Ring eine Kutsche sowie eine Kalesche mit frischen Pferden stehen und warten, löst bei Goethe keine Verblüffung mehr aus. Dennoch kann ihn *Durchlaucht der Herzog* noch einmal in Erstaunen versetzen. Neben den Fahrzeugen – übrigens sind es diesmal sächsisch-weimarische – haben sich drei abgesessene Leibhusaren postiert, die unter dem Kommando von Rittmeister Schrims stehen und sieben gesattelte Pferde am Zügel halten. Diese kleine Gruppe aus Wagen, Pferden, Kutschern und Kavalleristen wird von einer erheblich größeren Gruppe, die einen Halbkreis gebildet hat, aus der Nähe beäugt: von den barfüßigen Oppelner Halbwüchsigen und Rotznasen. Auch Erwachsene nehmen sich Zeit, schauen aus dem Hintergrund zu.

Drei der Pferde sind auffallend rassige Hannoveraner: zwei in verschiedenen Brauntönen, mit schwarzen Mähnen und Schweifen; Nummer drei ein mächtiger Schimmelhengst. Goethe erkennt sie sogleich wieder. Es sind Reitpferde aus dem zur Hälfte nach Breslau verlegten herzoglichen Marstall. Hauptsächlich werden sie vom Herzog geritten; bei besonderen Gelegenheiten, so auch heute, ist eines der Pferde für Goethe da, das dritte steht Graf Reden zur Verfügung.

Inzwischen treffen in der böhmischen Halbchaise mit dem Apfelschimmelgespann die Diener ein. Über ihre weiteren Aufgaben sind sie bereits unterrichtet.

Der Herzog, Goethe und Reden sitzen auf. Schon steigen auch ihre Ordonnanzen in die Bügel. Durch die Stadt Oppeln reiten die Herren nebeneinander und im Schritt. Hinter ihnen der Rittmeister. Dann folgen in Front die drei Husaren. Pflastersteine klingen unter den Pferdehufen. Wie ein Hämmern auf Silber. Für eine Weile laufen die barfüßigen Jungen entzückt neben der Kavalkade her.

Im Freien übernimmt Reden die Tête. Sie verlassen die alte Handelsstraße, die sich allmählich von der Oder entfernt und weiter nach Groß Strehlitz führt. Offensichtlich zieht Reden die kleinen Landstraßen vor, die die Dörfer miteinander verbinden. Aber auch Feldwege. Ackerraine. Wiesenpläne. Sie kommen schnell voran, und das ist wichtig. Ab und zu prüfen sie den niedrigen Sonnenstand, denn seinetwegen müssen sie sich beeilen. Immer häufiger fallen die vollblütigen Hannoveraner aus ihrem durchgehend scharfen Trab ganz von selbst in die noch schnellere Gangart.

Das Durchgerütteltund Durchgeschütteltwerden in den engen Kutschen ist vorläufig vorbei. So ist es für die Herren ein doppelter Genuß, nunmehr durch die frische Luft eines sich neigenden Septembertages zu galoppieren. Weiche Erdbrocken fliegen hinter den Reitern hoch.

Vor allem dem Kavalleriegeneral, der heute Geburtstag hat, tut es bis in die Seele wohl. Er lächelt. Er lacht laut vor sich hin. Er schaut sich kurz nach Goethe um, der mit einem Lächeln antwortet. Mehrmals kommt es vor, daß der Herzog an Reden wild vorbeiprescht, in seinen gekürzten Steigbügeln stehend, tief über den Hals seines Schimmels gebeugt. Niemanden und nichts vor sich zu sehen, ganz freie Bahn zu haben für die weitgespannten Galoppsprünge seines hochbeinigen Hengstes, erhöht anscheinend noch das Glück des Reiters. An der nächsten Kreuzung weiß er natürlich nicht weiter, wartet aber gelassen, während sein Pferd im Schritt einen Kreis nach dem andern beschreibt, bis ihn die Herren Zivilisten und seine braven Husaren eingeholt haben.

Für Goethe gehört es zu den schönsten Momenten im schlesischen Osten, als sie hintereinander durch die Lautlosigkeit einer mächtigen, altgewordenen, im Osten seltenen Platanenallee reiten, in der die Baumkronen über ihren Hüten zusammenrauschen, ineinanderrauschen. Von ihnen, den Reitern, ist weiter nichts zu hören als das durch den weichen Untergrund gedämpfte Klappern der Pferdehufe und das Knirschen der Sättel. Wie durch einen hohen Blättertunnel treiben sie oder werden sie getrieben, und die noch verbliebene Helligkeit ist grün, manchmal gelb gefleckt.

Am Ende der Allee müssen sie, um eine Schloßruine herum, fast einen Kreis reiten. Etwas später steckt Reden seinen rechten Arm aus und weist etwa in die Richtung Süd-Süd-Ost.

Doch einen winzigen Augenblick früher hat Goethe ihn ohne Handzeichen erspäht:

Den Kegel aus schwarzem Basalt.

Der Annaberg (1212 Fuß) erinnert ihn an den Zobten, unweit von Breslau, der ähnlich geformt ist und sich ebenfalls deutlich sichtbar über dem Flachland erhebt. Zwischen schon umgepflügten Stoppelfeldern, Rüben- und Kartoffelschlägen ziehen sich bisweilen dichte Gehölze, hohe Hecken an den Bergflanken empor.

Oben die Wallfahrtskirche. Von Franziskanern betreut. Macht sie nicht den Eindruck eines Neubaus? Es handelt sich jedoch um den vor wenigen Jahren vorgenommenen Umbau einer Barockkirche. Die zwei für den aufgeklärten Absolutismus eingenommenen Reiter begnügen sich mit Redens Beschreibung einer vom Volk sehr verehrten *Heiligen Anna Selbdritt* aus Lindenholz. Außerdem genügt es ihnen, nur ihre Blicke über dreiunddreißig kleine Kapellen wandern zu lassen, in denen man die *Via dolorosa* des Schmerzensmannes nachgebildet hat.

Dann halten sie nur noch einmal kurz auf dem Dorfplatz der Ortschaft Annaberg.

Von hier aus haben die Berittenen bei schon indirektem Licht der untergegangenen Sonne und dem farbigen Abendhimmel noch weite wundersame Ausblicke. Beispielsweise ins Odertal. Womöglich hinüber bis zur Festung Cosel und der blinkenden Klodnitz.

Der kleine, im Herbst und Frühjahr nicht ungefährlich anschwellende Fluß (von den Kindern und Alten liebevoll *Klodka* genannt) mündet bei Cosel in die Oder.

Vor kurzem hat man angefangen, den Fluß zu einem Kanal – dem Klodnitzkanal – auszubauen. Dort, wo die Klodnitz entspringt, liegen in einiger Entfernung nicht wenige der alten oberschlesischen Schächte und Hütten und ballen sich allmählich die neuen *Hohen Öfen* und *Frischfeuer*. Ihre Produkte, doch auch die als Heizmaterial und für Industriefeuerungen mehr und mehr begehrte Kohle, sollen auf dem Wasser wesentlich billiger zu transportieren sein. Erste Pläne für den Kanal hat der Berliner Minister von Heinitz entworfen.

Die Stunde zwischen den letzten Schwalben und den ersten Fledermäusen.

Beim Reiten bergab vernehmen die Herren, daß sie sich am *Westrand* des oberschlesischen Muschelkalkrückens, ursprünglich Chelm mit Namen, befinden. Den *Ostrand* dieses bescheidenen Hügelzuges, fügt Reden hinzu, bildet die Tarnowitzer Hochfläche.

Bis dorthin, das wissen selbst die Ordonnanzen, will der Herzog noch in dieser Nacht.

Plötzlich ist der hohe Himmel dunkel geworden. Doch nun übersät mit unzähligen, seltsam klein erscheinenden, aber scharf funkelnden Sternen. Bis ihr Licht den Erdboden erreicht, bleibt von ihm bloß ein heller Dunst.

Um beim Ritt querfeldein ein Aufreiten zu verhindern, hat der Herzog größere Abstände zwischen den Berittenen befohlen. Doch Reden genügt das nicht. Er möchte den Ritt durchs Gelände, über Stock und Stein, überhaupt und sogleich beenden, also abbrechen. Natürlich den Pferden zuliebe. In diesem Dunkel vermögen sie kaum noch zu sehen, wohin sie ihre Hufe setzen. Schon tänzelt Goethes Pferd nervös auf der Stelle, und ein anderes wirft ruckweise den Kopf hoch und schnaubt unwillig. Die Reiter, fast eben so blind wie die Pferde, können ihnen durch Schenkeldruck oder Zügelspiel fast keine Richtungshilfen mehr geben. Der Herzog willigt endlich ein, den notwendigen Umweg in Kauf zu nehmen. Bald stoßen sie auf die vertraute Handelsstraße und Heerstraße, noch zwischen Groß Strehlitz und der Herrschaft Tost. Auf der Straße kommen die Pferde trotz der Dunkelheit wieder schneller vorwärts und bleiben dabei so gut wie ungefährdet.

Reden ist ihnen nun für einige Zeit weit voraus.

Goethe reitet neben seinem Herzog her, bisweilen so dicht, daß ihre Stiefelschäfte aneinanderscheuern. Die Nacht ist still. Weit weg ein Hundeblaffen. Dann, für längere Zeit, vernimmt man nichts mehr aus der Tiefe des Dunkels.

Unwillkürlich senken beide Reiter ihre Stimme. Sie

verständigen sich mit abgerissenen Sätzen, angedeuteten Zitaten, kurzen bezeichnenden Anrufen gemeinsamer Erinnerung. Jeder fühlt sich durchdrungen und erwärmt von der Freundschaft und Zuneigung des anderen. Von dem einfachen gegenseitigen: *Ich bin dir gut.*

Goethe gibt Karl August zu verstehen, daß Henriettes Vater ... womöglich seine Einwilligung ... wenn sich der bewußte Freier sozusagen ... also höchstwahrscheinlich eine totale Verpflanzung nach Schlesien ... Nur leben auf Rittergütern ... Breslau im Winter ... Sei das nicht eine unglaubliche Tollheit?

Obschon Goethe empört ist, kann er mit halblauter kalter Stimme fortfahren:

Nein, in diese generallandschaftsrepräsentative Absurdität lasse er sich auf keinen Fall hineinziehen. Wer da glaube, Hoffärtigkeiten dreister Landjunker könnten ihm imponieren, irre sich gewaltig ...

Und der Herzog im Flüsterton:

Wolf, du weißt, daß ich dir von jeher die Freiheit zu bleiben und die Freiheit zu gehen zugestanden ...

Während ihres längeren Biwaks in Zirlau hatte Goethe seinem Herrn und Freund aus den noch ungedruckten *Venetianischen Epigrammen* vorgelesen. Einmal war August aufgesprungen, hatte Wolf umarmt und ihn nach Art der russischen *Accolade* geküßt. Er bat Wolf um eine Abschrift des Textes mit der Nummer 34. Wolf fertigte die Kopie an und übergab sie ihm. Seitdem trägt August das Blatt bei sich, liest es unbemerkt wieder und wieder. Das große Epigramm hat achtzehn Hexameter oder neun Distichen. Auswendig kann er das Gedicht nicht, doch ein falsches Wort darin würde ihm auffallen, auch ein Wort, das nur am falschen Platz stünde.

Wolfs dichterisches Vorgefühl nimmt vorweg, worauf der Freund hinaus möchte. Er wendet sich ihm im Sattel zu und flüstert:

Was mich betrifft: Zweifle nicht! Denk an das Epigramm, das vierunddreißigste. Und sei sicher: Das hat kein Lump geschrieben.

Klein ist unter den Fürsten Germaniens freilich der meine;
Kurz und schmal ist sein Land, mäßig nur, was er vermag.
Aber so wende nach innen, so wende nach außen die Kräfte
Jeder: da wärs ein Fest, Deutscher mit Deutschen zu sein.
Doch was priesest du *ihn*, den Taten und Werke verkünden?
Und bestochen erschien' deine Verehrung vielleicht;
Denn mir hat er gegeben, was Große selten gewähren,
Neigung, Muße, Vertraun, Felder und Garten und Haus.
Niemand braucht ich zu danken als *ihm*, und manches bedurft ich,
Der ich mich auf den Erwerb schlecht, als ein Dichter, verstand.
Hat mich Europa gelobt, was hat mir Europa gegeben?
Nichts! Ich habe, wie schwer! meine Gedichte bezahlt.
Deutschland ahmte mich nach, und Frankreich mochte mich lesen.
England! freundlich empfingst du den zerrütteten Gast.
Doch was fördert es mich, daß auch sogar der Chinese
Malet, mit ängstlicher Hand, Werthern und Lotten auf Glas?
Niemals frug ein Kaiser nach mir, es hat sich kein König
Um mich bekümmert, und *er* war mir August und Mäcen.

Seit sich über der herzoglichen Kavalkade der Sternenhimmel aufgetan hat, verbindet ein unregelmäßiger, zart und mild leuchtender Streifen den einen Rand des Universums mit dem gegenüber liegenden. So jedenfalls scheint es. In diesem breiten, hier und da leicht verschwimmenden Streifen haben die Weisen alter und ältester Völker eine himmlische Straße gesehen. Die Griechen verglichen das Sanftschimmernde dieser

Straße mit der hellschimmernden Milch (ΓΑΛΑΚΤΙ) aus den Brüsten ihrer Göttinnen.

Um Mitternacht hebt sich ein Burgturm tiefschwarz ab von dem im All schwebenden Sternenlichtstreifen.

Burg Tost.

Tost, erfährt Goethe, sei bereits um das Jahr tausend der Einsitz eines Kastellans gewesen. Nun sagt man, der Besitz der Herrschaft Tost wandere gerade in letzter Zeit von einem Adelsgeschlecht zum andern.

(Noch weiß niemand aus dem Reiterschwarm, daß in wenigen Jahren ein Adolph Freiherr von Eichendorff das Gut Tost übernehmen und sein Sohn Joseph dieses Turmes gedenken wird: sowohl in seinen Tagebuchaufzeichnungen als auch in seinen Gedichten.)

Goethe schaut in den nächsten Minuten öfter nach der Milchstraße aus. Er kennt Galileis wissenschaftliche Erklärung, daß sich dieses stellare System aus unzähligen Sternenhaufen zusammensetzt: Sterne, die das unbewaffnete menschliche Auge nicht mehr einzeln unterscheiden kann. Unvorstellbar weit entfernt vom Stern *Erde,* schweben diese Gestirne – nicht bloß nebeneinander, nein, auch unter-, über- und hintereinander. Unsere Sehkraft reicht gerade noch aus, all die Sternballungen als ineinanderfließendes, milchig oder halb durchsichtig schimmerndes Licht zu erfassen. Eben als straßenähnlichen Streifen, der das Universum scheinbar überbrückt.

Die Pferde des Herzogs, die im Spätsommer auf der Höhe ihrer Leistungsfähigkeit sind, haben noch kaum Ermüdungserscheinungen, während die Kavalleriepferde ihren schleppenden Gang nicht verbergen, sichtlich ermüdet sind von den langen Querfeldeinritten, den häufigen, auch rücksichtslosen Galoppaden. Die Husaren spornen sie an. Nun steigt die Landstraße wieder. Linkerhand tritt aus der Dunkelheit etwas Großes, Helles hervor, das sich nach und nach immer deutlicher abzeichnet.

Die Sanddüne von Tarnowitz.

Es ist Sonnabend, der 4. September, halb fünf Uhr früh.

Zweiter Teil

1

Um mich zu vergewissern, schlage ich lieber noch einmal nach: Denn hier möchte ich die Anfänge der Industrialisierung in Europa wenigstens streifen. Auch jener gedenken, die das arg vernachlässigte Gruben- und Hüttenwesen im äußersten Osten Schlesiens wiederbelebten, zum Grünen brachten: ja zu einem Grünen und Blühen von ungeahnten Ausmaßen.

Goethe weiß manches – was man zu seiner Zeit wissen kann. Doch eine umfassende Unterrichtung, die an wesentlichen Stellen bis ins einzelne geht, wird ihm erst an diesen Reisetagen zuteil.

Kurz und gut, mit der Erfindung der Dampfmaschine in England beginnt auch für unseren Kontinent das industrielle Zeitalter.

Newcomen und Cowley übersetzen einen physikalischen Einfall von Denis Papin in die Praxis: durch Anwendung eines Zylinders mit beweglichem Kolben, der seinen Dampf aus einem besonderen Dampfkessel bezieht. Das Patent trägt die Jahreszahl 1705. Doch es dauert noch Jahrzehnte, bis sich herausstellt, daß die ersten *Newcomen*-Maschinen der Pferdekraft zweifellos überlegen sind, sich also als technisch erfolgreich erweisen. Freilich, um 1740 sind sie noch schwerfällig, ungeschlacht. Doch ihr Eindruck auf die Zeitgenossen muß enorm gewesen sein, denn sie werden von ihnen *Feuermaschinen* getauft.

Trotz einiger Verbesserungen an Zylinder und Kolben, an Kessel, Balancier und Pumpgestänge: Erst muß ein Glasgower Universitätsmechaniker, Feldmesser und Zivilingenieur auf der Bildfläche erscheinen, damit die Entwicklung der Dampfmaschine in ein entscheidendes Stadium treten kann. Er soll eine *Newcomen*-Maschine reparieren, 1763, und nimmt den Auftrag an.

Der Mensch aus Glasgow heißt James Watt. Während er also an der zinnoberrot lackierten *Newcomen* herumschraubt und herumbastelt, bis er sie von neuem in Gang bringt, läßt er sich vom Besitzer der Maschine ihre Entwicklungsgeschichte erklären. Watt grübelt, studiert. Er spürt wohl, daß ihn das Phänomen *Maschine* zeitlebens nicht mehr loslassen wird.

Damit beginnt für James Watt ein glänzendes Jahrzehnt. Es scheint, als jagten sie sich unter der Schädeldecke des Mr. Watt: die technischen Ideen und Einfälle. Nun kommt es auf Details an, die der Maschine mehr und mehr Effektivität garantieren sollen. Watt reiht Erfindung an Erfindung – bis die Dampfmaschine, jetzt *seinen* Stempel tragend, nicht bloß an Gewicht leichter, im Betrieb sicherer und in der Wartung einfacher wird, sondern auch eine absolute Leistungskurve aufweisen kann, die weiter nach oben geht. Dagegen verringern sich sukzessive die Kosten ihres Brennstoffverbrauches und schrecken mögliche Käufer kaum noch ab.

Zu dieser Zeit lebt in Birmingham ein schwerreicher, an allen mechanischen, künstlichen oder auch kunstvollen Neuerungen lebhaft interessierter Fabrikant mit

Namen Matthew Boulton. 1769 erwirbt er, ohne lange zu feilschen, sämtliche Patente von James Watt. Anhand dieser Patente läßt er von seinen besten Mechanikern ein neues Dampfmaschinen-Modell herstellen (1:1), die *Boulton-Watt.* Dann währt es nicht mehr lange, bis sie in Boultons Fabrik nachgebaut wird, serienweise. Der Erfolg ist groß. 1774 macht der generöse Boulton den genialen Watt zu seinem Kompagnon.

So geht in die Geschichte technischer Erfindungen als eigentlicher Schöpfer der ersten mit Dampf betriebenen Maschine James Watt ein.

Für unsere Goethe-Erzählung nicht unerheblich:

Schon mit ihren frühesten Typen steht die Dampfmaschine zunächst ganz im Dienst der Erz- und Kohlenförderung. Dank ihrer Hilfe kann man das viele Jahrhunderte alte Problem endlich lösen: Die Bewältigung des mit Macht eindringenden Grundwassers in die Bergwerksstollen.

2

Einige Male schon ist der Name des Freiherrn von Heinitz gefallen. Wer war dieser Heinitz? Um das Wichtigste aus seinem Leben zu erzählen, muß ich ziemlich ausholen. Doch wenn die Geschichte auch wie eine zufällige Abschweifung anhebt, für die Beschreibung von Goethes Reise wird sie zunehmend von Belang.

Friedrich Anton Freiherr von Heinitz kommt am 14. Mai 1725 auf dem in Kursachsen gelegenen Familiengut Grötschkau zur Welt. Die Familie gehört zum ältesten sächsischen Adel. Sein Vater: Hof- und Justizrat und Inspekteur der Fürstenschule Meißen. Seine Mutter, Sophie Dorothea, ist eine geborene von Hardenberg – aus demselben Geschlecht, dem der spätere Staatskanzler Fürst von Hardenberg entstammt, aber auch der Dichter Friedrich von Hardenberg, der sich *Novalis* nennen wird.

Der Vater hat mit Friedrich Anton das Beste im Sinn. Zunächst wird er im Elternhaus erzogen. Danach erhält er einen Platz im Internat von Schulpforta: damals Deutschlands berühmteste Lehranstalt. Dort aber scheint man seine sich früh entfaltenden geistigen Fähigkeiten wenig beachtet, geschweige denn einfühlsam gefördert zu haben. Ein Jahr vor dem Abschluß verläßt der Schüler H. unbemerkt die Schulanstalt. Keinen seiner Mitschüler hat er eingeweiht. Das Kollegium weiß nicht, wo es den Vermißten suchen lassen soll.

Anton geht Tag und Nacht, geht und geht, bis er zwischen den Lindenwipfeln den kleinen Turm des Herrenhauses Grötschkau auftauchen sieht.

Dieser heimliche Fußmarsch als Anmaßung eines Sohnes, eigensinnig über sich selbst zu bestimmen, enttäuscht natürlich den an starren Gehorsam in seiner Meißener Fürstenschule gewöhnten Vater. Der Freiherr hatte schon lange im Sinn, Anton das Bergwesen studieren zu lassen. Die Montanwissenschaft. Doch für dieses Fach konnte sich der Sohn nicht erwärmen, ja es ödete ihn an. Nun aber besteht der Vater darauf, daß sich Friedrich Anton zunächst in Dresden für die Bergwissenschaft einschreibe, hernach in Freiberg weiter studiere. Da hilft kein Sträuben. Das Machtwort des Vaters nimmt der Sohn als Strafe hin.

Es dauert nicht lange, da geschieht im Leben des jungen Heinitz etwas ganz Unvorhergesehenes. Er findet an seinem Studium Gefallen. Mehr noch: Nach einer regelrechten Kehrtwendung, die sich in seinem Innern vollzogen hat, beginnt er für die Wissenschaft vom Berg- und Hüttenwesen eine wahre Leidenschaft zu empfinden. Heinitz vertieft sich in sein Fach. Für seinen hervorragenden Verstand und sein sicheres schöpferisches Erfassen ist der Lehrstoff zuweilen so leicht, daß er dem Studenten wie im Spiel zufliegt. Es gibt freilich auch Probleme, die ihn rund um die Uhr beschäftigen können.

Nicht minder interessiert ihn die praktische Arbeit.

Die Förderung der Bodenschätze durch die Bergknappen. Um sie von der Pike auf zu lernen, geht Heinitz wieder auf Reisen zu Fuß. Diesmal ins Erzgebirge. Bis weit hinein nach Böhmen. Er braucht viele Tagereisen dazu. In Briefen an die Eltern bezeichnet er seine Fußmärsche als Spaziergänge. Er klettert auf gefährlich steil abwärtsführenden Leitern in finstere Grubenschächte, mit Steigern und Hauern, hat wie sie auch bloß ein Grubenlicht, einen Helm und die Haue, das Bergmannszeug.

Mit einundzwanzig Jahren ist Friedrich Anton von Heinitz ein vorzüglich ausgebildeter Bergassessor, schon mit einem Anflug von Glanz.

Bald darauf taucht er in Schweden auf, um weitere fachliche Kenntnisse zu sammeln. Seinem Auftraggeber, der Braunschweigischen Regierung, schickt er mit einem Kurier anregende und ergiebige Berichte. Einst in Schulpforta hatte er in den Lateinstunden die Ausdrucksweise römischer Redner und Schriftsteller bewundert. Jetzt verfaßt er seine Analysen und gibt seine Auskünfte klar und lapidar wie sie.

Mit leichter Verspätung stellt sich heraus, daß Heinitz doch wohl ein Mann mit Fortune ist, ein Gewinner, ein Liebling des Glücks. Seine geniale Befähigung für den Bergbau findet immer mehr Bewunderer. Auf seinem Lebensweg werden ihm einige der Besten seiner Zeit begegnen.

Schon holt, beispielsweise, der berühmte Berghauptmann von Imhof, der das gesamte Harzer Berg- und Hüttenwesen glänzend in Schuß hält, den jungen Freiherrn an seine Seite.

Kairos.

Das gilt auch für Imhof, der seine Finessen aus jahrzehntelanger Berufserfahrung an einen Mann wie Heinitz weitergeben kann. Binnen zwei Jahren wird er Imhofs Stellvertreter. Womöglich hat ihn der Alte auch schon heimlich als seinen Nachfolger nominiert.

Imhof fragt sich, was er dem Friedrich Anton von Heinitz wohl noch beibringen könnte. Einmal läßt er ihn zu sich kommen und erkundigt sich, ob sich Heinitz etwas davon verspreche, ihn, Imhof, auf eine Auslandsreise zu begleiten. Heinitz nickt, strahlt. Eine Woche später nehmen sie in einer frischgestrichenen gelben Postkutsche Platz, einer *Extrapost*, die sie hinunter in die Steiermark bringen soll. *In fliegendem Wechsel*, so nennt man es damals. Später fährt man noch tief nach Ungarn hinein, wo die Postillone feurig in ihre Posthörner blasen.

Daß Heinitz auf Grund solcher Leistungen und Begünstigungen freilich viel früher Kammer-Rat wird als Gleichaltrige mit ähnlicher Laufbahn, kann nur Futterneidische oder wirkliche Neidhammel empören. Heinitz hat aber nicht bloß eine gutbezahlte, gesicherte Position, er steht auch im Begriff, den Ruf des bloßen Fachmannes hinter sich zu lassen. Schon vertrauen ihm die Braunschweiger dann und wann kleinere diplomatische Missionen an. Wird vielleicht am Ende ein Staatsmann aus Heinitz, dessen Entscheidungen Geschichte machen?

Auf jeden Fall wäre es für ihn jetzt an der Zeit, die richtige Frau zu finden. Heinitz braucht sie nicht zu suchen. Denn er weiß, die einzige, zweifellos richtige lebt in ihrem Elternhaus in Niedersachsen, ist die jüngste und schönste Tochter des Landdrosten von

Hannover und sogar mit ihm verwandt. Seine Cousine Eleonore Magdalena Juliane von Reden. Cousin und Cousine empfinden füreinander schon von Jugend auf eine starke, inständige Zuneigung.

Bevor sie noch Mann und Frau werden, ein Paar, das die Blicke auf sich zieht, hat der alte Freiherr von Heinitz seinem einzigen Sohn Gut und Schloß Grötschkau überschrieben. Die Mutter, bekanntlich aus der Linie der Hardenbergs, beehrt die Hochzeitsfeierlichkeiten allerdings nicht mit ihrer Anwesenheit; seit längerem schon führt sie, von ihrem Gemahl getrennt, in Dresden ein gastfreies Haus, wo sie auch regelmäßig *Circle* hält. Sie gehört zur Mehrzahl des hiesigen Adels, die von der Institution der Ehe eine eher laxe Auffassung hat.

Ganz anders die Jungverheirateten. Sie haben ihre Ehe mit einem sakramentalen Gelöbnis begonnen, unter dem Zeichen Christi, seiner Gnadenverheißung. Friedrich Anton und Juliane von Heinitz machen daraus keinen Hehl. Nachbarn, Bekannte und Kollegen sind verwundert, als sie hören, daß im Elternhaus der jungen Frau der Geist von Herrnhut sanft regiert, für den die Nächstenliebe an erster Stelle steht, und der alles Denken, Fühlen und Glauben prägt. Nun stellt sich plötzlich heraus, daß auch Heinitz schon seit längerem der schlesischen *Brüdergemeine* nahesteht, die nicht nur ihr Frommsein verinnigt, sondern es auch umsetzt in Handreichungen und Taten für die ärmsten der Brüder sowie in eine weltweite Mission. Heinitz besitzt Briefe von Graf Zinzendorf.

Wie reimt sich das zusammen? Alle Welt kennt Heinitz als kühl rationalen Wissenschaftler und Staatsdiener. Als einen herzoglich-braunschweigischen

Experten für Bodenschätze und Montanökonomie mit immer neuen Kenntnissen – die bis zum Organisieren und Finanzieren von landesweiten Projekten reichen. Die meisten in seinen Kreisen halten seine Christlichkeit für eine altehrwürdige Marotte. Hat man die Gegenwart nicht schon als *Zeitalter der Aufklärung* namhaft gemacht? Andere sehen plötzlich in Heinitz einen Heuchler oder Zyniker. Nur wenige Gleichgesinnte verstehen ihn.

Ist Heinitz wirklich fromm? Bezeichnender für ihn wäre vielleicht das Wort *gottesfürchtig*.

In der Beziehung der Ehepartner gibt es auch nicht die geringsten Spuren von Affektiertheit oder Bigotterie oder Verschrobenheit. Vielleicht sind sie zueinander nur zärtlicher, als es jene sind, die immer die Mehrheit ausmachen.

Vier Kinder – zwei Jungen, zwei Mädchen – werden ihnen geboren.

Die Mädchen sind Zwillingsschwestern. Als sie sieben Jahre alt werden, tritt an die Stelle ihrer Gouvernante ein Hauslehrer.

Merkwürdig, sagt er, daß Roswitha und Emanuela ein Vergnügen an den Gesetzen der Logik finden.

Äußerlich sehen sich beide tatsächlich zum Verwechseln ähnlich. Roswitha und Emanuela besitzen die gleichen dunklen, etwas schmachtenden Augen und ebenso diese seidig schwarzbraunen Flechten, die ihnen beim Öffnen des Haars bis über die Schulterblätter hinabgleiten.

Ezard und sein um einiges älterer Bruder Lorenz fallen zunächst durch Hagerkeit auf, die aber mit Biegsamkeit im Bunde ist. Der ältere bringt es zu hervorragenden Schulzeugnissen; seine poetische Phantasie verströmt er in heimlich geschriebenen Gedichten. Der andere ist anscheinend träge, doch mit einer Neigung zu scharfsinniger Nachdenklichkeit. Seit kurzem sind beide Internatsschüler. Nicht wie einst ihr Vater in Schulpforta, nein, in der erfreulich nahegelegenen Kreisstadt. An den Feiertagen und an einigen im Kalender dick angekreuzten Sonntagen werden sie von einem der beiden Herrschaftskutscher und einem elterlichen Gefährt abgeholt und ins Schloß gefahren.

Am schönsten für sie ist es natürlich in den Sommerferien. Ganze Tage verbringen sie in den Bäumen. Wer scharfe Augen hat, sieht bisweilen im Grötschkauer Park, inmitten der uralt gewordenen Lindenwipfel, doch an ganz verschiedenen Stellen, die hellblonden Schöpfe auftauchen oder nur einen Augenblick licht hervorschimmern.

Inzwischen stirbt der Berghauptmann Imhof. Heinitz wird natürlich sein Nachfolger, übernimmt also die Leitung des gesamten Harzer Reviers.

Doch schon nach anderthalb Jahren erreicht ihn eine Berufung, die er sich seit früher Jugend wünschte. Der Ruf kommt aus dem heimatlichen Kurfürstentum Sachsen. Heinitz überlegt nicht lange. Daß sich die fairen Braunschweiger von ihm nicht im Stich gelassen fühlen, rechnet er ihnen hoch an. Der Kurfürst behandelt Heinitz äußerst respektvoll und befördert ihn gleich zum *General-Berg-Commissarius*. Das heißt, er unterstellt Heinitz de facto das sächsische Bergwesen in seiner Gesamtheit. Als Höhepunkt seiner bisherigen Laufbahn empfindet Heinitz den Sommer 1765, in dem er – neben der Bergbauschule seines Vaters – die neue Bergakademie in Freiberg gründet, die sich bald zu einem der angesehensten Institute seiner Art in Europa entwickelt.

In einem der folgenden Wintermonate endet diese Zeit abrupt. Zugleich aber hört sie auch mit einer unfaßlichen Leichtheit auf: als reiße nichts weiter als ein Zeitungsblatt plötzlich von oben bis unten.

Die Ehe von Friedrich Anton und Juliane von Heinitz geht in ihr vierzehntes Jahr. Da sterben die Zwillingsschwestern Emanuela und Roswitha an einer von höchsten Fiebertemperaturen und Delirien begleiteten Kinderkrankheit.

Im Jahr darauf verlieren die Eltern ihren dreizehnjährigen Sohn Ezard durch tagelanges Bluterbrechen, das vermutlich von einer in kürzester Zeit entstandenen, steinharten Magengeschwulst herrührt.

Heinitz und seine Frau sind jetzt sechzehn Jahre verheiratet. Nicht lange nach ihrem Hochzeitstag, im Frühherbst, nimmt Lorenz, ihr Ältester, erstmals an einer glanzvollen kurfürstlichen Hetzjagd *à l'anglaise* teil, stürzt beim Sprung über einen Koppelzaun unglücklich vom Pferd, das ihn unter sich begräbt und ihm dabei die Genickwirbel bricht.

Noch am Ende desselben Jahres wird die seelisch wie körperlich ausgezehrte, nur noch wie ein Schemen vorhandene Juliane von Heinitz von einer tödlichen Krankheit niedergerungen. Keiner der Ärzte, auch keiner von den weithergeholten, vermag ihr wesentlich zu helfen. Es handelt sich wahrscheinlich um das zu jener Zeit weit verbreitete Brustübel, in einer Form, die das Volk *galoppierend* nennt. Heinitz rührt sich kaum weg von Julianes Bett. Sitzt Tag und Nacht neben ihr und feuchtet ein weißes Batisttüchlein in einer Schüssel mit kaltem Wasser an, um es in bestimmten Abständen Juliane sacht zwischen die vom Fieber verbrannten, verkrusteten Lippen zu schieben, ihr eine Spur Kühlung zu verschaffen. In jenen noch verbleibenden Nächten bitten Zofe und Pflegerin den allergnädigsten Herrn, so inständig sie können, er möge doch endlich ein wenig ruhen und Schlaf suchen. *So* stehe er die Zeit nicht durch.

Widerwillig gehorcht er.

Auf dem Weg zu seinem Schlafkabinett durchquert er den großen Salon. Unweit vom Kamin hängt an der Wand eine elegante Pendule. Sie ist sowohl wegen ihrer geschnitzten figürlichen Elfenbeinverzierungen als auch wegen ihres Präzisionswerkes aus der französischen Schweiz ein rares und kostbares Stück. An jedem dritten Abend muß sie aufgezogen werden. Eigenartig, Heinitz vergißt die Wartung der Uhr selbst unter diesen Umständen nicht. Einmal hat er sie von einer Reise als Geschenk für seine geliebte Juliane mitgebracht.

Von seiner Bettstatt aus, bei nur angelehnter Tür, kann der Schlaflose die Wanduhr ticken hören. Gleichmäßig, unbeirrt teilt sie den sterblichen Menschen ihre Zeit zu, läuft weiter, weiter und schlägt – in drei reinen, fein abgestimmten Tönen – teilnahmslos pünktlich die Stunden.

Ähnlich mechanisch folgt Heinitz dann Julianes Sarg auf dem Weg zur Familiengruft. Mit den Segnungen der Kirche, den Ehrungen der Welt wird die Herrin auf Schloß Grötschkau standesgemäß beigesetzt.

3

Zugegeben, das sind Nackenschläge, mit voller Wucht geführt. Danach darf sich ein Mann Mitte vierzig wohl fragen, warum ausgerechnet er, er als einziger seiner sechsköpfigen Familie hier noch weiterleben soll. Vielleicht dauert es nicht mehr lange. In gefüllten Sälen, doch ebenso unter nur wenigen Menschen in einem Raum, sieht er sich häufig einer schweißtreibenden, ihn schwer beengenden, seltsam schwindligmachenden Herzschwäche oder -verkrampfung ausgesetzt.

Das ist noch verhältnismäßig harmlos.

Aber was, wenn sich von einem Moment zum andern, direkt vor seinen Füßen, eine Grube auftut, tief, sehr tief! Unten, auf dem Grund der Grube, könnte man einen Verurteilten festsetzen, von der menschlichen Gesellschaft ausschließen wie in einem Gefängnis ohne Dach.

Ob nun die Grube bloß für ihn existiert, seine Standesgenossen hinter vorgehaltener Hand jedoch von seiner Wahnidee sprechen, damit braucht er seinen Kopf nicht zu plagen.

Denn schon hat man ihn in diese Grube hinuntergestoßen, die ziemlich sicher eine *Mördergrube* ist. Er sinkt in ihren schlammigen Grund ein, sinkt ein bis über die Kniee, so daß für ihn kaum mehr daran zu denken ist, hier noch jemals herauszukommen. Er will es auch nicht. Wozu überhaupt? Wozu? Besser wäre untertauchen, bestimmt! Versinken, ersticken, untertauchen für ewig.

Aussichtslosigkeit.

(Buchstäblich gemeint: Der Mensch sieht nicht weiter als bis zur Grubenwand.)

Wird es Nacht, sieht er nicht mal die Hand vor den Augen. Zuletzt verliert er die Sicht auf seine Zukunft. Ganz zuletzt kommt er sich selbst außer Sicht.

Da bückt sich Gott der Herr. Reckt seinen Arm, streckt seine Hand aus, nicht bloß den Zeigefinger, nein, seine ganze Hand reicht nun so weit hinunter, daß der elende Mensch Heinitz sie mit beiden Händen packen, sich festkrallen kann – dann nach oben gerissen wird.

Siehe, das tut Gott zwei- oder dreimal mit einem Jeglichen.

Später einmal denkt Heinitz:

Wenn Gott fürchten mit Gott lieben nicht eins ist! Allein zählt keins von beiden.

Für ihn ist es stets *der Gott Abrahams, der Gott Isaaks und der Gott Jakobs, nicht der Gott der Philosophen.*

Heinitz hat sich eine Abschrift des *Memorial* beschafft. Blaise Pascal (der Mathematiker, Erfinder der Wahrscheinlichkeitsrechnung, der Philosoph,

Theologe und Autor des *Pensées*) war vor mehr als hundert Jahren in Paris gestorben. Erst einige Zeit nach seinem Tod entdeckte sein Diener jenes Schriftstück. Es war eingenäht in das Futter von Pascals bunter Jacke. Diese atemlos hingeschriebenen Zeilen waren das Dokument einer unerwarteten, urplötzlichen Erleuchtung:

Certitude. Certitude …

Heinitz fühlt sich von Pascals *Memorial* sehr gestärkt. Meist liest er es täglich.

Zur Verwunderung seiner Umwelt nimmt Heinitz nach vier Monaten seine bergmännische Mühe und Arbeit von neuem auf. Für eine Familie braucht er allerdings nicht mehr zu sorgen.

4

Einige der folgenden Jahre streife ich bloß. Stelle etwa die Frage: Hat Heinitz in all seinen Berufsjahren wirklich nie mit Kränkungen, Mißhelligkeiten, Schlägen ins Wasser zu tun gehabt?

Nicht in dem Maß, das der Rede wert wäre, müßte wohl die Antwort lauten.

Jetzt aber hört man auf, ihn zu schonen. Jetzt treten Gegner und Neider offen auf den Plan. Eine Intrige und noch eine. Endlich hat man Heinitz in der Schlinge, das heißt, so weit, daß man ihn vor der Öffentlichkeit zu demütigen vermag. Eine Beamtenclique, die ihm nicht das Wasser reichen kann, erlangt beim Kurfürsten, daß Heinitz *jedes* seiner Vorhaben, auch das winzigste, zunächst einer *Generalhauptkasse* zur Begutachtung vorlegen muß – während ihm der Kurfürst bisher in finanziellen Dingen freie Hand ließ. Die Pläne und Ideen des General-Berg-Commissarius werden durchweg abgelehnt. Es nützt Heinitz nichts, Klage zu führen. Er bekommt kein Recht. So bittet er seinen kurfürstlichen Herrn 1774 um den Abschied. Dann zieht er sich auf sein vereinsamtes Gut Grötschkau zurück.

Heinitz ist kein zürnender Achill. Bitter zitiert er Lessing, seinen Altersgenossen, im Tagebuch:

Ich stand eben am Markte und war müßig. Niemand wollte mich dingen. Zweifellos, weil mich niemand zu brauchen wußte.

Heinitz wird fünfzig Jahre. Er ist zwar niedergeschlagen, doch von ungebrochener Arbeitskraft. Müßigkeit kennt er nicht, denn sie beginnt sogleich, ihn zu langweilen. Er widmet sich theoretischen Aufgaben. Er entwirft eine umfangreiche Denkschrift und schreibt sie in französischer Sprache nieder:

Essai à l'économie politique.

Wahrscheinlich hängt im Grötschkauer Arbeitskabinett sein Porträt. Vor vier oder fünf Jahren ist es in Dresden entstanden. *Lebensgroß.* Vorher, als sich Heinitz mit dem Maler über die Garderobe zu beraten hatte, empfahl ihm dieser, sich in die Gala-Uniform zu werfen. Wenn schon, denn schon!

Eine geraume Weile gab sich Heinitz Mühe, das Porträt, wenn auch nicht als sein Ebenbild, dann wenigstens als eine Art Abbild zu akzeptieren.

Obwohl er jetzt genügend Zeit hat, schenkt er dem Bildnis im wuchtigen Rahmen nur gelegentlich einen spöttischen oder verächtlichen Blick.

5

Der vermutlich sachlichste und genaueste unter den bekannten Porträtmalern in der Heinitz-Epoche ist der 1735 in Winterthur geborene, doch frühzeitig nach Deutschland hinübergewechselte Anton Graff. Das auffällig Neue an seiner Kunst wird man später so definieren:

Graffs Modelle haben *Augen, die nicht mehr von Menuetten und Bals champêtres träumen, sondern widerspiegeln, daß sie ›Die Kritik der reinen Vernunft‹ gelesen haben.*

Von Graff gibt es – nachgewiesenermaßen – gut tausendfünfhundert Porträts seiner Zeitgenossen. Willkürlich herausgegriffen, zähle ich nur die Bilder von Herder, Wieland, Bürger, Schiller und Corona Schröter auf.

Das Bildnis des Freiherrn von Heinitz ist ein sogenanntes Kniestück. Um es gleich vorwegzunehmen: auch ein eminentes Prunkstück. So kommt uns der Porträtierte aus dem schweren Rahmen als ausgesprochenes männliches Prachtexemplar entgegen.

Nahezu alles, was für den Maler Graff typisch ist, scheint er hier zu *verleugnen.* Beispielsweise seine Palette mit den abgeschattet hellen und den ruhigen dunklen Tönen. Und will er denn von seiner besonderen Kunst des Aufspürens nichts mehr wissen, mit der ihm das Erfassen und das sinnlich verdeutlichte Wiedergeben von Geist, Mentalität, Sensibilität und Persönlichkeit seiner Modelle oft so fesselnd gelungen ist?

Graff zieht den Vorhang weg, und Heinitz steht in Positur: als die leibhaftige aristokratische Eleganz, wie man sie im *Ancien régime* pflegte. Der Abgebildete ist wirklich von einer erschlagenden Imposanz. Nicht wenig trägt dazu die Gala-Uniform des Chefs der sächsischen Bergverwaltung bei. Weste und Rock strotzen von Goldstickereien, von Orden. Auf der linken Seite des Chefs der Galanteriedegen, in seiner rechten Hand das polierte, zur Arbeit untaugliche Schaustück einer Bergmannshaue. Die Uniform prangt in Gelb, Rot, Schwarz; der Helm, beinahe in Lapislazuliblau, mit einem kerzengeraden Federbusch in Gänseweiß.

Dieser mehr als mittelgroße, kräftige, noch nicht fünfzigjährige Herr mit seinem honetten Embonpoint und in stattlicher Haltung kann jener Heinitz, von dessen Leben und Handeln ich erzählt habe, kaum sein. Sicher gehört auch eine gewisse Eitelkeit zu ihm wie fast zu jedem, der es weit gebracht hat. Das soll uns nicht bekümmern. Aber daß mit diesem blassen Gesicht, in dem schön verinnerlichtes Leiden, Frömmelei und ironisch schlecht verhohlene Überheblichkeit zusammengebündelt sind – daß also mit diesem Gesicht der äußere wie der innere Mensch Heinitz getroffen sein soll, lasse ich mir nicht weismachen. Selbst nicht von einem Anton Graff. Zwischen dem Maler und seinem Modell muß es, dessen bin ich mir sicher, eine lange Reihe von Mißverständnissen gegeben haben.

Goethe übrigens hat sich von Anton Graff nie porträtieren lassen. Dabei sind beide miteinander gut bekannt gewesen. Wissenschaftliche Gründlichkeit hat es an den Tag gebracht, daß Goethe zwischen 1777 und 1813 Graff mindestens viermal begegnet sein muß.

6

Der Ruhestand dauert für Heinitz kein volles Jahr.

Danach wird er von einer reichen Montan-Gesellschaft mit Sitz in Paris eingeladen, zunächst ihre Bergwerke in Spanien zu befahren und zu begutachten. Noch während Heinitz in Paris weilt, bittet ihn die französische Regierung, später in ihre Dienste zu treten. Er tut es. So kommt Heinitz auch in Frankreich bald zu Ehren und erfreut sich höchsten Ansehens. Wenn er sich vorstellt, er werde seine Tage vermutlich in der Fremde beschließen, verspürt er weder Bitterkeit noch Wehmut.

Wieder Jahre, wie Rauch verfliegend.

Im September 1777 fragt der preußische König, Friedrich der Zweite, offiziell bei Heinitz an, ob er willens sei, nach Berlin zu kommen, um den Posten eines Staatsministers und Chefs des preußischen Berg- und Hütten-Departements zu bekleiden. Die lange vernachlässigte, teilweise darniederliegende und wenig gewinnbringende schlesische Montanwirtschaft müsse dringend reformiert werden.

Heinitz kann auf eine Reihe ehrenvoller Berufungen zurückblicken. Aber ein Ruf Friedrichs des Großen?

Übertrifft er sie nicht alle? Allein schon an Dignität und Befugnissen. Heinitz entschließt sich – von einem Gedanken zum andern –, auf die Berufung einzugehen, und schreibt am nächsten Tag eine Zusage an den König.

Das landwirtschaftlich blühende, an Rohstoffen und Bodenschätzen reiche Schlesien hatte dieser Preußenkönig in zwei fast leichtsinnig vom Zaun gebrochenen Kriegen blitzrasch erobert. Danach hatte er seine neue Provinz in einem dritten Krieg, der lang, verlustreich, blutig und bitter war und den er gegen die verbündeten Großmächte Europas führen mußte, mit letzter Fortune erfolgreich verteidigen können.

Erst viel später wird Heinitz begreifen – allmählich, Stück für Stück, dann aber rasch und rascher –, daß sich viele Rätsel und Ungereimtheiten in Preußen, vor allem, daß sich das zwiespältige, zerrissene, nie ganz durchschaubare Wesen des Königs aus dem Siebenjährigen Krieg erklären lasse – bis zu einem gewissen Grad. Dieser Krieg ist in Schloß Sanssouci wie in Potsdam wie in Berlin noch keineswegs bloße Geschichte.

Merkwürdig, damals gehörte Heinitz zu jenen, die es zwar nicht für rechtens hielten, daß Friedrich der Zweite von Preußen 1756 den irrwitzigen Krieg gegen die Große Koalition auslöste, ihm aber doch innerlich zugestand, sein Land, seine Leute und nicht zuletzt sein eigenes Fell zu retten, indem – nun ja, indem er eben mit seinen siebzigtausend Schnurrbärten quer durch das neutrale Sachsen marschierte (immerhin die Heimat des Friedrich Anton von Heinitz!), dadurch den österreichischen Armeen zuvorkam und durch diesen Präventivangriff den übrigen Verbündeten, nämlich Frankreich, Rußland, dem deutschen Fürstenbund, gleich ein kanonendonnerndes Schnippchen schlug, das ihm bei den Alliierten einen ordentlichen Respekt verschaffte.

Drei Viertel der zivilisierten Welt waren empört, wenn nicht außer sich. Es geschah ja nicht zum erstenmal, daß sich dieser machtbesessene, dieser einfach wahnsinnige Preuße als Aggressor aufführte! Und wer den Krieg des Königs von Preußen als *Vorwärtsverteidigung im letzten Moment* zu entschuldigen versuchte – denn die militärische Einkreisung Preußens war bis auf eine allerletzte kleine Lücke vollendet –, der erhielt von diesen drei Vierteln der Welt eine scharfe Lektion.

Heinitz vermochte zuweilen, seiner empfindlichen Liebe zum Gleichgewicht moralische Bedenken zu opfern. Sie war ihm eingeboren, diese Balance. Sie äußerte sich meist darin, daß Heinitz Partei nahm für die Kleineren und Schwächeren und gegen die mächtig Großen. So fand sein Gleichgewichtsempfinden auch Unterstützung von seinem Sinn für Gerechtigkeit.

Als nach dem Frieden von Hubertusburg die realen Zahlen ans Licht kamen, sah Heinitz seine anfängliche Haltung bestätigt:

Völker mit einer Kopfzahl von zusammen etwa hundert Millionen waren siegesgewiß gegen ein Volk von fünf Millionen angetreten. Truppen in Stärke von siebenhunderttausend Mann gegen zweihundertfünfundsechzigtausend Mann. Vierzehn Fürsten gegen einen.

Bei einem kurzen Abstecher, gleichsam für einen Rösselsprung hin und zurück, nähern wir uns Goethe wieder.

Es wird niemanden verwundern, daß Goethe während seines Aufenthaltes in Schlesien, umgeben von militärischen Schauspielen, auch an ihnen teilnehmend, sich wiederholt an Fridericus Rex erinnert fühlt. Insbesondere im Beisein des Grafen Reden.

Die Reihe glücklicher Jahre meiner Kindheit, erzählt er ihm einmal, nahm 1756 ein Ende. Gleich nach meinem siebenten Geburtstag brach jener Krieg aus, der auf die nächsten sieben Jahre meines Lebens einen großen Einfluß haben sollte. Friedrich der Zweite war ja nun ohne vorherige Kriegserklärung in Sachsen eingefallen, und er ließ ein Manifest in Europa kursieren, in welchem er darlegte, was ihn zu einem solchen ungeheuerlichen Schritt bewogen hatte und berechtigte. Die Welt, sozusagen als Gericht herausgefordert, spaltete sich selbstverständlich sofort in zwei Parteien.

Auch die Frankfurter Textors und Goethes.

Später, als Sechzigjähriger, wird Goethe über diese Zeit folgendes schreiben:

Mein Großvater, der als Schöff von Frankfurt über Franz dem Ersten den Krönungshimmel getragen, und von der Kaiserin eine gewichtige goldene Kette mit ihrem Bildnis erhalten hatte, war mit einigen Schwiegersöhnen und Töchtern auf österreichischer Seite. Mein Vater, von Karl dem Siebenten zum Kaiserlichen Rat ernannt, und an dem Schicksal dieses unglücklichen Monarchen mit ganzem Gemüt teilnehmend, neigte sich mit der kleineren Familienhälfte gegen Preußen. Während unserer sonntäglichen Familienzusammenkünfte bei den Großeltern Textor wurde es von Mal zu Mal ärger. Man stritt, man überwarf sich, man schwieg, man brach los. Vergeblich versuchten die Frauen das Feuer zwischen den Parteien zu löschen. Mein Vater, nach einigen unangenehmen Szenen, blieb zuerst aus der Gesellschaft weg.

Nun freuten wir uns ungestört zu Hause der preußischen Siege, welche gewöhnlich durch eine der leidenschaftlichen Tanten mit großem Jubel verkündet wurde …

Alles, was zum Vorteil der Gegner angeführt werden konnte, wurde geleugnet oder verkleinert; und da die entgegengesetzten Familienglieder das gleiche taten, so konnten sie einander nicht auf der Straße begegnen, ohne daß es Händel setzte, wie in Romeo und Julie.

Reicher an Begebenheiten als dieses Jahr 1757 war vielleicht kein anderes. Die Siege, die Großtaten, die Unglücksfälle, die Wiederherstellungen folgten aufeinander, verschlangen sich und schienen sich aufzuheben; immer aber schwebte die Gestalt Friedrichs, sein Name, sein Ruhm in kurzem wieder oben.

Und so war denn auch ich *preußisch*, oder um richtiger zu reden, *Fritzisch* gesinnt: denn was ging uns Preußen an? Es war die Persönlichkeit des großen Königs, die auf alle Gemüter wirkte.

7

Im Spätherbst übersiedelt Freiherr von Heinitz nach Berlin. Empfangen wird er von Rauhreif und den ersten Frösten. Die Winter des Kontinentalklimas sind bitter kalt. Der große alte König ersucht Heinitz, sich zu einer Audienz im Potsdamer Schloß einzufinden, und ernennt ihn, mit nur wenigen protokollarischen Förmlichkeiten, zum Staatsminister für das Berg- und Hüttenwesen. Zusätzlich wird ihm der höchste Titel im Montanbereich verliehen, der eines Oberberghauptmannes.

Wie verständnisvoll der König über seine ehemalige Feindin spricht! Soviel Toleranz hat der neue Minister von seinem König nicht erwartet.

Daß die Zechen, Hütten und Hammerwerke in Oberschlesien reichlich verrottet gewesen seien, während Schlesien noch der österreichischen Krone angehörte, von Wien aus regiert wurde, meint der Preußenkönig, sollte man jener Regierung nicht ankreiden. Maria Theresia besitze in der Steiermark und in Ungarn so reiche Erzvorkommen und Eisenvorräte, daß sie es billigen konnte, wenn ihre Direktoren und Bergräte keinen Wert auf die weitere bergmännische Erschließung Oberschlesiens gelegt hätten.

Nun liegt Berlin täglich unter einer neuen Lage Schnee. Im Ministerium für das Berg- und Hüttenwesen stehen in der Ministeretage Exzellenz und sein Kabinettssekretär an einem der hohen Fenster und blicken in das Schneetreiben hinaus. Schön ist es, wenn elegante Pferdeschlitten auf der breiten, von Kufen glattgefahrenen Straße vorübergleiten und bis zu ihnen hinauf das Läuten und Rasseln der Schellen von Pferdegeschirren emporschwebt.

Exzellenz ersucht seinen Stellvertreter, ihn über den Tageslauf des Königs – soweit ihm der bekannt sei – ins Bild zu setzen.

Friedrich steht im Winter um fünf Uhr auf. Im Sommer früh um vier. Das weiß hier jeder Schusterjunge. Bei den Berlinern hat es sich auch längst herumgesprochen, was für Heinitz jedoch eine Neuigkeit ist: Falls der königliche alte Herr über die angegebene Stunde hinaus weiterschläft, haben seine Bediensteten oder Pagen Anweisung, ihn zu wecken, ja auch wachzurütteln. Um die Reste seiner Müdigkeit zu vertreiben, läßt sich Friedrich der Große eine Tasse starken Kaffee mit etwas Mostrich darin ans Bett bringen. Noch im Liegen zieht er sich seine Strümpfe, seine Kniehosen und Stiefel an.

(Der Kabinettssekretär flüstert: Insofern er sie beim Zu-Bett-Gehen überhaupt abgestreift hat!)

Heinitz zieht seine Brauen ärgerlich zusammen, weist seinen Stellvertreter jedoch nicht zurecht, wie er es zuerst vorhatte, sondern hört ihm weiter zu.

Sein Stellvertreter ist von nun an auf der Hut. Er relativiert alle weiteren Informationen durch das Einflechten der Redewendung: So erzählt man jedenfalls.

Gleich nach dem Aufstehen läßt sich der Schloßherr

von Sanssouci vom nächstbesten Lakaien rasieren. Sein Haar pudert er selbst, so erzählt man jedenfalls. Daraufhin beginnt er seinen Arbeitstag mit der Entgegennahme eines militärischen Rapports. Der Wachhabende, Major des Gardebataillons zu Fuß, erstattet dem König Bericht über die Lage in der Stadt und in der Garnison Potsdam sowie über den Zustand seines Bataillons.

Wenn Friedrich allein frühstückt, müssen seine Diener den großen runden Tisch decken, unweit des Kamins, der winters wie sommers geheizt wird. Neben dem Frühstücksporzellan ist auf dem Tisch genügend Platz für Stapel von Briefen, die tags zuvor für den Landesherrn, den Obersten Dienstherrn und für den Oberbefehlshaber des preußischen Heeres eingetroffen und nach ihrer Wichtigkeit ausgesucht worden sind. Der König überfliegt sie, während er frühstückt. Nicht wenige Amtsschreiben wandern umgehend ins Kaminfeuer. Andere versieht er mit sarkastischen Randbemerkungen oder scharfen Kommentaren und läßt sie den Sekretären überbringen, die für das Führen der Korrespondenz zuständig sind. Einen ganz kleinen Teil erledigt der König eigenhändig, oder er diktiert einem Schreiber die Antwort.

Noch während er ißt und trinkt, stellen sich nahezu lautlos seine Windspiele ein, um ihrem Gebieter und Freund mit Liebesblicken und freudigem Gebell den Morgengruß zu entbieten. Der König streichelt seine zarten Hunde mit den seidenweichen, grauweißen Fellen und füttert sie, vorläufig, indem er ihnen Portionen von mildgeräuchertem Schinken zuwirft.

Inzwischen hat sich auf dem Gang vor dem Kaminzimmer eine längere Reihe gebildet. Obenan warten die Staatsminister, dann folgen die Präsidenten und Direktoren staatlicher Behörden. Nun wird einer nach dem anderen zum Vortrag hereingerufen …

Der neue Staatsminister hat – vor seiner Einreise in Preußen – von seinem Monarchen nur Porträts zu Gesicht bekommen, auf denen er entweder einen jugendlichen Helden oder den glanzvollen Sieger in seinem Mannesalter kennenlernte.

Von der gegenwärtigen Körperlichkeit Friedrichs, die das Greisenhafte erreicht hat, ist Heinitz betroffen, bewegt.

Die königliche Gestalt ist gleichsam geschrumpft und hat dabei einen Buckel gebildet. Die Gelenke sind gichtbrüchig, verursachen ihm Tag und Nacht Schmerzen. Schon seit seinen Jünglingsjahren wird er von Hämorrhoiden geplagt. Nicht selten leidet er auch an Diarrhöen. Sein Haar ist stark ergraut – weshalb er wohl den dreieckigen Generalshut, *Dreimaster* genannt, ungern ablegt. Im Profil ähnelt er einem Vogel, einem von der Art der Greifvögel. En face beherrschen die großgeöffneten, glänzendblauen Augen, deren Blick jedoch an Glanz verloren hat, etwas starr geworden ist, nur die obere Partie; in der unteren Gesichtshälfte umlagern alle Falten, Runzeln und Runen den eingefallenen Mund mit seinen tiefen Einkerbungen rechts und links, in den Winkeln der Lippen. Solange der König schweigt, verzieht er seinen Mund mürrisch, herrisch oder spöttisch. (Von seinen Zähnen hat er noch weniger als ein halbes Dutzend.)

Seine Kleidung ist identisch mit der königlichen Uniform auf einer Radierung, die, mindestens hunderttausendmal reproduziert, damals in jeder Schulstube, jedem Amtszimmer in Preußen hängt. Der König erscheint noch immer in seinem königlichen Waffenrock aus dem Siebenjährigen Krieg, dessen Stoff natürlich abgeschabt, dessen Blau teils verschossen, teils ganz ausgebleicht ist. Freilich, all das erkennt man auf der Radierung nicht. Ebensowenig, wie uralt und von Schnupftabakresten besudelt seine gelbe Weste ist. Die Menschheit muß es eben hinnehmen, daß Friedrich nicht nur seine Körperpflege deutlich vernachlässigt, sondern auch mit seiner Garderobe auf die laxeste Weise umgeht. Aus Orden macht sich der Alte nichts. Für seine heldenhaften Offiziere hat er zwar den *Pour le mérite* gestiftet, er selbst trägt nur den altbekannten Stern auf der Herzseite. Und die silberne Fangschnur, die von der Achsel hängt. Der schon einmal erwähnte Dreimaster hat stellenweise einen seltsam grünlichen Schimmer. Womöglich Moos? Daß der König seinen Krückstock, der den Lack längst eingebüßt hat, nach wie vor schätzt, läßt sich gerade noch verstehen. Doch daß ihn niemand dazu bringen kann, seine plumpen Kanonenstiefel von Anno Tobak gegen leichtere, bequemere einzutauschen – begreife das einer!

Weiteres über Friedrichs Tageslauf:

Eines der Geheimnisse, warum der König bis ins hohe Alter seine langen Arbeitstage durchhält, rührt zweifellos daher, daß er sich zwischendurch fünf oder mehr Stunden Zeit nimmt, die er der Erholung widmet. Am späten Vormittag reitet er mit kleiner Begleitung gern nach Potsdam oder bis in die Berliner Innenstadt und kehrt zur rechten Stunde in sein Schloß zurück, um sich dort an der Tafel, meist mit Freunden und Gästen, zum Mittagsmahl zu versammeln. Ihrem Namen und Aussehen nach sind die verschiedenen Gänge seiner Mahlzeiten eher unauffällig, doch dahinter verbergen sich vorzügliche Spezialitäten der französischen und der italienischen Küche; erstklassiges heimisches Obst sowie scharfgewürzte Fleischspeisen ißt der König mit Vorliebe. Wie man hört, gleiche »nichts dem Feuer, womit man alle seine Speisen würze und womit er täglich seine Eingeweide verbrenne«. Danach stürzt Friedrich große Mengen von Champagner und Burgunder hinunter. Gegen deutsche Weine hat er eine ausgesprochene Abneigung.

Wenn man, sagt er, einen Vorgeschmack vom Hängen haben will, muß man Rheinwein trinken.

Während seiner drei Kriege um Schlesien hatte Friedrich seine Tischmanieren zum großen Teil vergessen. Doch nicht allein damit stellt er seine Gäste auf eine unleugbar harte Probe. Noch mehr Geduld erfordern die kein Ende findenden königlichen Monologe, die seine Brüder und Offiziere zu verängstigtem Schweigen verurteilen, auch die ausländischen Gesandten, denen er damit Qualen bereitet.

Am späten Nachmittag setzt sich Friedrich noch einmal zu einer abschließenden Arbeitsstunde nieder, geht mit seinen Ministern und Kabinettssekretären die Tagesereignisse durch, diktiert letzte Briefe und Verfügungen und vergewissert sich, daß sein gesamter Schriftverkehr bis sechs Uhr abends versiegelt und durch Kuriere auf den Weg gebracht worden ist.

Es gibt kein Souper, die Vorliebe Maria Theresias für das Kartenspiel teilt er nicht. Dafür jedoch begibt er sich, meist allein, in das Musikzimmer, wo schon ein kleines Hoforchester auf ihn wartet, und konzertiert eine Zeitlang ohne Zuhörer auf seinen edlen Querflöten. Später geht er, um Luft zu schöpfen, auch oft allein, noch im Schloßpark mit seinen Hunden spazieren. Kurz vor zehn zieht er sich in sein Schlafgemach zurück. Hier unterhält er sich noch mit seinem Gesellschafter, Henri de Catt, der vom König ausgesuchte Romane und andere Werke der französischen Dichtkunst laut vorlesen muß.

Kann Friedrich dann noch nicht schlafen, wird er fuchsig. Er läßt seinen Hofmarschall und die übrigen Beamten der Hofverwaltung zusammentrommeln, überprüft ihre Abrechnungen für Schloß und Ställe und bespricht mit ihnen das Menü des folgenden Tages…

8

Während tiefer Minustemperaturen in Berlin arbeitet sich der neuernannte Staatsminister mit Hilfe seines Kabinettssekretärs durch Stapel alter Urkunden und Stöße frisch eingegangener Briefe, durch aufgehäufte Rechnungsbücher, sauber zusammengerollte Pläne, Mappen voller Detailzeichnungen, Katasterblätter, durch Akten in Reih und Glied, die Regale füllen, und diese Regale reichen im Archiv bis hinauf zur Decke.

Kaum scheint der Winter überstanden, kann Heinitz nicht länger stillsitzen und veranlaßt alles Nötige für eine *Generalbefahrung* des südöstlichen Preußens – bis dahin, wo Schlesien mit seinen Bodenschätzen an Polen (in jener Zeit an Russisch-Polen) grenzt.

Heinitz hat sich Bialski und Zöllner, zwei Bergräte, als Begleiter ausgewählt. Bialski deutet seinem Vorgesetzten behutsam an, daß Exzellenz im Begriff sei, Berlin höchstwahrscheinlich zu früh zu verlassen – wodurch ihre ohnehin beschwerliche Dienstfahrt nur noch unerfreulicher und strapaziöser werden könne. Doch den Minister hält es keinen Tag länger in Berlin.

Wirklich, bei ihrer Abfahrt mit der Kutsche weht ein schneidender Ostwind. Das seltsame Geräusch auf dem Kutschenleder? Eisnadeln, vom Wind gegen die Kutsche gepeitscht. Doch schon anderntags glaubt Exzellenz Recht zu bekommen: Schlagartig wird es warm, fast frühsommerlich. Die restliche Schneedecke taut beim Zusehen. Einige Stunden später schüttet es aus Regenwolken, gießt es die ganze Nacht hindurch in Strömen.

Nun waten die Kutschenpferde bis über die Knöchel in Matsch und Morast. Sogar Landstraßen *Erster Ordnung*, als geschottert bekannt, beginnen sich in Schlammstraßen zu verwandeln. Die Felle der Zugpferde sind jetzt nicht mehr regennaß, sondern schweißnaß. Und müssen die Pferde über Anhöhen hinweg, dampfen ihre Leiber trotz der Nässe.

Die Oder führt Hochwasser. Wo man sie schlecht eingedeicht hat, ist sie über die Ufer getreten. Wiesen und Äcker liegen unter stillen, kaum bewegten Überschwemmungsspiegeln, die sich manchmal weit hindehnen, bis zum Horizont reichen können. Jeder hier weiß, wo die Oder ihr Bett verläßt, da schwemmt sie Schlamm, Ton und Sand mit. So verwüstet sie fruchtbare Fluren, macht Wiesen sauer.

– – Dieser 5. Dezember 1757 sollte der glorreichste Tag in Friedrichs militärischer Laufbahn werden. Das Wetter war schön, aber sehr kalt. Die Reiter standen bei ihren Pferden. Und die älteren Männer schlugen mit den Armen, um sich zu erwärmen. Guten Morgen, Garde! rief der König. – –

Davon hat Heinitz keine Ahnung. Über *Friedrich den Großen* oder *Frédéric le Grand* oder *Frederick the Great* gibt es noch keine Biographien.

– – Am Abend nach der Schlacht wartete der König zu Pferd, bis sich seine siegreiche Armee, vor allem die Infanterieregimenter, in und um Leuthen *gesammelt hatten. Danach ritt er mit seiner Generalssuite voraus nach Deutsch-Lissa. Er übernachtete im dortigen Schloß.*

Erst anderntags erfuhr Friedrich, daß seine erschöpften und durchgefrorenen Truppen auf dem Marsch durch die schlesische Winternacht einen Dankchoral angestimmt hätten. Die ganze Armee habe mitgesungen. Auch um wieder Mut zu fassen. – –

Endlich sind alle wichtigen Verkehrslinien wieder passierbar. Der Minister führt unterwegs Gespräche mit Verwaltungsbeamten aus verschiedenen Ressorts. Fragt sie neugierig aus.

Als der Frieden begann, vor fünfzehn Jahren, hatte Friedrich der Zweite für sein Land, insbesondere für Schlesien, sogleich eine Parole ausgegeben.

Rétablissement!

Also: Wiederherstellung! Gesundung!

Jeder preußische Staatsbürger durfte jetzt auch nicht *einen* Tag ungenutzt verstreichen lassen. Alle sollten sich am *Ersten Diener seines Staates* ein Beispiel nehmen. Friedrichs Arbeitsfanatismus, sein Bestehen auf Leistung, hatte stark asketische Züge.

Daß die Wiederherstellung Schlesiens, das am meisten unter dem Krieg, den feindlichen wie den eigenen Armeen gelitten hatte, rasch von statten ging, lag aber auch daran, daß die Staatsfinanzen in den sieben Kriegsjahren zwar enorme Einbußen erfahren hatten, seltsamerweise jedoch *nicht zerrüttet* waren. Dennoch,

Friedrichs plötzliche Pfennigfuchserei, sein verknöcherter Geiz tobten sich lange aus.

Fast alle Beamten, mit denen Heinitz, die Exzellenz, unterwegs in Schlesien spricht, antworten dem Minister nicht ohne Stolz. Die Lehrer beispielsweise führen an, daß *unser König und Herr* schon ein Jahr nach Kriegsende die allgemeine Schulpflicht eingeführt habe. Sie erwähnen mit großer Genugtuung den Bau von siebenhundertfünfzig Schulen: fünfhundert für die katholischen Schüler und zweihundertfünfzig für die evangelischen.

Und wenn Exzellenz nun schon alles so genau wie möglich wissen möchte, dann tischen ihm die hiesigen Beamten gern noch weitere Zahlen auf:

Neunhundert kleine Gemeinden hat ihr Monarch gleichsam aus dem Boden gestampft. Im Gegensatz zu den Dörfern hat der Alte Fritz sie *Kolonien* genannt und sie auf die Namen seiner siegreichen Generale getauft.

An einem halben Hundert dieser Kolonien ist Heinitz schon vorübergekommen.

Selbstverständlich verbringt Exzellenz die längste Zeit mit der Inspektion von Oberschlesien. Heinitz merkt, daß er mit dem Berliner Bergrat Bialski einen guten Griff getan hat. Bialski kennt hier jede Zeche und Hütte, er sucht nur die bedeutenden für eine Besichtigung aus. Dennoch, die staatlichen Hütten von

Malapane und Kreuzburg sind keineswegs im besten Stand und schon gar nicht auf dem letzten. Das eigenartige Erz, das man hier verhüttet, heißt Raseneisenerz. Es ist dicht unter der Erdoberfläche vorhanden, sozusagen gleich unterm Rasen. Noch während des Siebenjährigen Krieges wurden aus diesem Erz Waffen geschmiedet, weil das aus Schweden eingeführte Eisen für Preußens Rüstung nicht mehr ausreichte.

– – Kolin war nach acht Siegen die erste Schlacht, die Friedrich verloren hatte, und die ihn den Nimbus der Unbesiegbarkeit kostete. – –

Heinitz hatte in Berlin rasch erraten, wie der König über seine Montanwirtschaft dachte. Prioritäten haben für Friedrich solche Gruben und Hüttenbetriebe wie die eben erwähnten, insbesondere die Tarnowitzer Betriebe unter Tage. Zudem hegt der Preußenkönig die Hoffnung, es werde seinem Oberberghauptmann gelingen, frische Belegschaften aufzustellen und mit ihrer Hilfe nicht nur die veralteten und heruntergewirtschafteten Werke so zu erneuern, daß sie den hohen Anforderungen dieser Zeit entsprechen, sondern auch, nach und nach, um sie herum, eine Eisen-, Blei- und Silberindustrie nach den technischen Gesichtspunkten von übermorgen aufzubauen.

Heinitz beauftragt bei seiner ersten Generalbefahrung die zuständigen Ämter, Werber in den Harz zu senden, auf der Suche nach besonders qualifizierten Bergleuten. Den hiesigen Berginspektoren und Steigern befiehlt er, kerngesunde Mannsbilder aus Oberschlesien oder auch aus Polen um sich zu sammeln und zu guten Kumpeln auszubilden.

Später werde man mit ihnen aus den Gruben unter Tage goldene Berge zaubern. Heinitz nimmt die Übertreibung sogleich zurück. Wir alle, sagt er, werden fördern, soviel wir nur können.

Doch was Heinitz an Oberschlesien wahrhaft liebt, ist, gewissermaßen, das *Projektive*.

Er verknüpft die Zukunft dieses Landes mit seiner Erwartung, zahllose Neuanlagen von Gruben und Zechen, von Frischfeuern, Warmfrischfeuern und Hohen Öfen sowie der Ausbau der Transportwege in einem noch nie gekannten Maß würden die Entwicklung hier immens vorantreiben.

Das könnte zur größten Aufgabe seines Lebens werden.

Sicher, die Voraussetzungen für jede künftige Entwicklung in dieser Gegend sind die vorhandenen Rohstoffe und Bodenschätze, die man mit zunehmender Zeit, in zunehmender Menge, im Untertagebau fördern werde –: Ressourcen, von denen sein König kaum einen Begriff haben dürfte.

Doch was den geborenen, ja genialen Jünger des Montanus noch weit mehr besticht, ist der zur Genüge vorhandene Raum in Oberschlesien, Grund und Boden einer halben Provinz stehen dem Auf- und Ausbau einer neuen Bergbauindustrie offen. Ja, hier sind ausreichende Areale für ein Revier, in dem nicht bloß zwei, drei Generationen von Kumpeln Arbeit und Verdienst finden werden, nein, eine unabsehbare Reihe von Generationen.

Auf dieser Rückfahrt beschäftigt sich Heinitz wiederholt auch mit der Person und Persönlichkeit des Königs.

Wie kommt es, so fragt er sich, daß Friedrich der Große bei seinem Volk, insbesondere bei den unteren Schichten, sich dieser unglaublichen Beliebtheit erfreut – während Friedrich an der Tafel von Sanssouci bisweilen etwas boshaft Dämonisches, ja Erschreckendes hat, und selbst bei nicht wenigen seiner hohen Gäste öfter Furcht und Abscheu erregt?

Ein kluger Kopf, Oberst eines Potsdamer Jägerregiments, hat Heinitz erst kürzlich bei einem Empfang im Schloß folgendes darzulegen versucht:

Daß der König, wenn es im Krieg um Versager und Versagen ging, keinen Unterschied zwischen Hoch und Niedrig machte, bei verlorenen Schlachten auch die eigenen Fehler laut vor seinem Offizierskorps eingestand (und schriftlich niederlegte): Das war damals ganz ungewöhnlich und imponierte natürlich den kleinen Leuten sehr, riß vor allem seine altgedienten Soldaten hin. Daher meuterten sie auch nicht, wenngleich er Übermenschliches von ihnen verlangte, im Kampf wie auf dem Marsch; wenn er, um Offiziere und Mannschaften anzutreiben, auf seinen derben Krückstock zurückgriff; von mutlosen Bataillonen die Fahnen kassierte; zurückweichenden berühmten Regimentern verbot, weiterhin ihre berühmten Namen zu tragen – sie nahmen es hin. Allmählich wurden sie mit seinem Augenmaß vertraut, nachher brachten sie es fertig, alle Dinge mit seinen Augen zu sehen, und am häufigsten spiegelten sie sich selber in seinen

Augen. Wenn der König mit ihnen zufrieden war, dann konnten sie es auch sein. Und zogen sie sich seinen Zorn zu, dann erkannten sie umgehend den Anlaß seines Zorns, maßen sich mit dem königlichen Augenmaß und bekamen auf sich selber eine Mordswut.

Friedrich stand immer *hinter* ihnen, wenn es um ihre Belange ging. Und er stand unzählige Male *zwischen* ihnen, an den Brennpunkten der Schlachten. Er war genauso staubbedeckt oder schneebedeckt wie sie und auch wie sie todbringenden Kugeln ausgesetzt.

– – Der König war bis ins hohe Alter ein vorzüglicher Reiter. Er saß stets vorschriftsmäßig aufrecht im Sattel. Doch in den letzten Jahren des Siebenjährigen Krieges, als seine körperliche Spannkraft erheblich nachließ, bildete sich zwischen den Schultern des Monarchen ein kleiner Buckel. (Siehe: Friedrich der Zweite zu Pferd. Stahlstich von Chodowiecki!) Einmal, auf dem Marsch nach Torgau, ritt der König lange neben seinen in Dreierkolonnen sich vorwärtsschiebenden Grenadieren her. Von tagelangen Märschen ermüdet, ließen sie immer wieder die Köpfe hängen, die Schultern fallen und stiefelten mit gekrümmten Rücken. Eine Weile sagte der König nichts. Schließlich aber rief er den Grenadierkompanien, die neben seinem Pferd dahintrotteten, zu:

Gerade, Kinder, gerade!

Seine erschöpften Soldaten taten, als ginge sie das nichts an. Nun wiederholte der König seinen Zuruf in scharfem, weitdringendem Befehlston. Da antworteten die Grenadierkompanien wie auf dem Exerzierplatz, einstimmig und lautschallend:

Fritz, auch gerade! – –

Auf der Heimreise überlegt Heinitz, welchen Schritt er nun wohl als zweiten werde tun müssen. Und im Nu wird ihm bewußt: Einer seiner nächsten Schritte in Berlin wird das Ersuchen an den greisen König sein, ihm, Heinitz, die Erlaubnis für die Suche und Einstellung eines hochbegabten *zweiten Mannes* zu erteilen. In Frage kommt nur ein großer Praktiker vor dem Herrn.

Denn auch ein unermüdlicher Staatsminister für das Departement Bergbau und Hüttenwesen kann sich nicht zweiteilen, sich nicht mittendurch reißen und nicht auf zwei Hochzeiten gleichzeitig tanzen.

Zum Beispiel in Berlin *und* in Tarnowitz.

– – Während der Kriegsjahre trug König Friedrich unter seiner blauen Generals-Litewka eine flache goldene Dose an einem Kettchen auf der Brust. Die Dose enthielt achtzehn Pillen Opium. Genug, um sich damit das Leben zu nehmen –: für den Fall, daß er in Gefangenschaft geraten sollte. – –

– – Vielleicht war seine Angst zeitlebens nie so hals- und herzabschnürend wie bei der Niederlage in Kunersdorf. Ein Augenzeuge berichtete:

Des Königs Angst, als Gefangener nach Sibirien gebracht zu werden, war plötzlich wie ein sehr hohes

Fieber bei ihm ausgebrochen, so daß er nicht allein die Übersicht des Feldherrn verlor, sondern buchstäblich auch, was man den Kopf verlieren nennt.

Der König hob eine Fahne des Regiments »Prinz Heinrich« vom Boden auf, richtete ihre Spitze auf einen noch weit entfernten russischen Trupp, machte drei stürmische Schritte vorwärts, wobei er mit der Fahne zu fuchteln begann, und schrie weithallend:

Wer ein braver Soldat ist, der folge mir!

Keiner folgte. – –

– – Die Nacht nach der Schlacht war grauenvoll. Ein trockenes Gewitter tobte über Kunersdorf. Immer wieder beleuchteten Blitze das Kampfgelände. In den Pausen zwischen dem Donnerkrachen mußten die Preußen mit anhören, wie ihre verwundeten Kameraden, die sie nicht über die Oder hatten mitnehmen können, auf dem Schlachtfeld von Kosaken und Tataren niedergemacht wurden.

Friedrich selbst befand sich im Dammhaus, direkt am Oderufer. Hier übergab er formell den Befehl über das preußische Heer an Generalleutnant von Finck, machte ihm dabei jedoch zur Auflage, Prinz Heinrich, seinen Bruder, in dessen Eigenschaft als »Generalissimus« und Oberbefehlshaber anzuerkennen und der Armee darauf den Soldateneid auf seinen Neffen und Erben (Friedrich Wilhelm) abzunehmen.

Seinem Minister des Äußeren, dem Grafen Finckenstein, schrieb er nach Berlin:

Mein Rock ist von Kugeln durchlöchert, zwei Pferde unter mir wurden erschossen. Mein Unglück ist, daß ich noch lebe … Unsere Niederlage ist sehr beträchtlich.

Von einer Armee von achtundvierzigtausend Mann sind mir knapp dreitausend verblieben. In dem Augenblick, wo ich dies berichte, flieht alles, und ich bin nicht mehr Herr meiner Truppen. Man wird in Berlin gut daran tun, an seine Sicherheit zu denken. Es ist ein grausamer Fehlschlag, den ich nicht überleben werde; die Folgen der Schlacht werden schlimmer sein als die Schlacht selbst. Ich habe keine Ressourcen mehr und glaube, offengestanden, daß alles verloren ist. Ich will nach dem Untergang meines Vaterlandes auf keinen Fall weiterleben. Adieu auf ewig! – –

– – Der Augenzeuge sah seinen König nachts in Ötscher wieder (einem Dorf zwischen Kunersdorf und Küstrin), in einem von Kosaken niedergebrannten Bauernhaus, von dem nur noch die vier Außenwände standen. Friedrich von Preußen schlief auf einer Schütte Stroh, innerhalb der Hauswände, so fest und ruhig, als ob er sich in einem seiner vollkommen sicheren Schlösser aufhielte. Halb lag ihm der Generalshut auf dem Gesicht; sein Degen an der Seite. Zu seinen Füßen schnarchten tief drei seiner Adjutanten, die auf dem Estrich in der Asche lagen, nicht einmal einen Wisch Stroh unterm Kopf … – –

– – Am selben Tag zog sich der König mit seiner Armee von der Oder zurück und ging bei Fürstenwalde, also auf dem rechten Spreeufer, ungefähr auf dem halben Weg zwischen Frankfurt (Oder) und der preußischen Hauptstadt, in Stellung. Er war fest entschlossen, in der offenen Ebene vor den Toren Berlins

eine letzte große Schlacht zu schlagen, die über sein Schicksal und dasjenige von Preußen eine endgültige Entscheidung treffen sollte.

Eine Reihe von Tagen blieb Friedrich im Ungewissen über das Vorhaben seiner Feinde. Bis er am 28. August die zuverlässige und äußerst erfreuliche Kunde vernahm, daß Russen und Österreicher, Hadik und Laudon, statt auf Berlin zu marschieren, mit ihren Truppen nach Süden auswichen und sich etwa in Richtung Spreewald bewegten. Aber bei diesem Stellungswechsel kam es zu ernsthaften Unstimmigkeiten zwischen Daun und Soltykow. Letzterer behauptete, wohl zu Recht, bisher habe er mit seiner Armee fast die gesamte Last des Feldzuges getragen und mit den verlustreichen Schlachten von Kay und Kunersdorf für die alliierte Sache genug getan. Er verließ mit seiner Armee das gemeinsame Lager am 15. September und nahm sie über die Oder nach Osten zurück.

Friedrich berichtete schon zwischendurch seinem Bruder davon, dem Prinzen Heinrich, und nannte die völlig überraschende Entwicklung »le miracle de la maison de Brandenbourg«. – –

9

Zum Dank für die Berichterstattung des Ministers über die gegenwärtige Lage im Osten Schlesiens, vor allem aber für die fachmännische Beratung sowie für die kurzfristigen, schon eingeleiteten Vorhaben oder Verbesserungen bei den staatlichen Hütten, räumt der König seinem Minister ein seltenes Vorrecht ein: Von nun an hat Heinitz unmittelbar Zutritt zu seinem Landesherrn. Zu jeder Tageszeit. Gleichviel ob im Potsdamer Schloß oder in Berlin oder auf Schloß Sanssouci.

Nach einem halben Jahr erfolgreicher Arbeit erhält Heinitz einen weiteren Gunstbeweis seines großen Königs.

Als der Staatsminister Friedrich den Zweiten in Sanssouci um eine private Audienz bittet, erscheint der König selbst im Vorsaal. Nach der Begrüßung ersucht er den Minister, ihm zu folgen. Er verläßt den Saal und passiert die Doppelposten der Wache an der Flügeltür. Im Innern des Schlosses wird es nun labyrinthisch. Sie geraten in halbdunkle kleine Gänge, durchqueren kleine menschenleere Zimmer, bis sie in der königlichen Schlafkammer anlangen.

Für einige Momente kommt Heinitz die Sache nicht ganz geheuer vor. Zweimal öffnen sich jetzt die Wände vor Friedrich. Hintereinander gehen beide durch die erste, durch die zweite Wand ... Ob der Hausherr Tapetentüren benutzt, darüber nachzudenken, bleibt dem Minister keine Zeit.

Denn plötzlich befinden sie sich in einem kreisrunden Raum ganz aus Holz. Heinitz, der auch von Hölzern genügend versteht, bewundert die Täfelung von Wänden und Decken. Altes, edles Arvenholz, also Weichholz, besonders zum Furnieren gut geeignet. Hier hat das Holz der Arve wohl schon des längeren seinen frühen, leicht ockerfarbenen Schmelz verloren, statt dessen aber jenes wunderbare Braunrot angenommen, das an Waldhonig gemahnt. Oberlichter sorgen für Helligkeit.

Weder Spiegel noch Marmor noch goldene Verzierungen sind in Friedrichs intimstem Raum zugelassen. Rundum stehen hochpolierte Mahagonischränke mit Glastüren, die einen Teil der bedeutenden königlichen Bibliothek enthalten. Dazu gibt es Sitzmöbel und zwei Liegemöbel – alles mit sehr hellbraunem Leder bezogen. Jetzt feixt Friedrich. Die wenigen Auserwählten, denen er bisher Knobelsdorffs geheime Schöpfung hinter der Schlafkammer zeigte, haben sich beim erstenmal alle gleich verhalten ... Wie Heinitz sich jetzt verhält: verblüfft, lächelnd und kopfschüttelnd, voller Bewunderung für diesen raffinierten Einfall von Friedrichs Baumeister Nummer eins.

In seinem geheimen Gehäuse, wohin der Schloßherr sich mit seinem Besucher jetzt manchmal zurückzieht, herrscht ein anderer Ton als an der königlichen Tafel.

Zwar strahlt der König auch hier keine mitmenschliche Wärme aus, macht er auch hier dem Minister keine Avancen. Doch er zeigt immerhin beachtlichen und freundlichen Respekt vor dem großen Montanisten. Außerdem Vertrauen und lebhaftes Interesse für die von Heinitz vorgetragenen Ideen oder Visionen mit ihren glänzenden, fast schon unheimlichen Aussichten bis ins nächste Jahrhundert.

Übrigens, vor wem läßt der alte König sonst noch Respekt erkennen?

In seinem schönen Arvenholzgehäuse, mit Heinitz als seinem Gegenüber, spricht Friedrich ohne Forciertheit und Affektation.

Wenn der Minister mit seinem Ersuchen und seinen Fragen am Ende ist, erweist er sich als ein wirklich guter Zuhörer. Der König, der seinem hohen Beamten ohnehin Vertrauen entgegenbringt, weiht bald auch den Menschen Heinitz in seine persönlichen Dingen ein; er wird Heinitz gegenüber immer offener und läßt es an Selbstkritik nicht fehlen.

Mehrmals kommt er auf das Thema *Voltaire.* Er sei der Abgott seiner jungen Jahre gewesen, den er aber auch noch mit vierzig für einen überragenden Philosophen, scharfen Satiriker und einen blendenden Stilisten gehalten habe. Voltaire sei drei Jahre lang sein Gast gewesen, der verwöhnteste Gast auf Sanssouci. Dann sei er, Friedrich, dahintergekommen, daß dieser humane Philosoph seinen Gastgeber brieflich der Inhumanität bezichtigt und vor allem in Frankreich verbreitet habe, der preußische König sei Päderast..! Da sei es wohl das gute Recht des Verleumdeten gewesen, diesen Afterphilosophen vor die Tür zu setzen.

(Er verschweigt, wie sehr sein Herz sozusagen geblutet hatte bei dieser Trennung.)

Ein andermal das Thema *Misogynie.* Heinitz werde es kaum glauben, welche Mühe sich die Gegenseite gemacht habe, mit welchem Haß sie dabei vorgegangen sei, um ihn rund um den Globus zum Weiberfeind abzustempeln.

Gewiß, während des Siebenjährigen Krieges, fährt Friedrich fort, habe er wohl genügend Gründe gehabt, seine drei Gegnerinnen in Versailles, Wien und Petersburg, die Preußen auf sämtlichen Landkarten ausradieren, ihn selber physisch vernichten wollten, schon einmal etwas bissig *die drei ersten H.... Europas* zu titulieren. Letztendlich sei es um seine Selbsterhaltung gegangen, er habe seinen Überlebenswillen aufstacheln müssen. Dazu habe wohl auch gehört, daß er sich mit der Pompadour, die Hof und Staat Ludwigs des Fünfzehnten regierte, angelegt und sie als eine née Poisson und Tochter eines Pariser Metzgers herausgestellt habe.

Heinitz läßt deutlich durchblicken, daß sein König bei der inzwischen verstorbenen Kaiserin Maria Theresia damals doch entschieden zu weit gegangen sei.

Friedrichs linke Schläfenader schwillt an und zuckt. Doch gleich hat er sich wieder unter Kontrolle und erklärt frostig:

Weiß Er, daß die Kaiserin in Wien mich nie mit meinem Namen genannt, vielmehr von mir ständig als von *dem bösen Mann* gesprochen hat?

Wahrscheinlich noch im Zusammenhang mit seinem wahren oder angeblichen Abscheu vor den Frauen erzählt der Sieger der beiden Schlesischen Kriege und des Siebenjährigen Krieges urplötzlich von seiner Familie.

Die Mutter, beispielsweise, hatte ihm das Leben darum so erschwert, weil sie nicht locker ließ, bis sie ihn zu einer dynastischen Ehe mit einer Prinzessin von Braunschweig-Bevern überredet hatte. Der Prinzessin – doch dafür konnte sie schließlich nichts – mangelte es an allem, aber auch allem, wodurch ihm, dem damaligen Kronprinzen, Frauen liebenswert und begehrenswert erschienen. Doch seine Mutter war nur das Sprachrohr des alten, gewaltige Schmerzen erduldenden Herrn und Despoten, seines Vaters. Was der für richtig gehalten, das habe ausgeführt werden müssen. Diejenigen aber, die seines Vaters Güte und Herzlichkeit nicht verstanden und deswegen ablehnten, wurden schließlich mit dem Korporalstock traktiert, ja auf Unbotmäßige ging der Vater, je nach dem Grad seiner Wut, womöglich auch mit Fäusten los. Sobald ihm, Friedrich, klar geworden war, daß seine Mutter nicht die Urheberin seiner Ehe war, habe er ihr unverzüglich Pardon erteilt. Denn au fond habe er sie lieb, sehr lieb gehabt.

– – Im Jahr 1757, als Friedrich im Feld bei seinen Truppen weilte, erhielt er aus Berlin die Nachricht vom Tod seiner (siebzigjährigen) Mutter.

Er gab die Nachricht an seine Lieblingsschwester Wilhelmine weiter – seinerzeit Markgräfin von Bayreuth – und schrieb ihr dazu:

Wir haben keine Mutter mehr. Der Verlust macht das Maß meines Leidens voll. Ich bin gezwungen zu handeln und habe keine Zeit, um meinen Tränen freien Lauf zu lassen ... alle Verluste der Welt können wieder in Ordnung gebracht werden, doch diejenigen, die der Tod verursacht, sind hoffnungslos. – –

Heinitz hört zu. Der König fährt fort zu erzählen. Im Oktober 1758 war es den Österreichern gerade gelungen, die preußische Armee bei Hochkirch zu überraschen. Friedrich mit seinen Truppen wehrte sich erbittert, doch in dieser Bataille mußte er sich schließlich geschlagen geben. Bald darauf, so fuhr der König fort, habe er dann auch seine Lieblingsschwester verloren. Zwar sei ihm ihr schlechter Gesundheitszustand bekannt gewesen, doch mit einem so baldigen Ableben jenes Menschen, der ihm der liebste auf Erden war, habe er nicht gerechnet. Wilhelmine sei nicht älter als neunundvierzig geworden.

– – Wie hart die Nachricht von Wilhelmines Tod den königlichen Bruder getroffen, wie tief sie ihn verwundet hatte, das konnte nur Friedrichs Flügeladjutant bezeugen, der nach der Überbringung der Todesnachricht noch als einziger zugegen blieb. Der König schluchzte minutenlang, ohne ein Wort hervorbringen zu können. – –

Irgendwo pocht jemand an. Der König erhebt sich, macht in seinem runden Kabinett zwei, drei Schritte, dann bückt er sich ächzend und öffnet eine Falltür im Parkett. In weißer Uniform gleitet ein Page geschmeidig durch die Öffnung. Er bekommt von einem Diener, der offenbar im Kellergeschoß auf einer Leiter steht, nacheinander eine große Schale Pralinen, eine weitere Schale mit feinstem Gebäck und dann zwei Flaschen Champagner hochgereicht. Der Page deckt den Tisch, gießt flink ein und verschwindet wieder geschmeidig, fast ohne Laut.

Friedrich ist durstig. Heinitz trinkt in mäßigen Schlucken.

Der Schein, der durch die Oberlichter kommt, beginnt nun deutlich abzunehmen.

Der König trinkt, schweigt, sinnt.

Hernach sagt er zu Heinitz:

Unter Männern habe ich nur noch *einem* so viel Vertrauen geschenkt wie Ihm.

Heinitz verneigt sich im Sitzen.

Der Name Michael Gabriel Fredersdorf ist ihm allerdings noch nicht zu Ohren gekommen.

Se. Majestät informiert Heinitz gern.

Schon in den *Rheinsberger Jahren*, in der Kronprinzenzeit, wurde Fredersdorf zunächst sein Kammerdiener. Ein Mensch voller Liebenswürdigkeit und Heiterkeit, ja er strahlte Heiterkeit aus, ohne dabei besonders lustig zu sein. Dazu sein geschulter Geschmack. Seine unbedingte Vertrauenswürdigkeit und Zuverlässigkeit. Doch seine überragende Fähigkeit hielt Fredersdorf für nichts Besonderes. Nämlich, er konnte mit Geld fabelhaft umgehen.

Nach der Krönung beförderte der König seinen Vertrauten zum Kämmerer, einige Zeit später zum *Geheimen Kamerier*, der die königliche *Schatulle* verwalten mußte. Nun folgten fünf gemeinsame Jahre, herrlich und in Freuden. Ab 1745 begann der strahlend heitere Fredersdorf leider zu kränkeln, an einem Unwohlsein und Leibschmerzen zu leiden. Noch versah er sein Amt, wenn auch mühsam.

Das betrübte Friedrich, er schickte seinen Kamerier, Rat zu suchen, von einem Arzt zum andern; selbstverständlich nur zu den besten Ärzten in Berlin.

Die Ärzte stellten bei Fredersdorf ein Magenleiden fest, jedenfalls die Mehrzahl der Ärzte. Es war nicht zu leugnen, der liebenswürdige Fredersdorf hatte sich seine Krankheit höchstwahrscheinlich dadurch zugezogen, daß er sehr gern, außerordentlich gern aß und trank. Was er jetzt an Pillen und Medizinen schluckte, half ihm kaum oder gar nicht. Bloß strenge Schonkost linderte seine Schmerzen.

Der König dachte nicht daran, Fredersdorf als invalid abzuschieben. Heimlich wurde ein Stellvertreter mit der Verwahrung der *Schatulle* beauftragt. Der Kranke fuhr zu Badekuren, machte Erholungs- und Genesungspausen. Trotz der Vielzahl seiner Regierungsgeschäfte und der zunehmenden militärischen Aufgaben in der Heeresleitung, nahm sich Friedrich dennoch Zeit, um nach seinem lieben kranken Fredersdorf zu sehen, seinen Zustand zu begutachten, ihn seelisch zu ermutigen, denn sein von Schmerzen geplagter Freund blickte nicht mehr aus strahlend heiteren Augen. Er blickte gramvoll und düster. Der König fand es auch nicht unter seiner Würde, darüber zu wachen, daß sein Kämmerer die verordnete Diät einhielt. Oft tat der es nicht, und die Folgen waren: schlimmere Anfälle, erneute Koliken.

Von Herzen traurig über den nunmehr Unzuverlässigen, Dahinlebenden, der keine Disziplin mehr im Leibe hatte, ließ er ihn auch weiterhin nicht fallen.

Wenn der König unterwegs war, und er war viel unterwegs, schrieb er an Fredersdorf Briefe in deutscher Sprache. (Schriftlich beherrschte Friedrich eigentlich nur das Französische und etwas Latein.) Es sind rührend anteilnehmende, ermahnende und besorgte Briefe und Billets. Hätte man das königliche Archiv geöffnet und sie Heinitz lesen lassen, er wäre über sie zugleich froh und verwirrt gewesen, denn Friedrich der Große erschien hier abermals in einem neuen Licht.

Zitat:

Habe nur Vertrauen zu mir, cher ami. Lasse Dir nichts anderes einreden. Keiner meint es besser mit Dir als ich, das kannst Du mir gewiß glauben! Folge Du nur den Anordnungen, die wir besprochen, und suche Dir ansonsten das Leben so angenehm wie möglich zu machen. So lange, wie das Fieber wegbleibt, lasse Dir starke Bouillon von Kalbfleisch mit Reis oder Graupen machen. Hühner- und Kalbfleisch kann Dir nicht *schaden. Vorkost aber ist zu stark. Vergiß nicht die Schmerzen, die Du schon gehabt hast! Damit es Dir leichter fällt, Deine Diät genau einzuhalten. Ich wünsche Dir tausendmal Glück dazu!*

Gottbewahredich!

Nach elfjähriger Krankheit, kurz vor Beginn des langen blutigen Krieges, im Frühjahr 1756 also, starb Michael Gabriel Fredersdorf, Königlicher Geheimer

Kamerier, der vier Jahre älter als sein Herr und König war.

Auf einmal fallen dem alten, kleinen, großen König die Augen zu. Sein Kopf sinkt zur Seite, an die Stuhllehne. Der gegenübersitzende Minister regt sich nicht. Wieder einmal sucht der in Gedanken nach dem Schlüssel zum Wesen seines Monarchen – einem Wesen, welches ihm, bei aller Verehrung, manchmal wie schillernd vorkommt.

Da hallt plötzlich das Wort Besessenheit in seinem Schädel wider. Ist das nicht endlich der Schlüssel? Drei Kriege hat er geführt: mit Besessenheit! Mit letzter Besessenheit seine Armeen zum Sieg geführt! Und wie besessen er dann sein halbverkohltes Schlesien aufräumen und schöner denn je aufbauen ließ und es wieder zum Blühen brachte!

Aber ist die Besessenheit nicht des Teufels?

Hunde! hatte er seinen treuen Soldaten zugerufen. An der Mittagstafel nennt er seine Preußen ein faules Pack und ein nichts als kinderzeugendes Gesindel. Und dennoch, hat er sich nicht jahrzehntelang ausschließlich um das Wohlergehen dieses Gesindels gekümmert und für die Sicherheit dieses Packs gearbeitet, Tage und Nächte geopfert?

Heinitz schreibt viele Gespräche, die der König mit ihm geführt hat, in sein Tagebuch. Da steht etwa:

Kurz bevor ich mich empfahl, habe ich dem König noch andeutungsweise, sehr vorsichtig und behutsam meine Überlegungen zu seinem Geschick vorgetragen.

Ungefähr, auch der weltliche Herr habe einen göttlichen Herrn über sich etc.

Da ist Friedrichs Miene auf einen Schlag ganz eisig geworden. Es ist Seine Sache, hat er mir scharf erwidert, ob Er von dem da oben protegiert werden will. Mir jedoch bleibe Er mit solchem guten Rat vom Leibe!

Nachher, zu meinem Glück, nicht noch seine üblichen perfiden Lachhaftigkeiten über die verbrecherische Kirche und ihre strohdummen Schwarzröcke.

Trotzdem: Einen Augenblick lang erfaßte mich der Schüttelfrost eines Fiebernden.

Ach Herr, wappne mich mit möglichster Geduld und Einsicht, daß ich das, was mir in meinem Dienst begegnet, überdenke, möglichst in Gänze überlege und nachher wohlgeprüft und mit Entschiedenheit vorstelle.

Und Heinitz notiert auch die Erzählung des Obersten eines Potsdamer Jägerregiments. Ein französischer Kriegsschriftsteller habe kürzlich behauptet, der König habe absichtlich hingenommen, daß viele verwundete Soldaten an Infektionen starben, obwohl ihr Leben durch Amputationen von Gliedmaßen hätte gerettet werden können. Friedrich jedoch habe dem Staat die Fürsorge für verkrüppelte Veteranen ersparen wollen.

Diese Unterstellung wurde vom königlichen Leib-Chirurgus Theden empört zurückgewiesen. Theden wies darauf hin, daß Friedrich konservative Behandlungsmethoden im Interesse der Blessierten vorgezogen habe. Der Arzt beschrieb als Augenzeuge einen Vorfall nach der Schlacht von Chotusitz. Der König sei hinzugekommen, wie eine Gruppe von Feldscheren (Wundärzten) um eine im Gang befindliche Amputation herumgestanden und die Taschen von blutbefleckten Monturen durchsucht habe. Er sei über ihre *Leichenfledderei* entsetzt gewesen und habe sie angeschrien:

O ihr Schweine!

– – Aus dem Siebenjährigen Krieg kehrte Friedrich über Schlesien und die Neumark nach Berlin zurück. Es war ein Novembertag. Die Kompanien der Bürgergarde hatten, zusammen mit hohen Militärs und Honoratioren, unter Ehrenpforten und Girlanden vor dem Frankfurter Tor Aufstellung genommen. Tausende und Abertausende von Berlinern warteten mit ihnen, um ihrem siegreichen König zuzujubeln. Friedrich jedoch nahm sich Zeit. Er hatte auf dem Schlachtfeld von Kunersdorf anhalten lassen, wo er vor dreieinhalb Jahren, im mörderischsten und blutigsten Gemetzel des Krieges, von Russen und Österreichern geschlagen worden war. Unter grauen Wolken, aus denen ab und zu Regenfahnen über die Kutsche wehten, hing der König seinen Erinnerungen nach – während daheim in Berlin seine Untertanen unwillig über das Warten wurden, zu murren begannen über das Sich-die-Beine-in-den-Leib-Stehen. Nun zog auch hier die Regenfront auf. Als sich der Tag seinem Ende zuneigte, war der König noch immer nicht in Sicht.

Friedrich fuhr erst um acht Uhr abends in seiner abgenutzten Kutsche, die er fast während des gesamten Krieges für seine eiligen Ortswechsel (und oft für seine Übernachtungen) benutzt hatte, in Berlin ein. Indessen war die Nacht hereingebrochen, und Ehrenformationen wie Schaulustige hatten längst den Heimweg angetreten. Für die Fahrt zum Schloß wählte der König (unnützerweise) einen Umweg. – –

Einmal erwähnte Heinitz in seinem Tagebuch, der König habe ihm am Schluß der Audienz ein weißes Blatt über den Tisch zugeschoben, auf dem ein Gedicht aufgeschrieben schien. Es war jedoch nichts Poetisches, der König habe es nämlich als sein *Credo* bezeichnet.

Da nehme Er's und behalte Er's, brummte er. Nicht bloß die Kirche und ihre Pfaffen haben eins.

Ich dachte mir gleich, daß das Credo nicht aus seiner Feder stamme. Es ist von einem Anonymus, der König meint, man habe den Text aus dem Spanischen übersetzt. Ein reguläres Credo ist es eigentlich auch nicht, eher der Umriß einer philosophischen Haltung …

Ich setze es hier her:

CREDO

Ich bedauere mein Lachen.
Ich verlache mein Weinen.
Ich kann über meinen Zeitvertreib nichts als lachen.
Ich weine von neuem über meine Qualen.
Ja vieles bringt mich zum Weinen.
Alles aber bringt mich zum Lachen.

Friedrichs Gehirn bleibt bis zuletzt intakt, sein Bewußtsein klar. Er verliert auch keineswegs seine

Fähigkeit, große Projekte kritisch zu beurteilen. Darunter sind natürlich auch solche, die in ihrer theoretischen Schwierigkeit vom König mehr erfordern als, salopp gesagt, die Anstrengung aller seiner fünf Sinne. In derartigen Fällen entscheidet er sich instinktiv.

Als zum Beispiel Heinitz und der Großkanzler von Carmer einen Antrag bezüglich einer Erweiterung der schlesischen Bergwerke beim König eingereicht hatten, bekommen sie nach kurzer Wartezeit folgende briefliche Antwort zugestellt:

In Oberschlesien mag das wohl angehen, aber in Niederschlesien nicht. Und weil ich bei meiner Incommodität von Podagra mit der linken Hand schreiben muß, welches mir nicht gestattet, so viel zu schreiben, so habe ich Euch dieses zu erkennen geben wollen.

Ich bin Euer wohlaffektionierter König

Potsdam, den 18. März 1784 *Frdr.*

Man sieht, dieser außergewöhnliche Herrscher findet auch noch als Greis den springenden Punkt:

Für Oberschlesien mag das wohl angehen!

Bis in seine Schlaflosigkeit hinein wittert der große König, was seiner Lieblingsprovinz wohltun oder wehtun könnte.

Heinitz fühlt sich mit gut fünfundfünfzig Jahren zwar noch rüstig und belastbar, aber bei aller Liebe zu Preußen und seinem König: Immer dringender wird die Frage nach einem jüngeren Helfer; einem, der nicht bloß bergtechnisch begabt, nicht bloß auf beste Weise ausgebildet ist und sich zudem auf eigene Erfahrungen stützen kann. Schon seine Erscheinung müßte so wirken, sein Auftritt so herrenmäßig einschüchtern, daß ihm gegenüber kaum einer an Widerspruch, an Aufmucken und Rebellieren denkt. Heinitz hat Situationen kennengelernt, in denen es nicht auf sein Wissen und Können ankam, nur auf seinen Durchsetzungswillen.

Mit einemmal spürt er, wie er auf ein Licht zugeht. Die Berufung eines fast gleichberechtigten Mitarbeiters scheint plötzlich als Problem erledigt. Heinitz fühlt sich erleichtert, glücklich. Denn um wen kann es sich schon handeln, als um seinen achtundzwanzigjährigen unverheirateten Neffen Friedrich Wilhelm von Reden!

10

Von nun an kreuzen wir wieder in bekanntem Fahrwasser.

Heinitz, der Onkel, läßt Reden nach Berlin kommen. Zwar kann er sich seinem Neffen tagsüber kaum widmen, doch wenigstens ist er zu Mittag sein Gast bei *Hiller* oder im *Fürstenhof*, wo sie zuvorkommend bedient werden, oder danach im Glasvorbau des Kaffeehauses *Josty*.

Der große alte König hat Heinitz zu seinem bisherigen Ministeramt noch die Direktion des Salinenwesens übertragen sowie die Leitung der Königlichen Porzellanmanufaktur. Außerdem – als wäre das alles zusammen nicht übergenug! – auch das Amt des Präsidenten der *Preußischen Akademie der Künste und der mechanischen Wissenschaften.* Spät abends aber und nachts und, wenn es sein muß, bis in den Morgen, disputieren Onkel und Neffe über ein künftiges schlesisches Montanrevier und reden sich die Köpfe heiß. Der Onkel ersucht seinen Monarchen, ihm am nächsten oder übernächsten Tag seinen Neffen von Reden vorstellen zu dürfen. Das geschieht.

Heinitz braucht sich nicht zu bemühen, Reden in ein vorteilhaftes Licht zu rücken. Friedrich der Zweite beschränkt sich auf wenige Fragen, Reden antwortet ihm trocken, bündig, bescheiden und tritt ohne Sophisterei für die schlesischen Pläne seines Onkels ein.

Nach zehn Tagen reist der Neffe, vor seinem Onkel sich tief und dankbar verneigend, mit dem frischen Titel eines Geheimen Finanzrates und Schlesischen Berg-Direktors in jenes Gebiet ab, für das sich der Name Oberschlesien eingebürgert hat und das bald auch zu einem eigenen Verwaltungsbezirk aufsteigen wird: dem Regierungsbezirk Oppeln.

Der junge Reden hat eine ähnliche Ausbildung hinter sich wie der um eine Generation ältere Heinitz. Was Reden aber Heinitz voraushat, ist ein einjähriger Aufenthalt in England. Die meiste Zeit davon hat er in Birmingham verbracht, wo er nicht bloß den genialen James Watt kennenlernte, sondern auch das neue System der Arbeitseinteilung in Tag- und Nachtschichten, ebenso wie soziale Maßnahmen für die Bergleute und ihre Familien. Reden hat mit eigenen Augen die *Feuermaschinen* arbeiten sehen. Heinitz nicht. Reden kann sogar mit einem Empfehlungsschreiben aufwarten, das ihm der Hochwohlgeborene und Ehrenwerte Mr. Matthew Boulton ausstellte, weil Reden einige Zeit mithalf, die bis dato immer noch effektivsten Dampfmaschinen, Modell *Boulton-Watt*, fabrikmäßig herzustellen. Boulton, ein reizender Mensch, nannte Friedrich Wilhelm von Reden *kräftig und freundlich zupackend*, nannte ihn gutmütig ironisch *einen deutschen Maulwurf*; dann jedoch bezeichnete er seinen Mitarbeiter in einem handgeschriebenen Schlußzeugnis folgendermaßen: *Artist and man employed in business ...*

Heinitz behält recht. Dem greisen König, der von Rheuma und Diarrhöen geplagt wird, ist es insbesondere darum zu tun, zunächst den Tarnowitzer Bergbau wiederzubeleben und, falls möglich, noch auszubauen. Deshalb macht Reden mit der Silber- und Bleigrube den Anfang, die etwas außerhalb von Tarnowitz liegt. Er ordnet an, daß man gegen das eingedrungene Grundwasser in den Stollen mit größeren Pumpen vorgehen müsse, die er nunmehr von drei Pferdegöpeln antreiben läßt. Das heißt, hierzu sind hundertundzwanzig Pferde nötig. Doch selbst hundertundzwanzig Pferdestärken erbringen in diesem Fall nichts. Da geht der Obersteiger so weit, das Grundwasser, in welchem die Stollen abzusaufen drohen, mit Handgeräten ausschöpfen zu lassen: wobei die Kumpel im Schlamm auf dem Bauch liegen müssen – eine Schinderei, die selbst in einer so rauhen Zeit wie dem achtzehnten Jahrhundert als grausam und menschenunwürdig empfunden wird.

11

Da entschließen sich Heinitz und Reden zu einem Versuch, bei dem sie sozusagen Kopf und Kragen riskieren. Seine Voraussetzungen hängen – bis zu einem gewissen Grad – vom König selbst ab. Nicht allein von seiner Zustimmung, sondern von der ungeheueren Summe, die sich auf zweihundertsechzigtausend Taler beläuft, und die der König Heinitz für seine Arbeit in Schlesien gewissermaßen vorschießen muß. Noch einmal spielt König Friedrich va banque.

Reden segelt nach England. Er kauft eine *Newcomen*-Maschine – mit offenem Zylinder von etwa fünfzig Zoll Durchmesser – und gibt dafür allein vierzigtausend Taler aus. Freilich hätte er lieber eine *Boulton-Watt* erworben, doch bei diesen Maschinen bestehen augenblicklich Lieferschwierigkeiten. Dann begleitet er den Transport der *Newcomen* auf dem Wasserweg von Wales bis nach Cosel, wachsamen Auges, bisweilen bleibt er sogar Tag und Nacht auf. In Cosel an der Oder, wo, wie schon erwähnt, der aus dem zukünftigen Revier herkommende Fluß Klodnitz mündet, bei dem man im Begriff ist, ihn zu einem Schiffahrtskanal zu verbreitern, in Cosel also endet ihr Wasserweg. Nun müssen sie die erste Dampfmaschine für den europäischen Kontinent auf wochenlangem Landtransport unter unsäglichen Mühen bis zur Tarnowitzer Grube schleifen.

Die Aufstellung der *Feuermaschine* ist eine Sensation.

Und diese Newcomen schafft es tatsächlich, sie pumpt die Grube nach und nach leer. Schon die erste bergmännische Ausbeute ist beträchtlich. Reden läßt die Silberproben dem König in Berlin überbringen: von einer Reiterstafette, die den Befehl ausführt und große Strecken in Karriere überwindet.

Nun tauft Reden, mit königlicher Permission, die Tarnowitzer Grube in *Friedrichsgrube* um, die Hütte in *Friedrichshütte*.

So gibt also die Friedrichsgrube den Auftakt.

Erst nachdem man dort die Förderung erfolgreich wieder aufgenommen hat, beginnen Heinitz und Reden mit der Industrialisierung Oberschlesiens in großem Stil. Dank ihrem Ideenreichtum, ihrem finanziellen Geschick und ihrer unglaublichen Beharrlichkeit wird aus der armseligen Wildnis unweit der preußischen Grenze zu Russisch-Polen im Lauf der nächsten Jahrzehnte das *Oberschlesische Revier*; mit dem größten Kohlenabbau in Deutschland.

Ich nehme an, daß ich nicht übertreibe, wenn ich in Friedrich dem Zweiten, in Heinitz und in Reden die wahren Gründergestalten des Bergbaues und der Hüttenindustrie in Oberschlesien sehe. Ohne Friedrichs Weitblick und Instinkt wäre Heinitz nie berufen worden – und ohne Heinitz niemals Reden. Auch Friedrichs letztes Vabanquespiel mit einer für jene Zeit unerhörten Summe gehört noch hierher.

Gewiß, auch unter einer anderen Konstellation wäre das oberschlesische Industriegebiet entstanden, hätte es sich weiterentwickelt – aber in welchem Maß? Mit welchem Erfolg?

Da stirbt Friedrich der Große mit vierundsiebzig Jahren an schwerer Wassersucht. Eine seiner letzten Freuden ist die Nachricht aus Oberschlesien gewesen, Graf Reden habe die erste gußeiserne Brücke auf dem Kontinent gebaut. Sie überbrückt den Fluß Malapane, der unweit von Oppeln in die Oder mündet. Reden hat den äußerst schwierigen Kunsteisenguß noch bei den Engländern in Birmingham studiert.

Die allerletzten Zeilen, die der König an Heinitz richtete, behandelt der Empfänger als Staatsgeheimnis. Kein Dritter erfährt davon. Erst nach Heinitz' Tod entdeckt sein Erbe Reden unter den Papieren des Oheims die – von Heinitz neu eingesiegelte – königliche Prophezeiung:

Lebe Er wohl, Er sieht mich nicht wieder. Ich werde Ihm sagen, wie es nach meinem Tode gehen wird. Es wird ein lustiges Leben bei Hofe werden. Mein Neffe wird den Schatz verschwenden, die Armee ausarten lassen. Seine Weiber werden regieren, und der Staat wird zugrunde gehen. Dann trete Er auf und sage dem König: ›Das geht nicht. Der Schatz ist dem Lande, nicht Ihnen!‹ Und wenn mein Neffe dann auffährt, sage Er ihm: ›Der alte König hat es so befohlen!‹ Vielleicht hilft das. Hört Er?

12

Für einige Momente lasse ich die zeitliche Grenze meiner Erzählung hinter mir. Denn eine Lebensgeschichte wie die des Freiherrn von Heinitz hat Anspruch darauf, zu Ende erzählt zu werden.

Als der große König Friedrich noch lebte, hatte ihm Heinitz – für den Fall seines baldigen Todes – Graf Reden als seinen Nachfolger vorgeschlagen. Doch der König stirbt vor seinem Oberberghauptmann, und Friedrich Wilhelm der Zweite von Preußen übernimmt die Regierungsgeschäfte. Nun wirbt Heinitz auch bei ihm für Reden, und der neue König gibt ihm die königliche Zusage, der Neffe werde dereinst des Oheims Amtsnachfolge antreten.

Heinitz stirbt mit siebenundsiebzig Jahren eines friedlichen Todes, am fünfzehnten März 1802.

Zu Heinitz habe ich noch etwas Erstaunliches nachzutragen:

Einige Zeit nach der Berufung des Grafen Reden zeigt die Exzellenz bei der Auswahl und Einstellung junger Gehilfen noch zweimal eine ausgesprochen glückliche Hand.

Der Minister Heinitz übernimmt den Bergreferendar Heinrich Reichsfreiherr vom und zum Stein in preußische Dienste, befördert ihn rasch zum Bergrat und überträgt ihm die Leitung der preußisch-westfälischen Bergwerke. Nach vier Jahren wird Stein vom König für eine diplomatische Mission ausersehen, die den Kurfürsten in Mainz sowie den deutschen Fürstenbund betrifft – womit dann Steins eigentliche staatsmännische Laufbahn beginnt.

Zuletzt zieht Heinitz noch den zweiundzwanzigjährigen Bergreferendar Alexander von Humboldt in seinen engeren Wirkungskreis. Der leistet so gute Arbeit, daß er es in fünf Jahren, zuletzt im fränkischen Bayreuth, zum Oberbergmeister bringt. Dann zeigt er allerdings andere berufliche Interessen.

Reden, der Unermüdliche, fährt fort, das gemeinsam mit seinem Onkel Projektierte zu verwirklichen.

Er treibt den Ausbau des Klodnitzkanals voran.

Er bestellt in Birmingham zwei mittelgroße Dampfmaschinen von der Firma Boulton-Watt und kann dadurch zwei neue Gruben in Betrieb nehmen. Weitere Hütten werden nicht mehr mit Hohen Öfen versehen, sondern mit technisch vervollständigten *Hochöfen* ausgestattet.

Auf Redens Vorstellungen hin wird das Straßennetz zwischen den Gruben und Ortschaften immer dichter.

Er erhöht die Löhne der schwerarbeitenden Kumpel in den Bergwerksstollen.

Unweit ihrer Arbeitsplätze unter Tage läßt er einstöckige Wohnblöcke mit Werkswohnungen für sie hochziehen. Nicht nur in Tarnowitz. Auch in Beuthen, Königshütte und in Gleiwitz. Ferner bringt er die Idee und die Voraussetzungen der Hygiene unter die Leute.

(Oberschlesien wird noch oft von schweren Seuchen heimgesucht.)

Doch während die meisten seiner Vorhaben zum Erfolg führen, in dieser Angelegenheit lassen die Leute Reden im Stich, ja seine treuesten Häuer und seine unverwüstlich fröhlichen Schlepper mit Kind und Kegel.

Ist denn das Wasser, das aus der Erde dringt, nicht ihr ärgster Feind? Wie viele Kumpel in den Stollen hat es schon ersäuft, pschakreff! Und da sollen sie sich nun die Hände waschen täglich! Und gegen die mistigen Fliegenvölker kämpfen, die sich mitten auf jeden Scheiß setzen! Und sich nach der letzten Wochenschicht nicht mit hellem klarem Kornschnaps von innen reinigen, Herz und Gewissen, sondern statt dessen sich von oben bis unten mit heißem Wasser verbrühen!

Solange sie denken können, hat das niemand verlangt von ihnen.

Und wenn der Herr Graf, Seine Exzellenza, das Wasser so liebt, dann soll er sich mit ihm verheiraten, ihr guter und lieber Herr, der ja ohnehin noch ledig ist. Da wird ihm niemand dreinreden von ihnen. Und wehe den Hacharen, die sich unterstehen!

Im Jahr 1790, als Goethe und der Herzog von Weimar in Tarnowitz erscheinen, hat Graf Reden gerade eine Auseinandersetzung mit Friedrich Wilhelm dem Zweiten glücklich beendet. Das heißt, Reden hat sich durchgesetzt. Seinem König ist Reden jetzt noch unsympathischer. Entlassen wird er ihn freilich nicht, denn der König weiß sehr wohl, was Reden für

Preußens Wirtschaft, insbesondere für die schlesische, bedeutet.

Übrigens, auch Reden mag ihn nicht, seinen breitschultrigen feisten König, dem jede Anstrengung zuwider ist – außer der Beschäftigung mit seinen Kebsen und Maitressen.

Dritter Teil

1

Etwas rührt sich am Nachthimmel. Es beginnt ganz leicht zu blauen, während der Morgenstern allmählich verblaßt. So streift das Licht noch zwielichtig die Erde.

Graf Reden gibt das Zeichen zum Absitzen. Vorerst gilt es bloß für den Herzog Karl August und für Goethe. Gleichzeitig mit Reden gleiten sie schwerfällig aus ihren Sätteln. Die nachfolgenden Husaren fallen den drei hannoveranischen Reitpferden in die Zügel und ziehen sie rechts zu sich heran, wie man es bei Handpferden tut. Sie erledigen ihre Aufgabe vorschriftsmäßig, obgleich sie einiges schon wie im Halbschlaf ausführen. Sie bleiben weiter auf dem Fahrweg, müssen einem unerwartet auftauchenden Baumbestand ausweichen, eine Art Halbkreis schlagen.

Reden aber führt seine beiden Gäste nun zu Fuß über weißen Sand, zwischen den hohen alten Bäumen hindurch, die hier ganz unregelmäßig verstreut wachsen. Goethe hält das Gehölz von mächtigen Kiefern zunächst für einen Park. Da Reden den kürzesten Weg gewählt hat, kommen sie in seinem Tarnowitzer Privathaus früher an als die müde Kavalkade im Wirtschaftshof, der zu Redens Anwesen gehört. In seinem Haus, ehedem ein ländliches geräumiges Pfarrhaus mit hohem Dach und ausgebauten Mansarden, sehen die

Eintreffenden jetzt im Erdgeschoß hinter den Scheiben das weiße Feuer von Kerzen brennen.

Die Diener in Goethes Halbchaise haben sich am Schluß der Tour erheblich gesputet. Deshalb sind sie schon vor einer Stunde hier angekommen. Gemeinsam mit dem Hausverwalter, seiner Frau, drei Dienstmägden, zwei kleinen grauen Möpsen und einem lang- und seidenhaarigen Irish-Setter lauschen sie auf die näherkommenden Schritte des Grafen und seiner Gäste draußen vor dem Haus. Der Setter ist der erste, der das Warten nicht mehr aushält und jauchzend, winselnd die Eingangstür belagert.

Es ist fünf Uhr morgens. Die Herren haben, trotz der anstrengenden Tagesreise, nicht vor, um diese Zeit noch das Bett aufzusuchen. Der Herzog verschwindet mit seinem Leibdiener in einem der Gästezimmer, um seine enge Gala-Uniform abzulegen und sich in eine bequemere hineinhelfen zu lassen. Auch die anderen Herren machen sich inzwischen frisch. Der irische Setter, der an Reden immer wieder hochspringt, ihm das Gesicht lecken möchte, muß aber erst beruhigt werden.

Als sie sich dann in der großen behaglichen Stube, in der man einen Kachelofen kurz angeheizt hat, wieder einfinden, ist schon alles für ein kräftiges Frühstück aufgetragen.

Der Herzog reibt sich die Augen, bis das Weiße in ihnen rot anläuft.

Nachher erinnert Karl August an seine Voraussage, die Goethe bezweifelt, für eine Übertreibung gehalten habe, und die nun doch eingetroffen sei. Der Zug der Kutschen und Reiter habe die volle Strecke zwischen Breslau und Tarnowitz *in einer Tour* zurückgelegt, ohne Übernachtung, und für die zweiundzwanzig oder dreiundzwanzig Meilen etwa ebenso viele Stunden Fahrt benötigt.

Schweigend genießt der Herzog seinen Triumph, als ihn Goethe beglückwünscht, mit kaum merklich ironischem Lächeln.

Eine Stafette wie die ihrige, erklärt Goethe zusammenfassend, demnach eine Stafette aus Kutschen, Kutschern, mehrerlei Pferdegespannen, aus Husaren, Reitknechten, Reservepferden, endlich noch aus einer Halbchaise, vollgepfropft mit Dienern, könne nur reibungslos und effektiv zusammenwirken, wenn man zuvor Treffpunkte und Zeitpunkte militärisch exakt festlege, Entfernungen und Geschwindigkeiten (und nun folgt ein ganz neues Wort aus Goethes Wortschatz) *generalstabsmäßig* in Einklang bringe und die Wechsel dementsprechend vorbereiten lasse.

Genau das hat der Herzog von Weimar hören wollen, den es, wie man weiß, am glücklichsten macht, wenn Truppen oder ganze Truppenverbände auf sein Kommando hören. Er versucht seine Genugtuung leicht abzuschwächen und sagt etwa zu Goethe:

Ich gestehe, es war auch Eitelkeit bei mir im Spiel. Ich glaubte, Sie würden meinen dreiunddreißigsten Geburtstag durch die ungewöhnliche Geschwindigkeit unserer Reise an diesem Tag vielleicht deutlicher im Gedächtnis bewahren als die meisten meiner vorangegangenen Allerweltsgeburtstage.

Es ist Sonnabend, der 4. September, halb sieben Uhr früh. Das Wetter diesig, bloß leicht sonnig.

Um acht fühlen sich die Herren wieder unternehmungslustig. Sie treten hinaus in den Wirtschaftshof, lassen sich in der fahrbereiten Kalesche nieder, einer offenen Kutsche, die, ebenso wie das wohl noch bekannte, schon wieder blankgebürstete braune Zweiergespann, dem Herzog gehört. Graf Reden braucht stets nur seinen Kutscher zur Verfügung zu stellen. Es handelt sich um den allwissenden Haberland, der sie bereits aus Breslau herkutschierte.

Im allerletzten Moment rast der irische Setter, der sich wahrscheinlich losgerissen hat, auf die Kalesche zu, um dann, nach einem geradezu sportlich hohen Satz, mit einer gewissen Selbstverständlichkeit, doch wohlerzogen, neben seinem Herrn Platz zu nehmen. Der gibt sich als machtlos aus, was den Hund anbelangt, dreht seine Hände und zeigt beide Handteller her, bittet um Pardon. Inwendig jedoch freut Reden sich über seinen James, streicht ihm mehrmals über den schlanken, schönen Kopf, er ist ein Hundenarr – und es ist ihm schnurz oder schnuppe, daß Goethe, wie man weiß, Hunde verabscheut, ja hassen soll.

Die *Friedrichsgrube* liegt von Tarnowitz eine halbe Meile entfernt, in Richtung Süden. Im Haus Nr. 4 der Kolonie Friedrichsgrube, in zwei großen Räumen, befindet sich die *Feuermaschine*.

Die Besichtigungen können beginnen.

Selbstverständlich ist es sowohl Goethe als auch dem Herzog bewußt, daß sie an Graf Reden den am weitesten bewanderten, überhaupt den besten Führer haben, der hier zuständig ist. Schon deshalb übertrifft er potentielle Konkurrenten, weil sich ihm alle Türen öffnen, er ohne weiteres Zugang zum Interessanten und Sehenswürdigen hat.

Ein weiterer Vorzug Redens, den seine Mitfahrer schon unterwegs, auf der Reise hierher, sehr zu schätzen gewußt, kommt ihnen von neuem zustatten: Redens wissenschaftliche Erklärungen oder Kommentare schweifen nie vom hundertsten zum tausendsten Detail ab. Er unterrichtet seine Zuhöhrer stets mit der genau notwendigen Menge an allgemeinem Stoff wie an Einzelheiten.

Und auch darüber gibt es keine Diskussion: Die Dampfmaschine ist eine Sehenswürdigkeit ersten Grades. Ihretwegen hat sich die Reise hierher gelohnt.

Goethe zieht aus seinem Portefeuille einen Zeichenblock, dazu harte und weiche Faber-Stifte, die bereits als die besten gelten, obwohl es sie noch nicht lange gibt. Er skizziert die Maschine, Typ *Newcomen*, von verschiedenen Seiten; auch das Rohrgewirr der Pumpen; den Balancier …

Nach der Besichtigung sagt Goethe zu Karl August, was er später auch an Hofrat Voigt schreiben wird:

In Tarnowitz habe ich mich über Ilmenau getröstet. Sie haben, zwar nicht aus so großer Tiefe, eine weit größere Wassermasse zu heben und hoffen doch.

Was Goethe gleich erfahren wird: Die Tarnowitzer

haben noch einen weiteren guten Grund für ihre Hoffnung. Von einer zweiten, etwas kleineren Dampfmaschine, die kürzlich aus England eintraf und dichter bei der Friedrichsgrube aufgestellt wurde, hat Graf Reden seinen Gästen nichts verraten, um sich nunmehr an ihrer Überraschung zu erheitern. Zwei Anstreicher sind beschäftigt, die *Boulton-Watt* in den Landesfarben Schlesiens zu lackieren. In strahlendem Weiß-Gelb.

Tarnowitz hat um 1800 beinahe so viele Einwohner wie Weimar, also annähernd sechstausend. Die Entfernung zur Grenze von Polen beträgt genau eine Meile. Das Zentrum der Stadt setzt sich hauptsächlich aus öffentlichen Gebäuden zusammen: dem Rathaus, dem Knappschaftshaus, dem Landratsamt, dem Amtsgericht, dem Steueramt und dem Oberbergamt, dessen offizieller Name *Amtshaus der Königl. Preußischen Berginspection, Tarnowitz* lautet. Graf Redens Amtssitz.

Reden, mit dem Setter James brav bei Fuß, bittet die Gäste in seine Arbeitsräume. Sie haben, bis auf zwei große Landkarten und ein oval gerahmtes Bildnis des Freiherrn von Heinitz in Pastellfarben, preußisch kahle Wände. Nun rückt Reden damit heraus, daß er den Herzog und Goethe hierher gebeten habe, um seinen Beamten einen Gefallen zu erweisen. Schon eilt, mit dazwischen eingelegten Verbeugungen, einer dieser Beamten herbei und überreicht dem Herzog von Weimar das in Leder eingebundene *Gästebuch der Friedrichsgrube* mit der untertänigsten Bitte um eine Eintragung. Während er die gleiche Bitte an den (selbstredend auch in Tarnowitz berühmten) Dichter richtet, werden auf dem Schreibpult, das am nächsten steht, das Tintenfaß sowie die Streusandbüchse ausgetauscht und frischgeschnittene Gänsekiele zurechtgelegt.

Goethe blättert. Unter den Besuchern, die sich bislang eingeschrieben haben, sind, überraschend zahlreich, Gelehrten- und Offiziersnamen von Bedeutung und Rang vertreten, sogar Namen aus dem Hochadel, doch auch diejenigen von zwei Breslauer Literaten. Auf der Seite 12 hat man dem fürstlichen Besuch bereits Rechnung getragen. Folgender Text in schwungvoll verzierter Kanzleischrift nimmt mindestens das obere Drittel der Seite ein:

Den 4. September 1790 würdigten des Herzogs von Sachsen-Weimar Durchl., in Begleitung Höchstdero Geheimen Raths Herrn von Goethe, den hiesigen neu aufgenommenen Bley- und Silberbergbau Höchstdero Besichtigung, und ließen Sich durch den Geheimen Finanz Rath und Schlesischen Bergbau-Director, Herrn Grafen von Reden, auf unsern Halden die zu fernerem Flor dieser Grube gemachten Anstalten mit gnädigem Wohlgefallen weisen; welches zum Andenken an Sr. Herzogl. Durchlaucht Huld, Höchstdieselben durch gegenwärtiges diesem Buche einzuverleiben geruhet haben.

Friedrichs-Grube bei Tarnowitz am 4. September 1790

Darunter setzt nun Karl August, über die halbe Breite der Seite 12 hinweg, mit großen Schwüngen seinen kaum leserlichen Namen. Eine Daumenbreite tiefer unterschreibt Goethe. Verglichen mit der herzoglichen Schrift, wirkt sein nicht einmal halb so großer Namenszug aufs erste wie die Unterschrift eines Bediensteten:

JW v Goethe

Nimmt man sie jedoch genauer in Augenschein, stellt sich der Goethefreunden wohlbekannte Eindruck wieder her: seine sich stets weit nach rechts neigenden Buchstaben, seine deutlich schöne Fraktur, in der er meist zu unterzeichnen pflegt, seine Gelehrtenhandschrift.

Damit ist die betreffende Seite des Gästebuches der Tarnowitzer Knappschaft zur Hälfte ausgefüllt.

(Später darüber mehr.)

Am andern Tag besuchen sie die *Friedrichshütte.* Sie liegt, im Gegensatz zur Friedrichsgrube, nördlich von Tarnowitz. Mit dem Wagen erreicht man sie in einer guten Stunde. In jener Zeit ist sie noch nahezu neu. Den Grundstein zu ihr legte Graf Reden erst 1788.

Was Goethe hier eingehend betrachten und studieren kann, ist die Verhüttung der Bleischliche. Diese Bleischliche sind sehr feine Teilchen des Bleimetalls. Sie werden unter Tage durch Pochen oder Waschen aus dem erzhaltigen Boden gewonnen.

Das bringt den Praktiker Goethe auf den Gedanken, die Methode der Bleigewinnung versuchsweise bei der Kupfergewinnung aus Ilmenauer Kupferschiefer erproben zu lassen. Vier Wochen später wird er an das Bergbauamt in Thüringen folgende Anweisung richten:

Verschiedene auf meiner letzten Reise durch Schlesien angestellte mineralogische und chemische Beobachtungen haben mich auf den Gedanken gebracht, ob man nicht die Kupferschiefer ebenso gut, ja wohl noch bequemer als andere Erze durch Pochen und Schlemmen behandeln, und das darin befindliche Metall als Schlich ins Enge bringen, die ganze Rohsteinarbeit ersparen und die gewonnenen Schliche gleich zur Amalgamation bringen könnte. Ich teile diesen Gedanken zur weiteren Prüfung mit und wünsche, daß wenigstens sogleich ein Versuch im kleinen gemacht würde.

Tarnowitz liegt von dichten Fichten- und Föhrenwäldern umringt. Die Hohen Öfen, Frischfeuer, die Hütten und kleinen Faktoreien, also das Industrielle insgesamt, verschwindet hier noch annähernd im Grünen.

Auf der Rückfahrt lenkt der Kutscher die Braunen vor der herzoglichen Kalesche zur Sanddüne von Tarnowitz, die (habe ich es nicht schon mal erwähnt?) gewissermaßen als östlicher Ausläufer eines recht bescheidenen Hügelzuges gelten kann, der etwas großsprecherisch *Oberschlesischer Muschelkalkrücken* heißt. Ursprünglich wurde er Chełm genannt.

Doch nicht die weiße Düne ist diesmal die Sehenswürdigkeit, sondern die unweit von ihr, hinter einem Bauerngarten, aufragende *Schrotholzkirche*. Von solchen Kirchen, meint Reden, gebe es in dieser waldreichen Provinz ungefähr fünfhundert. Sie seien für das Land charakteristischer als manches laut Gepriesene.

Die drei Fahrgäste lüften sich von ihren Sitzen, auch der aufwachende James ist sofort startklar. Sie springen von den Wagentritten, um sodann langsam und mit dem nötigen Abstand einmal rings um die Schrotholzkirche herumzuschlendern. Beiläufig weist

Reden darauf hin, daß die ganz und gar aus Holz, vornehmlich Schindelholz, bestehende Kirche auch nicht mit einem einzigen Nagel *verunstaltet* worden sei. Mehrere Türmchen, dazu eine kleine Kuppel sowie spielerisch übereinander gestaffelte, verwinkelte Dächer und Dächlein: Brächten sie nicht einen Hauch *Rußland* hierher, einen Widerschein vom *Griechisch-Orthodoxen ...?*

Hinterher fällt Reden noch etwas sehr Interessantes ein. Nämlich, daß es ganz ähnliche Holzkirchen in Norwegen und Schweden geben solle (Stabkirchen genannt), wo sie uralt seien. Von den hiesigen jedoch – damit wolle er sie beileibe nicht herabsetzen – seien bloß wenige älter als hundertfünfzig Jahre.

Goethe kennt Rußland nicht. Aber diese sonderbare Bauweise behagt ihm. Es scheint, als habe in ihr die einfache, hingebungsvolle Frömmigkeit der Menschen aus dem Osten einen deutlich entsprechenden Ausdruck gefunden. Er schnuppert, zieht durch seine Nüstern den Geruch von altersbraunen Schindeln, der eins geworden ist mit dem Duft von Weihrauch und mit der hier überall von harzigen Kiefernzapfen gewürzten Luft. Vielleicht etwas Unvergeßliches.

Am Nachmittag fließt auf einmal von Südwest eine spätsommerliche Wärme, ja Hitze ein. Ein zweiter Indianersommer? Erste Ahorne haben sich tiefrot gefärbt. Zahllose Birken verhüllen sich in helles Gold. Vergilbt das Gold, so erscheint ein Farbton, den Goethe die Farbe der Melancholie nennt.

Für den Rest des Sonntags bittet Goethe den Grafen, sich in dessen Schreibkabinett zurückziehen zu dürfen.

Er habe dringende Briefschaften zu beantworten. Goethe ist längst daran gewöhnt, seine Korrespondenz zu diktieren. Hauptsächlich dem Schreiber und Diener Sutor. Hier müßte nun eigentlich Paul Götze einspringen, doch der benötigt – nach der Schätzung seines Herrn, Erziehers und Gefährten – noch ein oder zwei Jahre, um Diktate rasch aufzeichnen und sie dann ins reine bringen zu können, fehlerfrei, kalligraphisch.

So schreibt Goethe jetzt mit dem Federkiel. Unter anderem auch an jenen Sutor in Weimar, den er ermächtigt, sich von seinem, Goethes, Gehalt bei der fürstlichen Kasse einen bestimmten Betrag auszahlen zu lassen und ihn Mamsell Vulpius einzuhändigen. Die Feder knirscht. Das weiße Papier raschelt. Als er einen Brief an Christiane verfaßt, vergißt er nicht, sich ausgesprochen herzlich und liebevoll für ihre Glückwünsche zu seinem in der Grafschaft Glatz verbrachten einundvierzigsten Geburtstag zu bedanken. Übrigens, seit der Abfahrt nach Schlesien ist es sein dritter oder vierter Brief an sie. Hernach kündigt er ihr mit der nächsten Post ein Päckchen an: ein Dutzend ausgewählt feiner Halstücher, direkt aus einer niederschlesischen Weberei am Fuß des Riesengebirges.

Goethe erhebt sich mit einem Ruck und geht dann, die Hände auf dem Rücken, im Zimmer hin und her, auf und ab. Unversehens setzt er sich wieder an den Schreibsekretär. Absolut *gegen* seinen Willen, seine Vernunft, seinen Vorsatz! Und wühlt noch zwei Zeilen an Henny hin. (*Hinwühlen* gehört, seit dem ›Sturm und Drang‹, noch immer zu seinen poetischen Lieblingsausdrücken, seltsamerweise.)

Es fehlt mir zu diesem schönen Tag nur ein Wort von Dir. So lautet sein erster Satz. Und der zweite: Du bist die Einzige, die mich vollkommen glücklich machen könnte. Liebe mich. G.

Goethe faltet das Billet zusammen, kratzt mit der nun etwas störrisch gewordenen Feder noch ein paar Zeilen an Schuckmann, in denen er ihn sehr bittet, das beiliegende Billet…

Daraufhin kouvertiert und siegelt Goethe seine Briefschaften. Nur nicht die Mitteilung für Schuckmann. Nachdem er das Billet für Henny in der Futtertasche seines Rockes verwahrt hat, beginnt er unvermittelt damit, den kurzen Brief an Schuckmann in Stücke zu reißen.

Er ruft nach seinem Diener.

Paul erhält den Auftrag, die Briefe, die ihm Goethe einhändigt, morgen in aller Frühe zur Posthalterei und somit auf den Weg zu bringen, alle *express.*

Oben am Himmel Sterne und verspätete Sternschnuppen aus den Laurentiusschwärmen.

Da und dort werden sie von alten mächtigen Kiefernwipfeln verdeckt, die sich während dieser Nachtstunden sacht, nur mehr in sich selbst, bewegen.

Unweit des Hauseinganges, auf einer freien, fast glatten Stelle im Gehölz, steht ein Tisch, weiß gedeckt. Geschliffene Weingläser fangen den Widerschein der beiden Windlichter ein, die fast gleichmäßig flammen. Den Tisch hat Graf Reden von seinen

Dienstboten aus dem Haus holen und hier aufstellen lassen. Nun sitzt er Goethe gegenüber unter freiem Himmel.

(Während der Herzog eigene Wege geht.)

In einiger Entfernung hat Redens Kammerdiener sein Serviertischchen, entkorkt lange Rheinweinflaschen und sorgt dafür, daß die Herren nicht vor geleerten Gläsern sitzen. Was er ausschenkt, ist ein Hochgewächs.

Zum Verbeißen, wie man es in Schlesien nennt, gibt es eine Platte mit selbtgeräuchertem Schinken in Scheiben. Ebenfalls aufgeschnitten, liegt in einem geflochenem Korb würziges Roggenbrot. Goethe, sonst Weißbrotesser, findet Geschmack an den dunklen körnigen Scheiben.

Wie kommt es, daß ausgerechnet dicht zu Goethes Füßen, die in Reitstiefeln stecken, die beiden kleinrassigen, samtgrauen Möpse sich gähnend zur Ruhe legen und sogleich tief schlummern? Wird er, der notorische Hundehasser, sie nicht unwirsch mit seiner Stiefelspitze wecken und vertreiben?

Eine volle Stunde rührt er sich nicht.

Währenddessen spürt Goethe eine Art von Anteilnahme für sie, die wie Zwillingsbrüder aussehen. Und es überrascht ihn wundersam, daß er plötzlich etwas wie Rührung darüber empfindet, daß diese eigenartig hübschen, gutartigen Kreaturen gerade ihm arglos ihr Vertrauen schenken.

James hingegen, der junge irische Setter mit dem langen glänzenden Haarbehang, tummelt sich zur gleichen Zeit noch weit hinten im Gehölz. Weit weg. Stets auf der Suche nach Jagbarem. Um seinen Herrn zu beruhigen, schlägt er hin und wieder an. Halblaut.

Schließlich ist es schon Schlafenszeit für jene mit dem aufrechten Gang.

Aber sein Herr ist ein sogenannter *Hocker.* Und auch der Gast aus Weimar hat eine Vorliebe für lange nächtliche Gespräche.

Auf der Fahrt zur Friedrichsgrube wie auch zur Friedrichshütte ist Goethe der Akziseeinnehmer am Stadttor aufgefallen. Sicher sitzt der alte Mann mit seinen eisengrauen oder besser: pulverdampfgrauen Haaren von morgens bis abends da, ein invalider Unteroffizier vielleicht, und verkörpert hier den asketischen Geist seines inzwischen verstorbenen Königs.

Ja der raucht seine Holzpfeife noch wie im Biwak und tut weiter seine Pflicht, für ein geringes Entgelt, nunmehr am Stadttor...

So nimmt Reden den Faden wieder auf:

Diese alten, meist invaliden Männer täten tatsächlich ihren Zivildienst, wie sie ihren Dienst als friderizianische Soldaten getan hätten: gewandt, klipp und klar, pünktlich. Sie sähen ungelogen ihre Ehre und ihren Stolz darin. Das genüge ihnen.

In Tarnowitz haben wir einen Steuereinnehmer, fährt Reden fort, auch so einen Veteranen. Der haust in einer kleinen Dachstube, die vermutlich zugleich seine Schlafstube ist. Er besitzt ein mittelgroßes hölzernes Schaff, wie es die Schlesierinnen zum Wäschewaschen benutzen, und darin sammelt er die Grundsteuer des gesamten bäuerlichen Kreises Tarnowitz ein.

Allmonatlich kommen sie herausgeputzt angefahren, in ihren gelben *Britschken* mit zwei gutgehaltenen Pferden davor, die Dorfschulzen, und liefern an jenem bestimmten Tag die Steuern ihres Dorfes ab. In einem billigen Kalender hat sie der alte Einnehmer alle mit Namen aufgelistet, denn der Kalender, das ist sein Hauptbuch. Einige tausend Taler kommen schon in einem solchen Schaff zusammen. Der invalide Mann zählt genau nach, registriert jede Summe bis auf den letzten Pfennig. – Nachher packt er das Münzgeld sauber in die vom Staat gelieferten Beutel aus festem grauem Stoff. Sein Haar ist längst weiß, doch es reicht noch für einen kurzen Zopf im Nakken; seine Hände zittern leicht, und die Zweigroschenstücke fallen ihm beim Zählen oft durch die Finger. Irgendwann benachrichtigt er die große Hauptkasse, daß er die Geldbeutel zum Abholen bereithalte.

Ich habe ihn einmal gefragt, erzählt Reden, was man ihm denn als Besoldung zahle. Er kriegt etwas mehr, als einst seine Feldwebel-Löhnung in der Armee betragen hat. Und so ein Mensch, wiewohl Tausende und Zehntausende von harten Talern durch seine Hände gingen, ist absolut ehrlich geblieben und bis heute nicht zu bestechen – für den leg ich meine Hand ins Feuer. Er gehört eben noch zu jenen preußischen Beamten, die zu Friedrichs Zeiten eine harte Schule hatten durchmachen müssen.

Heute erzählen die alten Schlesier ihren Enkeln von ihnen, und wenn sie Glück haben, können sie den Kindern noch so ein friderizianisches Relikt von einem Einnehmer zeigen.

Werden Sie es mir glauben, lieber Goethe, fragt Reden, was mir unser alter Steuereinnehmer verraten hat? Was für ihn das Höchste im Leben gewesen ist?

Reden legt eine knappe Pause ein.

Das Höchste für ihn war: Daß der große König ihn persönlich gekannt hat.

Reden kommt zum Schluß.

Einmal sei Friedrich der Große durch Tarnowitz gekommen, und während des Umspannens habe er sich ein wenig die königlichen Beine vertreten. Dabei sei er die Straße hinauf und zufällig am Haus des Einnehmers vorübergegangen.

Schweigend habe er aus seinen großen unvergeßlichen Augen nach ihm hingesehen, nach ihm, der in seiner Haustür stand und wie einst als Feldwebel salutierte, nur barhäuptig jetzt, mit seiner gestreckten rechten Hand die Schläfe berührend, und dabei habe er gewußt: der König erkennt mich wieder!

Und als der König nun die Straße herunterkam, habe er den Veteran und Steuereinnehmer nochmals gnädig ins Auge gefaßt und – sein Haupt ein wenig gegen ihn geneigt.

Das Gespräch zwischen Goethe und dem in jeder Lage liebenswerten Reden nimmt auch um Mitternacht kein Ende.

Zwar erheben sich die beiden sacht, doch bloß, um zu einer Stelle zu gehen, wo sie freie Sicht auf den Himmel haben. Jeder versucht, dem anderen seine Lieblingssternbilder zu zeigen. Es ist nicht leicht, da sich inzwischen ein Dunst erhoben hat, der das Funkeln am Firmament abschwächt.

Als sie wieder vor ihren Gläsern sitzen, ahmt Goethe die Reden'sche Art der Beiläufigkeit nach und erkundigt sich, warum sich Reden das Leben noch immer unbequem mache: als *Einspänner* – wie das Volk die Junggesellen nenne. Habe er denn mit achtunddreißig das Alleinsein noch nicht satt?

Beträchtlich, versetzt der Graf. Aber mehrfache Versuche mit dem sogenannten schönen Geschlecht seien fehlgeschlagen. Vielleicht sei er auch etwas unangenehm wählerisch. Auf eine Glücksbringerin, die nicht wirklich zum Anbeißen sei, lege er allerdings keinen Wert.

Reden schickt noch ein paar weitere Sätze hinterher, schmunzelnd, mit großer Gemütsruhe.

Hört Goethe womöglich nicht mehr zu? Was er andeutet, vor sich hinsummend, hinbrummend, könnte das nicht sein *König in Thule* sein? Dieses Lied, das rasch bekannt wurde, vielleicht wegen seiner tragischen oder wilden Liebesschwermut.

Er sah ihn stürzen, trinken
Und sinken tief ins Meer.
Die Augen täten ihm sinken.

Übrigens, zum *alten Zecher* hat Goethe sehr wohl Anlage und Eignung, auch vielfältige Erfahrungen, vor allem aber eine mordsstarke Leber. So wird auch die zweite Karaffe leer. Der Gastgeber braucht sich also keineswegs zu beklagen, der Gast tue seinem Wein nicht genügend Ehre an. Goethe weiß, was er einem Dreiundsiebziger Hallgartener Riesling vom Weingut Fürst Löwenstein schuldet. Unter den Rheinweinen ist der Jahrgang 1773 ein Jahrhundertwein.

Goethes Stimme klingt jetzt lauter durch die Nacht.

Er sagt: Die Namen von Weinorten, Weingütern, Lagen und Gewächsen behalte ich gegenwärtig leichter als die Titel meiner Gedichte.

Übertreibt er? Kokettiert er?

Er fährt fort, bedächtig zu essen, bedächtig zu trinken und behauptet zwischendurch:

Zur Zeit sei er, der alte Goethe, poetisch längst nicht mehr so genial wie mit zwanzig oder nicht mehr so einfallsreich und produktiv wie mit dreißig. Statt dessen bewähre er sich als Mann der Wissenschaften und mache sich als solcher landauf, landab einen Namen. Ja, sein Ideenreichtum und seine Reflektionsschärfe hätten sich gewissermaßen verlagert, und nun verliehen sie ihm, Goethe, zum Beispiel auf dem Feld der Geologie, der Biologie oder Botanik eine nicht unbeträchtliche Überlegenheit, auf dem Fachgebiet der Farben sogar – wozu bescheiden tun? – Einzigartigkeit. Bei alldem fühle er sich fähig, in Zukunft noch stärker und überzeugender zu wirken. In seiner jetzigen Lebensphase finde er sich jedenfalls als Naturgelehrter bei weitem interessanter denn als Dichter.

Goethe lächelt.

Jener Dichter aus Weimar, sagt er, sei momentan auf der Sanddüne von Tarnowitz gestrandet. Doch wie man sehe, handele es sich um einen heiteren Schiffbrüchigen.

Reden glaubt zunächst an einen Scherz seines Gastes. Aber Sekunden später spürt er, daß Goethe es ernst meine mit seiner Umwertung oder Neuwertung. Da erhebt er seine Stimme, um mit Nachdruck zu protestieren:

Muß es denn dabei bleiben, lieber Goethe, Hochverehrtester? Ich bin sicher, nach einer Weile übernimmt der Dichter in Ihnen selbstverständlich wieder das Kommando.

Zu Redens Überraschung greift Goethe plötzlich

nach Redens rechter Hand, die geballt auf dem Tisch ruht, zieht sie ganz nah zu sich heran und streichelt sie dann mit seinen ziemlich großen, doch geschmeidigen Händen.

2

Tags darauf setzen sie ihre Reise fort.

Nun zeichnet sich noch deutlicher ab, wie glatt die Rechnung des preußischen Reitergenerals aus Weimar aufgegangen ist. Durch den großen Aufwand an Kutschen, Kutschern, Gespannen und Reitpferden ließ sich ein voller Tag einsparen. Jetzt, da sie auf dem Weg nach Krakau sind, benötigen sie keinen großen Fuhrpark mehr. Schon gestern hat *Durchlaucht der Herzog* einen Teil seiner fürstlichen Karawane heimgeschickt, heute früh den Rest …

Bis auf drei Fahrzeuge, die man für den zweiten Teil der Reise, beziehungsweise der Rückreise braucht. Eine geschlossene Kutsche mit jenem immer wie blankgebürsteten braunen Gespann; die Kalesche, von nur mehr zwei schwarzen englischen Trabern gezogen; und natürlich Goethes böhmische Halbchaise, sozusagen degradiert zum bloßen Gefährt für die Dienerschaft. Am Schluß die Weimarer Leibhusaren, die, von ihren Sätteln aus, die Lieblingspferde des Herzogs als Handpferde mit sich führen.

Während Karl August und Reden sich in der gepolsterten Kalesche zurücklehnen, sich im offenen Fond von der Nachsommersonne angenehm durchwärmen lassen, sitzt Goethe allein in der Kutsche aus schwarzem Leder. Drinnen ist es staubig und still. Auf den

Knien liegt sein aufgeschlagenes Notizbuch, das er mit der Linken festhält; die Schreibfinger der Rechten haben einen von den neuartigen Faberstiften zwischen den Fingerspitzen. Dichtet Goethe? Und tut er es auf Geheiß?

Die Geschichte ist die.

Nach der Beendigung ihres Nachtgesprächs, schon auf dem Weg zurück ins Haus, wandte sich Reden noch einmal an Goethe und fing unvermittelt von der tiefen Enttäuschung zu erzählen an, die Goethes knapper Namenszug bei den Beamten und Steigern der Friedrichsgrube hervorgerufen habe. Er bat im voraus um Vergebung, wenn er jetzt an Goethes Großmut und Liebenswürdigkeit zu appellieren gedenke. Dann stellte er Goethe die Frage, ob es dem *Dichter* möglich sei, nachträglich drei, vier Verse mit Bezug auf die Tarnowitzer Knappschaft sowie deren Gruben und Hütten für das Gästebuch im Oberbergamt zu schreiben. Es habe überhaupt keine Eile damit. Vielleicht morgen auf der Fahrt? Vielleicht übermorgen in Krakau?

Natürlich war es Goethe bewußt, wieviel er seinem Gastgeber, Begleiter und Führer durch Oberschlesien zu verdanken hatte (der Herzog übrigens nicht minder). Deswegen sagte er Reden auf der Stelle zu.

Unterwegs auf der alten Salz- und Heerstraße, in der Equipage ganz für sich, braucht Goethe bloß wenige Minuten, um sich auf seinen poetischen Gegenstand einzustimmen. Er denkt an ein Epigramm aus zwei Distichen. Schon hat er das erste im Kopf parat und beginnt, die beiden Verse auf eine Seite seines Notizbuches *hinzusudeln.* (Auch dieser Studentenausdruck ist bei ihm noch immer beliebt.) Zwei Distichen haben zusammen vier Verse. Merkwürdig, die zweite Hälfte des Gedichts fällt Goethe weitaus schwerer. Nur, weil er mit einemmal Mühe hat, sich zu konzentrieren? Was ihn zu wiederholtem Abschweifen veranlaßt, ist das Billet, das er gestern für Henny schrieb und dann doch nicht abschickte. Noch ist er sich nicht im klaren, ob er damit einen Fehler begangen oder richtig gehandelt habe.

Schließlich ist Goethe wieder bei der Sache. Er führt den Gedankengang der Verse eins und zwei in Vers drei fort – um eine Schraubendrehung höher, sozusagen – und im Vers vier zu Ende: mit einer Hinwendung zum Allgemein-Gültigen, also mit einer Maxime.

Zu Goethes Reiseschreibgerät gehören auch Federn und ein winziges Tintenfaß. In den Pausen zwischen dem Rumpeln und Poltern der Kutsche gelingt es Goethe, eine leserliche Reinschrift seines Spruchgedichts auf einem Stückchen Briefpapier anzufertigen.

Dann beugt er sich aus dem Kutschenfenster, winkt mit seinem Notizbuch hinüber zur Kalesche, hallo!

Reden hört und sieht ihn, winkt zurück.

Der Herzog befiehlt mit weitreichender Stimme Kutschern und Reitern, anzuhalten. Goethe verläßt sein Gefährt und steigt in die Kalesche um. Alles bleibt still, bis der Dichter sein Epigramm *An die Knappschaft der Friedrichsgrube zu Tarnowitz* vorgelesen hat:

Fern von gebildeten Menschen, am Ende des Reiches, wer hilft euch
  Schätze finden und sie glücklich zu bringen ans Licht?
Nur Verstand und Redlichkeit helfen, es führen die beiden
  Schlüssel zu jeglichem Schatz, welchen die Erde verwahrt.

Graf Reden findet die nachgelieferte lyrische Eintragung für das Tarnowitzer Gästebuch sehr schön. Er meint es ehrlich. Und nicht geheuchelt sind auch Wärme und Herzlichkeit, mit denen er sich bedankt. Unterdessen streift Goethe mit einem blitzraschen Seitenblick seinen Herzog. Der nickt zustimmend. Goethe hat freilich im Lauf vieler Jahre gelernt, daß dieses wortlose Nicken von Serenissimus nicht eben ein Zeichen für volle Zustimmung ist.

Bah. August hat nur eine sehr beschränkte Kompetenz in Stil- und Geschmacksfragen. Ein Herzog muß auch kein *Arbiter litterarum* sein.

Goethe überreicht Reden die Reinschrift. Der liest sie durch und verwahrt sie dann in seiner Brieftasche, einem eleganten Stück aus Saffian. Bis er seine Ordonnanz herbeirufen kann, einen der drei Weimarer Husaren. Der Graf instruiert die Ordonnanz über die Aufgaben eines Kuriers. (Für diesen Husaren nichts Neues.) Nachher händigt er ihm das Schriftstück des Dichters aus.

Der Husar salutiert und sprengt nach Tarnowitz zurück.

3

Vom weiteren Schicksal seines Epigramms erfährt Goethe zum Glück nur wenig und oberflächlich.

Der Vorsteher der Kanzlei im Oberbergamt von Tarnowitz, Amtsvogt Marek, zuständig und verantwortlich für die Eintragungen im Gästebuch der Knappschaft Friedrichsgrube, nimmt aus der Hand des Kuriers das nachträglich verfaßte Spruchgedicht von Goethe in Empfang. Der Husar will seine Sache ordentlich quittiert haben, ehe er das Amt sporenklirrend verläßt.

Während der Vorsteher Marek dreimal mit den Fingern schnippt, springt einer seiner alten Kanzlisten davon, um das Gästebuch herbeizuschaffen, kehrt schnaufend zurück und legt das Buch auf den Schreibtisch seines Vorgesetzten. Der schlägt es, ziemlich weit vorn, breit auf. Dann öffnet er das ihm überbrachte und dreifach zusammengefaltete Blatt Briefpapier. Marek streicht es glatt. Nun erst beginnt er zu lesen:

Fern von gebildeten Menschen, am Ende des Reiches …

Er liest das Epigramm zu Ende. Dann fängt er noch einmal von vorn an. Dann liest er es gekränkt, erbittert, Wort für Wort, zum drittenmal:

Fern von gebildeten Menschen, am Ende des Reiches …

Ja, wenn dieser erste Vers nicht wäre! Wenn nur der nicht wäre! Doch der steht da wie für immer und ewig.

Fern von gebildeten …

Marek, der Vorsteher, überlegt:

Das wird sich überall herumsprechen, denn die Leute reden über nichts lieber als über Unwahrheiten oder Verleumdungen, und nach einer Weile nehmen sie es für bare Münze.

Jetzt spürt er den Blutandrang. Sein Kopf rötet sich. Es ist doch zum Haareraufen! (Dabei hat er bloß noch sehr wenige, fast zählbare.) Denn wer war es, wer, wenn nicht *er*, hauptsächlich er selber, Marek, der Goethes blanke Unterschrift auf Seite 12 als *nahezu verletzend mager* bezeichnet und dann Graf Reden, seinem Vorgesetzten, alles weitere ins Ohr geflüstert hatte.

Erinnern wir uns: Bis zum gegenwärtigen Zeitpunkt ist von der Seite 12 des Gästebuches der Knappschaft Friedrichsgrube nur die obere Hälfte beschrieben. Eigentlich völlig ausreichend. Doch dem Vorsteher fehlt der Schneid, Goethes Gedichtblatt noch im letzten Moment verschwinden zu lassen. Statt dessen zündet er eine Kerze an und befestigt es, direkt unter Goethes Namenszug, wütend mit einem heißen Klacks Siegellack.

Aber wie dumm das plötzlich ausschaut! Das heißt, wie fällt dieser Zettel auf, mitten auf einer Seite, die noch so viel unbeschriebenen Raum hat! Und wer die Schrift auf dem Stück Papier genauer betrachtet, also der muß sich doch fragen, ob so ein Genie überhaupt schönschreiben gelernt hat.

Drei oder vier Tage später. Amtsvogt Marek und sein beherzter Vize haben alles getan, um den Schaden zu beheben. Nach Dienstschluß blieben beide unauffällig in der Kanzlei zurück und schlossen sich ein. Viel freie Zeit haben sie benötigt, ihre Bildung strapaziert und eine Menge Reime geschmiedet, doch bloß die allerbesten ausgesiebt. Endlich taucht Marek persönlich die Feder ins Tintenfaß, um darzutun, was ein preußischer Verwaltungsbeamter im Handgelenk haben muß. Goethes lyrischer Nachtrag ist nun doch vorsichtig wieder entfernt worden. An seiner Stelle steht jetzt, in wirklich gekonnter Kanzleikunstschrift, ein neues Gedicht.

An Herrn Geheimen Rath Göthe
bei seiner Anwesenheit zu Tarnowitz, im
Namen der hiesigen Knappschaft.

Willkommen Stolz der Teutschen in Schlesiens Gefilden,
Willkommen Thuiskos holder Sohn!
Hier auf des zweiten Morvens wildem Feuerthron. –
Hier wo Vulkans Enkel für die tapfren Brennen
Aus Herthas Mutterschoß die Waffen glühn;
Hier wo sie edles Silber von den Erzen trennen
Und Feuerschlünde bis zu Wolken sprühn.

Was bezweckt diese Beweihräucherung? Wahrscheinlich hofft man, künftige Leser so damit einzunebeln, daß sie danach die Schnödigkeit eines berühmten deutschen Dichters nicht mehr bemerken. Denn ganz unten auf Seite 12 finden wir nun doch Goethes Epigramm wieder.

Goethes Epigramm an die Knappschaft von eigener Hand? In der Tat, es ist etwas seltsam damit. Der bewußte Zettel hat jetzt nicht nur größere, sich dem Format des Gästebuches anbequemende Abmessungen, auch Goethes diesmal lateinische Schrift ist entsprechend proportioniert. Dennoch, fällt bei ihr nicht ein Mangel an sensiblem Augenmaß und ästhetischer Schlichtheit auf? Wirkt die Schrift nicht befremdend schematisch?

Kurz, hier handelt es sich nicht mehr um Goethes Beitrag im Original, sondern um die Nachahmung der Distichen von einer gewitzten Feder. Der Gedichttext ist zwar nicht verändert worden, dennoch verrät sich der Abschreiber. Ein Beispiel: In der Mitte der Seite ist nach dem Lostrennen von Goethes Zettel ein deutlicher Fettfleck zurückgeblieben. Er stammt vom (weggekratzten) Siegellack, mit dem man anfänglich das echte Autograph mitten auf der Seite befestigt hatte. Ein anderes Beispiel: Goethe richtete sein Spruchgedicht – die Urschrift ist in seinem Reisenotizbuch ja noch vorhanden – *An die Knappschaft der Friedrichsgrube zu Tarnowitz*; dem Kopisten jedoch ist diese Überschrift ärgerlich lang erschienen, und er hat sie einfach verkürzt: *An die Knappschaft zu Tarnowitz.*

Genug?

Mehr als das.

Eine Zeitlang schaut es so aus, als hätten der Kanzleivorsteher und sein Stellvertreter erreicht, was ihnen bei ihren Manipulationen vorschwebte. Jedenfalls verlieren die nächsten prominenten Besucher der Friedrichsgrube, die im Gästebuch blättern, bevor sie ihren

Schnörkel auf einem weißen Blatt hinterlassen, über Goethes Epigramm kein Wort.

Einmal beobachtet Marek einen sehr Neugierigen, der bei der von oben bis unten beschriebenen Seite 12 plötzlich stutzt. Schon wandern seine Augen hin und her. Aber schon werden sie langsamer. Ja, sie beginnen gleichsam zu stolpern über das so umständlich Formulierte oder Versifizierte. Jäh schlägt in ihnen die Mühe des Entzifferns in einen Ausdruck von Langerweile um, der sich im Nu über das ganze Gesicht ausbreitet. Und mit einem Ruck wirft der Neugierige enttäuscht das Blatt herum.

Dann kursiert, von heute auf morgen, Goethes Epigramm in Abschriften unter der Tarnowitzer Hautevolee.

Ein Sturm der Empörung? Kaum stärker als der oft zitierte Sturm im Wasserglas. Immerhin, lokalpatriotische Tarnowitzer werden auch in fünfzig Jahren, ja in hundertfünfzig noch, bei der Erwähnung von Goethes Namen nicht vergessen, hinzuzufügen, daß das Verhalten des ersten deutschen Dichters seiner Zeit keineswegs immer frei von kleinen Taktlosigkeiten oder Bosheiten gewesen sei.

Eins ist sicher: Zu den Aufgebrachten haben nie die wahrhaft Gebildeten der Stadt gezählt. Und was in Jahrzehnten an Schmähartikeln verfaßt und gedruckt wurde, stammte größtenteils von Schreiberlingen, die keine Tarnowitzer waren.

Da trägt eine der Polemiken den Titel *de Goethe in*

Tarnowitz; darin wird das Märchen verbreitet, der Dichter habe seine Gästebuchverse mit *de Goethe* unterzeichnet. – Schulmeister wollen den Dilettanten Goethe über das Bergmännische belehren. Einer schreibt: Bergleute *bringen nicht* Schätze ans Licht, nein, sie *fördern* sie ... Der nächste rügt Goethes Formulierung *Es führen die beiden / Schlüssel zu jeglichem Schatz* als undeutsch! Und er beweist es folgendermaßen: Wer hat es erlebt, fragt er, daß ihn *Schlüssel geführt* haben?

Journalisten?

Tintenklecksende Bildungsesel und Klippschulpädagogen, die nichts weiter zu bieten haben als ihren Dünkel. Klugschieter mit dem angemaßten Recht aufs letzte Wort. Es gibt auch heimlich Schadenfrohe. Oder giftige Würstchen – wie jenen Prorektor Schummel (!) aus Breslau, der Goethes jugendlich scharfe Rezension seines einzigen Romans noch immer nicht vergessen hat, und nun die Gelegenheit ergreift, dem Dichter aus Weimar hämisch am Zeug zu flicken.

Tiefste Provinz! Warum sollte sie ausgerechnet in der Provinz Schlesien nicht vorkommen? Nachdem ich Land und Leute sehr oft von ihrer besten Seite gezeigt habe, tut meiner Aufrichtigkeit die Erwähnung von Flachheit, Borniertheit und Dummdreistigkeit richtig wohl.

Beenden wir die Sache.

Ich zitiere, bloß noch im Vorübergehen, den *Tarnowitzer Bergfreund*, Jahrgang 1838.

Dort steht:

Es ist Goethe hoch anzurechnen, daß er (trotz des Mangels an guten Straßen in Oberschlesien, an Reiseannehmlichkeiten, an Hygiene in den Gasthöfen etc.) dennoch an dem regen Schaffenseifer der deutschen Bergmannskolonie und den technischen Fortschritten auf der Friedrichsgrube große Freude empfunden hat, wie sie in dem bekannten Epigramm wiederklingt.

4

Am Spätnachmittag nähert sich die Reisegesellschaft des Herzogs der polnischen Stadt Krakau. Einzelne tiefhängende Wolken treibt der Westwind ostwärts. Sie überholen Kutschen und Reiter. Goethe verfolgt durch sein Wagenfenster die Unruhe am Himmel. Zu Graf Reden sagt er:

Wolken erscheinen mir häufig wie Völkerwanderungen von Tropfen. Der Regen ist ihre Landnahme.

Wie heraufbeschworen, wehen nun Regenschleier über die zahlreichen kleinen Städte von Galizien. Die einheimische jüdische Bevölkerung, bemerkt Reden, die hier das Übergewicht habe, nenne sie *Schtetl.*

Am östlichen Horizont, auf den sie weiter zuhalten, kommen mehr und mehr Turmspitzen zum Vorschein. Dann die Türme. Dann ihre Schiffe (sofern es sich um Kirchtürme handelt). Alles jetzt halb verwischt von perlgrauen und silbergrauen Schauern. Die Krönungsstadt der polnischen Könige. Zur Zeit nur Amtssitz eines Woywoden.

Es ist Montag. Der Herzog, Goethe und Reden sind nun den vierten Tag unterwegs. Während es dämmert, erreichen sie das Weichbild der Stadt.

Daß Goethe tatsächlich in Krakau (polnisch: Kraków, lateinisch: Cracovia) gewesen ist und von dort aus das Salzbergwerk in Wieliczka besichtigt hat, wie er nur in einem Brief an Herder kurz andeutet, können wir dank der Findigkeit von Goethe-Forschern *als gesichert ansehen.* (So die Fachsprache.) In seinem Reisenotizbuch hat der Dichter bloß einen einzigen Namen – *Prof. Scheidt* – vermerkt. Dazu die seltsame, wie verschlüsselt wirkende Aufzählung:

Schybiker Salz, Grün Salz, Gypsspat.

Es ist wohl die relativ leichtere Aufgabe gewesen, dem deutschen Namen Scheidt im polnischen Krakau nachzugehen und ausfindig zu machen, daß es sich um Professor Karl August Scheidt handele, den naturwissenschaftlichen Schriftsteller und Vorsteher der Krakauer Mineraliensammlung in einer Person, sowie dann den Nachweis zu erbringen, daß Goethe ihn zweifellos aufgesucht habe.

Bald meldet sich auch der Germanist Friedrich Zöllner zu Wort, der die drei geologischen Bezeichnungen entschlüsselt hat, als wäre das ein Kinderspiel.

Goethe, meint Zöllner, habe sich diese Notizen mit Sicherheit erst *nach dem Besuch* der Salinen von Wieliczka machen können. Es verhalte sich nämlich so:

Das Salz aus dem oberen Stock schimmert wegen eingemengter Lette etwas grünlich und wird deshalb als Grünsalz bezeichnet, während das Salz aus den unteren Flözen, zu denen man nur durch Abteufen (im Polnischen: Sczybik) gelangen konnte, den Namen Schybiker Salz führt. Hier unter den Flözen sind am merkwürdigsten die Gypssteinschichten, die nicht nur zwischen den Flözen hinstreichen, sondern die oft keilförmig einsetzen oder auch senkrecht die Salzschichten durchschneiden.

Halt! Fast hätte ich eine dritte Eintragung Goethes übersehen. Die Rede ist von einem zweistrophigen Gedicht, das mit dem Vers beginnt:

»Ach, wir sind zur Qual geboren!«

Eine Überschrift fehlt. Dafür hat Goethe den Entstehungsort des Gedichts (für uns zugleich auch eine Zeitangabe) notiert: *Auf dem Wege nach Krakau.* Derartige Angaben machen Dichter meist nur dann, wenn der Ortsname ihrem Gedicht eine besondere Beziehung eröffnet.

Nun ist ausgerechnet dieses Gedicht in keiner Goethe-Ausgabe, die ich kenne, zu finden.

(Selbstverständlich werde ich das Gedicht zitieren, doch in einem Zusammenhang oder Kontext, wo seine Eigenart und Bedeutsamkeit klarer hervortritt.)

Nun hat in den achtziger Jahren unseres (also des zwanzigsten) Jahrhunderts ein polnischer Gelehrter, Professor Krzyzanowski, den Einfall gehabt, die alten Listen der Krakauer Stadt- und Torwache vom September 1790 durchzumustern. Und tatsächlich, es ist ihm gelungen, jene Eintragungen ausfindig zu machen, aus denen hervorgeht, daß der Herzog Karl August und Goethe am 6. September in Krakau eintrafen und sich in den folgenden beiden Tagen auch in der Stadt aufgehalten haben.

(Damit scheint nun wirklich der allerletzte Zweifel ausgeräumt.)

Anderntags, am 7. September, wird also das Mineralienkabinett des Professors Scheidt sowie das Salzbergwerk besichtigt. Wieliczka liegt etwa zwei Meilen von Krakau entfernt, in südöstlicher Richtung.

Da es noch immer regnet, wenn auch nur sanft und still, müssen die Herren diesmal auf die Kalesche verzichten und sich in ihrer engen Equipage hinausfahren lassen. Graf Reden beherrscht die fremde Sprache gerade so weit, daß sich sein Polnisch nicht wie ein Radebrechen anhört. Deshalb kann er seinen Diener Zielonka, der, in Zabrze bei Gleiwitz geboren, fließend polnisch spricht, dem Herzog und Goethe überlassen, die dafür dankbar sind.

Dreihundert Jahre lang, bis zum Beginn des 17. Jahrhunderts, war Krakau die Haupt- und Residenzstadt Polens. Könige hielten hier Hof. Aber Krakau war auch eine durch Handel reiche Stadt, die zeitweise dem Bund der mächtigen Hansestädte angehörte. Sie beherbergte zudem eine der ältesten Universitäten Europas, die nach ihrem Gründer, Jagiello von Litauen, die Jagellonische Universität hieß und in ihrer Blütezeit, als hier beispielsweise Kopernikus oder Coppernicus (es gibt dreißig verschiedene Schreibweisen dieses Namens) sich das Rüstzeug eines hohen Schülers aneignete, also im Lauf des 15. Jahrhunderts, von achttausend Studenten besucht wurde. Die Universität hatte eine eigene Sternwarte. Und in der Universitätsbibliothek waren damals nicht nur dreihunderttausend Bücher untergebracht, sondern auch älteste Pergamente, illuminierte Codices, Wiegendrucke, prachtvoll geschriebene und gesiegelte Urkunden, seltsam schöne Atlanten, Büsten in Stein, Miniaturporträts in Pastell, antike und orientalische Münzen – ein Vorrat von Kunstzeugnissen, gestapelt bis unter die gewölbten Decken der Säle.

Doch als Goethe Krakau zu Gesicht bekommt, ist die Stadt verarmt und heruntergekommen. Wahrscheinlich auf ihrem historischen Tiefpunkt. Nach letzter Zählung (1788) hat Krakau ganze neuntausend Einwohner.

Immerhin, noch wird diese Stadt wegen ihrer erhabenen Vergangenheit von Polens patriotischem Adel und dem königstreuen Volk unverwandt verehrt. Noch sind genügend Zeugen vorhanden aus Krakaus großer Zeit. Allen voran die gewaltigen Bauwerke am Rand der Altstadt, auf der Anhöhe Wawel, wo sie dicht beieinanderstehen: das Königsschloß und der Dom, annähernd seit einem halben Jahrtausend. Unten zieht um die Anhöhe die junge Weichsel, die von hier an schiffbar ist, fast einen Halbkreis.

Und dann, ist Krakau nicht immer noch Residenz eines Fürstbischofs? Gewissermaßen zu Füßen seines Palastes liegen, sage und schreibe, vierzig Kirchen sowie fünfundzwanzig Nonnen- und Mönchsklöster. Darum bleibt Krakau auch verehrenswert für Polens inbrünstig katholische Bevölkerung.

Doch ist der allgemeine Verfall aufzuhalten? fragen sich die Herren Reisenden. Werden Armut, Bettelei und Schmutz zwischen der abblätternden oder schon baufälligen Pracht nicht noch weiter zunehmen?

Neue Niederschläge, von denen das Straßengewirr schlammig wird und die Luft grau wie fadenscheiniges Sackleinen. Im Stadtteil Kazimierz jedoch bringt der Regen die Kuppeln von jüdischen Gotteshäusern zum Schimmern. Noch von weitem erkennt man eine guterhaltene und zwei erst jüngst erbaute Synagogen.

Unter den Krakauer Hotels und Gasthöfen gibt es zur Zeit nur drei feudale Unterkünfte, unter denen Reisende der höheren Stände wählen können. Die deutschen Diener, die tags zuvor für ihre Herren hier Quartier gemacht, hatten sich kennerhaft für das beste Hotel der Stadt entschieden. Jedenfalls stellt es sich heute als solches heraus. Insbesondere der mit der weizenblonden Perücke, des Herzogs Leibdiener, macht viel Wesens von seiner Nase, auf welche unbedingt Verlaß sei.

Als man von der Exkursion nach Wieliczka zurückkehrt, läßt gerade ein noch junger polnischer Magnat sein Reisegepäck verladen: auf eine Wagenkolonne, die sich bis in die nächste Querstraße hinzieht. Goethe beobachtet die damit beschäftigten Livrierten. Es sind, kaum zu glauben, vierundzwanzig Bedienstete. Träge schleppen sie schwere Reisekoffer oder große, in Dekken verschnürte Bündel herbei, dann erst schwatzen sie gemächlich über die Verteilung. *Was* kommt auf *welchen* Wagen? Goethe lacht in sich hinein. Vierundzwanzig rotberockte Tagediebe!

Im Türrahmen des Hoteleingangs erscheint die Frau des polnischen Magnaten: äußerst schön, noch mädchenhaft. Sie betrachtet das Bild behaglichen Müßigganges am Straßenrand. Lässig elegant geht sie zu ihren Livrierten hinaus. Dann wendet sie sich an den erstbesten, ohne weitere Zeremonie, und wischt ihm eine.

Nach dem Essen an der Table d'hôte geht von den drei deutschen Gästen jeder seinen eigenen Weg. Der Herzog, der dem Woywoden von Krakau einen kurzen Besuch abstatten will, leiht sich Redens Diener aus, den Dolmetscher aus Zabrze. Reden selbst hat vor, nach polnischen Büchern über das Berg- und Hüttenwesen in frühester Zeit Ausschau zu halten. Goethe möchte sich zunächst die Marienkirche am Ringplatz anschauen.

Obwohl es wieder aufgehört hat zu regnen, ist die Luft noch schwer von Feuchtigkeit, und aus mancher Gosse riecht es übel. Eine trotz starker Beschädigungen und Verwitterung noch immer schöne gotische Fassade muß, nach Goethes Meinung, zum *Tuchhaus* gehört haben, das einmal mit den berühmtesten Warenumschlagplätzen in Mitteleuropa konkurrierte. Das Hetzen von einer Sehenswürdigkeit zur andern ist noch nicht erfunden. Goethe jedenfalls nimmt sich Zeit zum Umherflanieren. Zugegeben, von dem wenigen, was er über Krakau, Galizien und Polen weiß, hat er das meiste erst von Reden erfahren. Und über den Charakter oder das Tun der Menschen hier wie draußen auf dem Lande ist er ahnungslos.

Auch die Marienkirche, die er jetzt erreicht, ist ein gotisches Bauwerk. Im großen, verschlossenen Portal des Gotteshauses ist eine kleine Tür angebracht, die offen steht. Kaum ist Goethe eingetreten, kommt ein

Mann in ärmlicher Kleidung, aber mit kugelrundem Bauch, das linke steife Bein nachschleifend, energisch auf ihn zu. Er spricht den Besucher deutsch an und erklärt ihm, daß er der Obermesner von insgesamt vier Mesnern sei. Dann sagt er, der hohe Herr sei sicher wegen des weltberühmten Marienaltars hier eingetreten. Goethe bestätigt das und äußert den Wunsch, den Schnitzaltar von Veit Stoss eine Weile betrachten zu dürfen. Als er dem Kirchendiener mehrere größere Münzen in die Hand drückt, springt der durch die von Kerzen halbwegs erleuchtete Kirche voran, daß Goethe ihn fast aus den Augen verliert.

Nun kommen aus dem Wald von Pfeilern zwei jüngere Männer hervor, offenbar seine Gehilfen. Ja, zu dritt öffnen sie vorsichtig den Hochaltar und breiten seine beiden Klappflügel so weit aus, daß sie zusammen mit dem Mittelstück eine enorme Wand bilden. Vierzig Fuß (also fast dreizehn Meter) hoch und dreiunddreißig Fuß (elf Meter) breit.

Goethe sagt kein Wort. Mehrmals wandert er von der einen Seite des Flügelaltars zur anderen. Steigt auf eine kleine Leiter mit samtumhüllten Sprossen und Holmen. Inzwischen haben die Helfer dafür gesorgt, daß in nächster Nähe mehrere große Kerzen zusätzlich brennen.

Dieser Reichtum an Figuren, Farben, Gold von Engeln und Heiligenscheinen, diese durchkomponierte Fülle ist in ihrer Gesamtheit nur ungefähr zu fassen. Aber für ein geschultes Auge ist es rasch ersichtlich, daß die geschnitzten Gestalten nicht mehr der mittelalterlichen Typisierung gehorchen. Dieser aus Nürnberg hierher gewanderte Veit Stoss (den die polnische Bevölkerung *Wit Stwosz* nennt), hatte sich zum größten Teil schon die damals neue schwere Kunst angeeignet, die ihn in den Stand setzte, an den heiligen Figuren das Stimmige ihrer Proportionen, das Einmalige ihrer Körperlichkeit, ihren individuellen Ausdruck herauszuarbeiten. Dazu mußte Stoss bereits die optisch berechenbare, also die *richtige* Perspektive kennen.

5

Künstlerische Leistungen aus dem fünfzehnten und sechzehnten Jahrhundert haben für Goethe vor allen später entstandenen Werken nicht allein ihre Erstgeburt, den zeitlichen Vorsprung voraus. Aus Venedig schrieb er Anfang des Jahres einmal an den *Urfreund:*

Was sind wir doch gegen die Künstler des fünfzehnten und sechzehnten Jahrhunderts? Wahre Taugenichtse!

Ein halbes Jahrhundert vor Veit Stoss schufen die Brüder van Eyck in Gent auch einen großen Flügelaltar, allerdings einen auf Tafeln gemalten mit nur wenig geschnitzter Verzierung. Schon daher fiel er gleichsam stiller aus als dieser in Krakau. Doch was die Brüder einzigartig machte, waren die frühesten authentischen Bildnisse der europäischen Porträtmalerei. Werke, die erstmals von Realität, Wahrhaftigkeit und Schönheit gleichzeitig zeugten. Maltechnisch erwiesen sie sich schon als so vollendet, daß sie darin nicht mehr übertroffen werden konnten.

Jan van Eyck ist Goethes unbedingter Favorit.

Bei Goethes letztem Aufenthalt in Dresden (Juli 1790) wies Hofmarschall von Racknitz den verehrten Durchreisenden auf zwei Neuerwerbungen der Dresdener Gemäldesammlung hin: auf das Bild *Mann mit Nelke* von Jan van Eyck und auf eine besondere Rarität dieses Malers: das Bildnis des *Kardinals Nicholaes Albergati.*

Der Galeriedirektor, der im Nu Bescheid bekam, führte Goethe vor die neuerworbenen Bilder. Der Besucher stellte sich zunächst vor das Bildnis des namenlosen Mannes mit der einzelnen Nelke in der rechten Hand. Die Krempe seines Hutes (eines Mönchshutes?), aus der Stirn geschoben, die nun nichts von seinem Gesicht verbarg, war breit wie ein Heiligenschein. Der Direktor nahm das Bild von der Wand, drehte es um und zeigte Goethe die Rückseite. Auf den Malgrund, eine Holzplatte, hatte van Eyck einen lateinisch geschriebenen Zettel geklebt und darauf vermerkt, daß dieses Exemplar eine *dritte* Fassung seines Bildes *Mann mit Nelke* sei.

Goethe fand das Bild stupend gemalt.

Doch das Bildnis des *Kardinals Albergati* schien noch um ein Gran geglückter, sein Kolorit war unwiderstehlich schön.

Um Goethe noch eine weitere Freude zu machen, ließ der Galeriedirektor die gezeichneten Vorstufen und Studien, die man zusammen mit dem Kardinalsgemälde erworben hatte, aus dem Kupferstichkabinett unweit der großen Elbbrücke zur Ansicht holen.

Unwiderstehlich schön erlaubt sprachlich keine Steigerung. Sonst hätte Goethe für diese Silberstiftzeichnungen, die er in seinem tiefsten Innern noch mehr bewunderte (denn in seinem tiefsten Innern stufte er das Zeichnen noch um ein kleines höher ein als das Malen), womöglich einen Komparativ gefunden.

So lange stand er im Bann der Bilder, daß er sich vom Galeriedirektor bloß stumm verabschieden konnte. Herzlich stumm.

Abends schrieb er dem Major Karl Ludwig von Knebel:

Da habe ich nun in meinem Leben viele Verse gemacht, darunter sind ein paar gute und viele mittelmäßige. Da macht der Eyck ein solches Bild, das mehr wert ist als alles, was ich gemacht habe.

6

Nach einem Streifzug durch die Krakauer Altstadt bis zu den Vorstädten Stradom und Kazimierz sucht Goethe bei Anbruch der Dämmerung wieder sein Hotel auf. An diesem Abend liegt ein erster Hauch des Herbstes in der klammen Luft. Mit einem Wohlgefühl stellt der Hotelgast fest, daß in seinem Zimmer ein Kaminfeuer lodert. Er tritt nah heran, reibt sich die kühlen Hände.

Goethe denkt an den Eindruck zurück, den unweit der Vorstadt Kazimierz Männer in dunklen Kaftanen, hohen Stiefeln und mit schwarzen Käppchen bei ihm hervorriefen. Dann fällt ihm ihr Jiddisch ein, ihre Alltagsrede, mit Sprachanklängen an das Deutsch des Mittelalters. Dann, wie eine rauhe Frauenstimme von irgendwoher laut, aufregend laut, das Wort *Kroppzeug* schrie und daraufhin den Namen *Mirjam*.

Da fühlt Goethe, wie deutlich *noch einmal* sein Herz schlägt: Denn er glaubt, den schimmernden Schatten wiederzusehen, der, schlank und schmal, durch die Gassen von Kazimierz huscht und ihn beinahe streift. Für eine Sekunde blickt er in ein junges braunes Gesicht mit zwei alten Augen und einem großen hellroten

Mund. Der gelbe Schal, der unter dem Kinn geknotet ist, verwandelt sich, durch die lautlose und behende Eile des Schattens, rechts und links in wehende Flügel …

7

Das nächste Mal finden wir die Reisegesellschaft auf dem Rückweg. Wenn sich Goethe umblickt, nimmt er nichts mehr von Krakau wahr. Man fährt auf einem anderen Weg, also nicht auf der alten Salzstraße, nach Breslau zurück. Der Weg wird die Herren zwar mehr Zeit kosten, dafür aber werden sie dem berühmten polnischen Wallfahrtsort Tschenstochau ihre Reverenz erweisen. Nach zwei halbverregneten Tagen ist es nun, am 8. September, wieder trocken. Zusehends klart der Himmel auf. Goethe sitzt neben Reden in den Lederpolstern der Kalesche, dem Herzog gegenüber. Frühzeitig haben sie sich in ihre Reisemäntel gewickelt. Jetzt legen sie die Mäntel beiseite.

Von ihren Dienern ist tagsüber keiner zu sehen. Sie fahren ihnen nun ständig voraus, um für weitere, möglichst passable Nachtquartiere Sorge zu tragen.

Da sind sie wieder: die galizischen Schtetl – vor dem niedrigen Horizont und der lichten blauen schwerelosen Unendlichkeit.

Die größeren von ihnen bestehen aus tausend niedrigen, stroh- und schindelgedeckten Häusern. Sie haben ungepflasterte, auffallend weite Marktplätze. Sehen sie nicht ausgetrockneten Seen ähnlich? Hochbeladene

Wagen oder längere Wagenzüge überqueren sie schwankend. Schneller sind die Bauernfuhrwerke, die, abgesehen von Deichsel und Rädern, nur aus drei Brettern zusammengesetzt scheinen. Der polnische Bauer kutschiert seine Panjepferde im Stehen.

Unter den Gebäuden, die die Ränder der Marktplätze bilden, gibt es zahlreiche Schenken und Destillen. Man erkennt sie schon von weitem an den abgestellten Fuhren in Front der Gastwirtschaften, an den ausgespannten Panjepferden, die man ein paar Schritte weiter wieder angebunden hat, an eingepfählten Futterkrippen, wo sie, Häcksel und Heu kauend, herumstehen und mit ihren Hufen gemächlich den Boden unter sich zerwühlen.

Manchmal sieht man einen von diesen durstigen Bauern rücklings aus einer Spelunkentür fallen und liegen bleiben. Volltrunkene oder Stockbesoffene fallen zugleich in einen totenähnlichen Schlaf; rühren kein Glied mehr. Niemand fühlt sich durch sie beunruhigt, niemand kümmert sich um sie. Sie brauchen eben ihre Zeit, bis sie aus der Betäubung durch hochprozentige Korn- und Kartoffelschnäpse, hergestellt von einheimischen Brennereien, wieder erwachen. Doch einige kommen schon nach kurzer Zeit auf die Kniee, dann auf die Füße und dann halbwegs zu Bewußtsein.

Diese Leute hier, meint Graf Reden, überstünden so etwas schadlos.

Und er setzt hinzu: Anders als die Polen neige die israelitische Einwohnerschaft, die in dieser Gegend überwiege, eher zur Nüchternheit.

Die Fußgänger sind hauptsächlich Männer in traditionell langen Kaftanen, tiefschwarzen Hüten oder tiefschwarzen Käppchen, mit blassen Gesichtern, aus denen mal rötliche, mal schwärzliche, mitunter ergraute Bärte hervorwuchern; manche reichen bis zum Gürtel hinunter. Und neben ihren Ohren oder über sie hinweg hängen schwarze, eingedrehte Löckchen: die Peies.

Daß man hier ein Gebiet streift, dessen Bevölkerung schon seit einiger Zeit von einer neuen Frömmigkeit erfaßt worden ist und darauf begeistert, ja überschwenglich reagiert, davon weiß oder ahnt von den fremden Herren in der kleinen herzoglichen Karawane niemand auch nur das geringste. Es geht um eine Fülle von religiösen Erweckungen und Glaubenserfahrungen, wie sie diese Juden hier bisher nicht gekannt haben. Und nicht wenige von ihnen träumen sich hinein in eine Endzeitstimmung ohne Erdenschwere ...

Die Begeisterten heißen *Chassidim.* Und sie bilden Gemeinden um ihre *Zaddikim.* Das sind nicht allein ihre Meister und Lehrer, das sind vor allem Erleuchtete und Geisterfüllte. Man hört oder sieht selbst, daß sie Zeichen tun, gelegentlich Wunder, mindestens aber viel Gutes, Sonderbares. Immer neue Wellen gehen von ihnen aus, Wellen der Gottesliebe und Gottgefälligkeit, der neuen Treue zum alten Bund, Bewegungen eines zuweilen bis ins Skurrile reichenden, heiligmäßigen Tuns. Fast hundert Jahre wird es so sein, so bleiben.

Als Hauptfiguren in unzähligen Geschichten machen diese Rabbis (jiddisch: Rebbes) bei ihren Chassidim die Runde.

So fragt in einer winzigen Geschichte der *Baalschem* seine Schüler:

Ihr wißt, was die Menschen sagen, nämlich: Die Wahrheit geht über die ganze Welt. Was bedeutet das?

Keiner antwortet.

Da gibt er sich selber zur Antwort: Das bedeutet, daß die Wahrheit von Ort zu Ort verstoßen wird und weiterwandern muß.

Der *Baalschem* ist der größte und wunderbarste Zaddik gewesen. Eigentlich hieß er Israel ben Elieser und verstarb schon 1770. Er ist es auch gewesen, der die chassidische Frömmigkeit zum Leben erweckt hat.

Die Begeisterten nennen ihn nicht nur *Baalschem*, auch, mit noch mehr Ehrerbietung und Verehrung, *Baalschemtow.*

Jener Schüler, der seinen Lehrer *Baalschem* noch übertrifft – doch nur in logischer Schärfe und heiligem Wahnwitz –, heißt Rabbi *Dow Bär* oder auch der *Große Maggid.* Der *Große Maggid* hat dreihundert Schüler.

Laut und tief – wie einen Lehrsatz – hämmert er ihnen ein: Mit Lügen kommt man durch die ganze Welt, aber nicht mehr zurück.

Daß sich die chassidische Gläubigkeit räumlich nicht auf Galizien beschränkt, läßt sich von den Ortsnamen ablesen, die den Chassidim zur Unterscheidung und Kennzeichnung einiger ihrer Zaddikim dienen:

Rebbe Levi Jizchak von Berditschew –

der *Seher* von Lublin –

Rebbe Mandel von Witebsk –
Rabbi Schmelke von Nikolsburg –
Der *Raw* von Kowno –
Rabbi Nachum von Tschernobyl –

Seit einer Weile sind hinter den Reisenden nun auch die jüdisch-galizischen Schtetl entschwunden. Zügig geht es vorwärts nach Norden. Dann nach Nordwesten. In jedem Fall – davon haben sich die Herren, eine Landkarte herumreichend, überzeugt – verläuft jetzt ihre Chaussee nach Tschenstochau parallel zur Oder, im Abstand von gut zehn Meilen. Den Strom selbst werden sie erst in Breslau wiedersehen.

Was Goethe nunmehr wahrnimmt, ist unterbrochene Flur. Sehr wenige Gehölze. Auch einzelstehende Bäume kommen selten in Sicht. Allein die polnischen Ortschaften liegen im Schatten von Blätterdächern. Linden, wilde Birnbäume, alte hohe Pappeln, Erlen. Zwischen den Gehöften haben nur kleine Blumen- und Obstgärten Platz. Von den krummen Ästen der Pflaumenbäume fallen überreife Früchte lautlos ins Gras, einige rollen bis auf die Chaussee. Platzt dabei die blaue Haut auf und kommt das helle Fruchtfleisch zum Vorschein, schwirren im Nu die Wespen heran, die vorher niemand wahrgenommen hat.

Zu jedem Dorf gehört eine beachtliche Hutweide. Auf dieser Weide schlummert ein Meer von Gänsen. Wie frischgefallener Schnee. Gelegentlich bewegen sie sich geruhsam vom Fleck, in Scharen mit hellem Geschnatter. Irgendwo sitzt ein Hütejunge. Er pfeift nach seinem herumstromernden Hund. Der stellt sich taub.

Hin und wieder gibt es auch äußerst große Ackerschläge, Felder, deren Ende man nicht sieht. Latifundien. Domänen. Vorwerke. Sie gehören polnischen Adligen, deren Herrenhäuser weitab liegen, in riesigen alten Parks, in der Tiefe des Landes. Nahe der Grenze haben die Felder eher die Form von Beeten, lang und schmal. Der unwahrscheinlich niedrige Horizont im Osten wird gelegentlich von Schornsteinen, die wie Fabrikschornsteine ausschauen, überragt.

Goethe kommen sie doppelt so hoch wie mittlere Kirchtürme vor. Ungläubig erkundigt er sich bei Reden darüber.

Reden entgegnet, daß es sich wirklich um eine Täuschung handele. Übrigens, diese Schornsteine seien entweder Ziegeleischornsteine oder – die nicht ganz so hohen – Rauchabzüge von Schnapsbrennereien.

Dann müssen alle schmunzeln.

Ein hochbeladener Karren kommt ihnen entgegen, ein Warentransport. Vorgespannt sind viermal zwei kleine Panjepferde. Neben ihnen her laufen vier junge jüdische Pferdeknechte: in Hemdsärmeln, barfüßig, aber mit Kopfbedeckungen, nämlich mit schwarzen trichterförmigen Strohhüten. Fortwährend plaudern sie miteinander. In einem Gemisch von Jiddisch und Wasserpolnisch. Das Laufen und Pferdeantreiben scheint sie überhaupt nicht zu ermüden, obgleich Rinnsale von Schweiß unter den Hutkrempen hervorsickern. Dann, beim Passieren der Kalesche, lächeln alle vier verschämt den hohen Herren zu. Immer im Laufschritt.

Goethe lächelt zurück. Aber mit angehaltenem Atem.

Eine einzige unsichtbare Wolke von Knoblauchduft umschwebt den Transport, wandert mit ihm davon.

Der berühmteste polnische Wallfahrtsort Tschenstochau (in der Landessprache: Częstochówa) ist mit starken Mauern umgeben wie eine Festung. Von fernher zieht die Nacht auf. Jetzt, da man die Rathausturmuhr schlagen, die Klosterglocken vernehmlich über die Dächer bimmeln hört, werden auch noch die letzten Stadttore geschlossen. Aber am Krakauer Tor stehen die Diener Paul Götze und Zielonka Alfons munter, scharfäugig, und reden behutsam auf die beiden polnischen Torwächter ein. Anfänglich wollten die Wächter nicht hören, aber inzwischen sind sie um etliche Groschen reicher geworden, nun schon um mehrere Batzen, was zusammen fast einen Gulden macht.

Endlich hört man Pferdegetrappel und Räderrollen sich nähern. Die Kalesche des Herzogs. Schnurgerade hält sie auf das Krakauer Tor zu.

Da fliegen, rechtzeitig genug und weit genug, beide Torflügel auf.

8

Auf ihrer Reise von Breslau nach Krakau und zurück haben die Herrschaften nirgends so opulent zu Abend gegessen wie in diesem polnischen Gasthof, wo sie dank ihren Quartiermachern zum vorletzten Mal gemeinsam abgestiegen sind.

Um Graf Reden, der sie in seinem Haus in Tarnowitz untergebracht und gut bewirtet hatte, nicht zu kränken, loben Goethe und sein Herzog den Gastwirt (der mit ihnen englisch und französisch spricht) ziemlich zurückhaltend. Später jedoch, bei einer Gelegenheit unter vier Augen, bedankt sich jeder einzeln, etwa für die frischen Flußkrebse nach Art des Hauses, den süß-sauer eingelegten Wildkaninchenrücken oder die Blaubeerspeise mit zerkleinertem Scheibenhonig aus der Waldernte, mit frisch geschlagener Sahne …

Nachher zieht sich der Herzog bald auf die für ihn vorbereiteten Fürstenstuben zurück, mit der Bitte an Goethe, ihm noch etwas Gesellschaft zu leisten. Es dreht sich nämlich darum: Serenissimus hat unterwegs endlich den *Tasso* gelesen, ja ausgelesen. Jetzt soll ihm Goethe das eine oder andere verdeutlichen. Wenn man schon den Autor zur Seite hat, dem man gerade seine Lektüre verdankt, *muß* man fragen.

Dabei möchte Reden freilich nicht stören. Er kennt,

bedauerlicherweise, Goethes im späten Frühjahr ausgelieferten Band 6 mit dem *Tasso* noch nicht einmal von außen. Doch ehe sie nach Krakau aufgebrochen waren, hatte Reden, über seinen Buchhändler auf der Schweidnitzer Straße in Breslau, alle acht Bände der neuen Ausgabe bei Göschen (Leipzig) bestellt, wo zumindest sechs mit dem Band *Tasso* zum Schluß, sicherlich schon auf den Abholer warten.

In der zweiten, nach hinten gelegenen Fürstenstube macht August seinen Freund Wolf zunächst auf seine fürstliche Bettstatt aufmerksam, über die man ein echtes Bärenfell ausgebreitet hat. Wie auf Kommando beugen sich beide in derselben Sekunde vor, streichen bewundernd und vergnügt über das außerordentlich dichte, schmiegsame Fell, selbstverständlich *mit* dem Strich, und als sie sich wieder emporrichten, lachen sie unbekümmert auf wie vormals in ihren Jugendjahren.

Dann sprechen sie anderthalb Stunden über *Tasso.*

Kurz vor elf betritt Goethe seine Stube, in der es nach Bienenwachs duftet, da ein dreiarmiger und mit dicken, goldgelben Kerzen bestückter Leuchter brennt. Paul sitzt auf einem hochlehnigen Stuhl, hat sichtlich auf seinen Herrn gewartet und reibt sich jetzt schnell die Augen. Er hilft Goethe aus Rock und Stiefeln und wird erst richtig munter, als ihm Goethe von dem einzigartig prächtigen polnischen Bären erzählt, der seine Haut zu Markte tragen mußte, aber sie bestimmt so teuer wie möglich verkauft habe.

Paul spricht vom ewigen Unglück des friedlichen Bärenvolkes und wischt sich mit dem Handrücken zwei kugelrunde Tränen fort.

Goethe, nun bequem in Casaquin, Schlafhose und abgetragenen Samtpantoffeln, vermerkt noch einiges in seinem Notizbuch – bevor er aus seiner ledernen Reisetasche den Band *Tasso* herausnimmt. Dann wechselt er den Platz, ohne es recht wahrzunehmen, bleibt nun auf dem hohen Rand seines Bettes sitzen, blättert in den ersten Seiten.

Vorhin hatte er dem Herzog erzählt, diesen gedruckt vorliegenden *Tasso* habe er im März oder April 87 auf hoher See geschrieben.

Das heißt: Die beiden ersten Akte hätten schon seit rund zehn Jahren vorgelegen, in poetisch weichgezeichneter Prosa. Nun, nach zehn Jahren, habe ihm der Anfang des Schauspiels nicht mehr behagt. Da habe er sich für ein festes Versmaß entschieden und den vorhandenen Text umgeprägt: lauter Blankverse, exakt fünfhebig, vergleichsweise wie mit einem harten, gutzugespitzten Bleistift geschrieben, einer wie der andere. Auf diese Weise seien dann auch die Akte drei bis fünf entstanden.

Und den Anstoß dazu habe damals das ungünstige Wetter gegeben, ja der Gegenwind sei so verdammt stark gewesen, daß ihr Schiff für die Fahrt von Neapel nach Palermo volle sechs Tage gebraucht hätte. Eine Korvette übrigens, in Amerika gebaut, schnellsegelnd. Eines der ersten Schiffe mit Einzelkabinen. Damals seien hauptsächlich Operisten und Tänzer an Bord gewesen, die wie er nach Sizilien hinüber gewollt hätten.

Dem Herzog war einiges davon nicht mehr neu.

Doch daß Goethe gleich nach der Ausfahrt des

Schiffes seekrank geworden war, davon erfuhr Karl August auch diesmal kein Wort.

Goethe hatte also diese Tage in horizontaler Lage verbracht, aber schreibend, sich aus seiner schönen Einzelkabine kaum auf Deck gewagt und außer weißem Brot und rotem Wein nichts an Speisen und Getränken zu sich genommen. Das alles zusammen war es wohl, das jenes seltsame feine Glühen seines Bewußtseins verursacht und als ein noch nie verspürter Reiz auf seine Schreibarbeit eingewirkt hatte.

Bisweilen war auch ein anderer Eindruck vorherrschend gewesen: Etwas, das in Gefahr war, abzustürzen, konnte sich dennoch leicht in der Schwebe halten.

Erinnerungen.

War da nicht einer namens Kniep? Schon in Rom hatte er Kniep gewissermaßen als seinen Reisebegleiter angeheuert. Einen Zeichner und Landschafter aus dem Kreis von Tischbein, Hackert und Co. Kniep fehlte es immer am nötigen Geld, und darum war er sehr froh, daß jener, mit dem er nun auf dem Schiff nach Sizilien fuhr, für seine, Knieps, Reisekosten großzügig aufkam. Später revanchiert sich der Mann und überläßt dem enthusiastischen Herrn aus Weimar einige von seinen besten unterwegs entstandenen Blättern, zum halben Preis.

Besonders an Bord zeichnete Christoph Heinrich Kniep mit der ihm angeborenen Leichtigkeit und unaufdringlichen Eleganz die Umrisse der Küsten, der Inseln, der kleinen Fischerhäfen.

Die erste Nacht. Wie hell sie war durch eine klare

Mondscheibe. Dann der einzigartige Augenblick an Deck, *da nun kein Land mehr zu sehen war.*

Der Horizont ringsum ein Wasserkreis.

Erinnerungen.

Wenn ihm Kniep, auf dessen Appetit die Wellen keinen Einfluß hatten, Wein und Brot brachte, erwähnte er ausführlich die vorzügliche Mittags- oder Abendtafel und übermittelte ihm stets das Bedauern des jungen tüchtigen Kapitäns, daß die *Eccellenza* aus Germania die leckeren, auch für ihn, Goethe, jeden Tag neu bereitgestellten Portionen nicht mitgenießen könne.

Anlässe für Späße und Schadenfreude.

Am vierten Tag, noch in dunkler Morgenfrühe, setzte dann ein heftiger Sturm ein. Der neapolitanische Kapitän, umsichtig, entschlossen, ließ alle Segel reffen. Das Schiff schwebte auf den hohen Fluten.

Erst am Spätnachmittag flaute der Sturm deutlich ab.

Als sie schon auf Palermo zuhielten, verbesserte sich der Zustand des Seekranken leidlich. Kniep sichtete als erster eine Gesellschaft von Delphinen. Es war ein so herrlicher Anblick, daß ihn der Dichter, kaum daß er davon gehört hatte, nicht versäumen wollte. Kniep griff ihm unter die Arme, half ihm aus der Koje, stützte ihn kräftig beim Treppensteigen und expedierte ihn so hinauf aufs Deck.

Die Delphine begleiteten die Korvette zu beiden Seiten des Vorderstevens. Oder sie schossen ein Stück voraus, überdeckt von klaren durchscheinenden Wellen. Und wenn sie wendeten, sprangen sie hoch in die Luft, und die Luft blitzte.

Erinnerungen.

Höchst merkwürdig war auch, daß es hier, tief im Süden, bei klarster Sonne eine dunstreiche Atmosphäre gab. Vielleicht ragten die beschatteten Felsklippen darum in schönstem Blau auf.

Hatte ihn dies nicht zu einem Satz angeregt, den er noch immer auswendig weiß?

Ein klarer Duft blaute alle Schatten.

Goethe im Tschenstochauer Gasthof auf dem Bett sitzend, schaut eine Weile über seinen aufgeschlagenen Band hinweg ins Leere. Aus diesem südlichen Blau, erinnert sich der Schreiber des Stücks, ging damals die Vision von *Belriguardo* hervor, dem Bühnenschauplatz des *Tasso.* Die Atmosphäre des Lustschlosses wie die seines herrlichen Parks war gleichsam durchtränkt von dieser blauen Farbe.

Daneben hatte sich die erste Fassung nahezu grau ausgenommen.

Jetzt blättert Goethe weiter, sucht nach fünf bestimmten Blankversen und hat sie schon.

Der Gärtner deckt getrost das Winterhaus
Schon der Zitronen und Orangen ab.
Der blaue Himmel ruhet über uns,
Und an dem Horizonte löst der Schnee
Der fernen Berge sich in leisen Duft.

In diesem Moment hält Goethe sie für die schönsten Verse des Schauspiels. Weil sie nichts angenommen haben von der Heillosigkeit des Dichterschicksals.

Weil sie rein geblieben sind, unberührt von den verschlungenen, verzehrenden, verzwickten, verzweifelten menschlichen Leidenschaften.

Durchlaucht der Herzog hatte Goethe vorhin in den Fürstenstuben während des Gesprächs über *Tasso* einige Male mit seinen Ansichten überrascht. Anfänglich sah natürlich auch er im Weimarer Hof eine Art Muster für die Konstellation auf Schloß Belriguardo. Aber schon bei Alfons dem Zweiten, Herzog von Ferrara, fing sie an: die Unmöglichkeit der Gleichsetzungen nämlich, die bloß die alleroberflächlichsten sein konnten.

Zum Beispiel: Nur wenn er blind vor Ichsucht oder größenwahnsinnig wäre, sagte August zu Wolf, könne er womöglich glauben, er habe Modell gestanden für den weisen, abgeklärten und herzensmilden Alfons, Herr auf Belriguardo und Herrscher über ein Herzogtum wie das berühmte, steinreiche Ferrara.

Eigenartig, die Figur des Staatssekretärs Antonio beeindruckte August durchaus nicht in dem Maß, wie es Wolf erwartet hatte. August interessierte sich plötzlich und weit eingehender für den doch ziemlich exaltiert und reichlich schwankend angelegten Dichter Tasso. Schließlich verblüffte August den Dramatiker noch mit den Sätzen:

Es ist eine Dummheit, für die ich gleich um Pardon bitte, wenn ich behaupte, in diesem deinem Schauspiel, Wolf, wird *zuviel* geredet. Andererseits freilich stellt man Schauspieler nicht eigens auf die Bretter, damit sie dort oben Maulaffen feilhalten.

Wolf lächelte vielsagend, denn eine Antwort mußte er momentan schuldig bleiben. Doch damit August nicht das letzte Wort behielt, sagte er:

Ich halte mich durchaus nicht für maßgebend, mein Bester, aber was ist nun der eigentliche Sinn des *Tasso*? (Hier legte er eine nachdenkliche Pause ein.) Ich meine, die Disproportion des Talents mit dem Leben.

Eine randscharfe Bemerkung, die Wolf sich beizeiten zurechtgelegt hatte.

Er hoffte – immer dann, wenn es ihm notwendig erscheinen sollte, eine Unterhaltung über den *Tasso* abzubrechen –, mit dieser zugeschliffenen Bemerkung gescheiten oder dummen Diskutanten das Wort wie mit einer Klinge, frisch vom Schleifstein, einfach abzuschneiden, ja, sie damit zum Verstummen zu bringen.

Bei August bewährte sich Wolfs Methode. Auf seine anspruchsvolle wie knappe Sinnsetzung wußte *Durchlaucht der Herzog* rein nichts zu erwidern. Aber er nickte zweimal mit dick aufgesetzter Heiterkeit und griff dann spielerisch nach seinen Handschuhen, zum Zeichen, daß der Schreiber des Stücks sich jetzt entfernen dürfe.

Während es tiefer und tiefer Nacht wird in Polen und immer stiller rings um den Gasthof, liest Goethe mehr als die Hälfte seines Schauspiels über den Dichter aus der Renaissance – den es geschichtlich gab, der aber dem Bühnen-Tasso nicht glich, nicht mit seiner Biographie. Dabei muß sich Goethe ständig zwingen, genau zu lesen, das heißt, mit gesammelter Phantasie und gesammeltem Kunstverstand, Seite für Seite. Denn oft fühlt er sich versucht, das ihm durch und durch Bekannte und Geläufige halb gedankenlos zu überfliegen.

Je weiter Goethe liest, desto mehr findet er das

Urteil des Herzogs zutreffend. In der Tat, es wird nachgerade haltlos geredet, und dieses Reden ergibt sich aus dem ständigen Rapport von fünf Personen über die Vorgänge in ihrem Inneren und Innersten. Besser wäre es wohl gewesen, er hätte manches nur durchblicken lassen, dem Leser (Zuschauer) mehr Raum zum Denken und Rätseln gegeben, ja er hätte an die Stelle von sprichwortartig geprägten Lebensweisheiten oder von Analysen schwieriger Seelenlagen eben nur Andeutungen und Anspielungen gesetzt und auf diese Weise gezeigt, wie heillos es ist, ein Dichter zu sein; wie sich das Psychische durch das Höfische gekränkt und gefesselt fühlt und wie das Durchschauen des Höfischen erniedrigen kann …

Nachdem am Ende des vierten Aufzugs Antonio, der Staatssekretär und Gegenspieler Tassos, den gekränkten Dichter allein läßt, monologisiert der vielleicht Dreiundzwanzigjährige folgendermaßen:

> Ja, gehe nur, und gehe sicher weg,
> Daß du mich überredest, wie du willst.
> Ich lerne mich verstellen, denn du bist
> Ein großer Meister, und ich fasse leicht.
> So zwingt das Leben uns, zu scheinen, ja
> Zu sein wie jene, die wir kühn und stolz
> Verachten konnten. Deutlich seh ich nun
> Die ganze Kunst des höfischen Gewebes.

Längst ist es Goethe aufgegangen, daß das Urteil des Herzogs bloß beschränkt gilt. Mit anderen Worten: Hier wird vieles außer acht gelassen, was bei einer Gesamtbeurteilung unbedingt berücksichtigt werden müßte.

Er denkt an Schuckmann, den neuen Freund in Breslau. Er hört ihn noch einmal ausrufen:

Diese Kunst der Stimmführung! Ein herrliches Schweben und Weben. Und, liebe Leute, diese wundersame Sprache!

Und Henny wiederholt: Ach, dennoch! Der Tasso kann einem schon leidtun.

Und wie ging es dann weiter?

Henny war ein Lapsus aufgefallen. Gewiß, nichts Schwerwiegendes. Immerhin, außer ihr hatte ihn noch niemand bemerkt. Dem Autor des *Tasso* war es entgangen, daß er zu Beginn des *Dritten Aufzuges* versäumt hatte, eine Ortsbezeichnung anzugeben. Goethe prüfte die betreffende Seite sofort nach. Und Henny hatte recht! Für den *Zweiten Aufzug* war ein *Saal* vorgesehen. Aber dieser Saal sollte nun durchaus nicht auch noch den Schauplatz für die Szenen des *Dritten Aufzuges* abgeben! Für diesen hatte ihm damals der Park mit seinen grünen Winkeln und Verstecken und seinem spielenden grünen Licht vorgeschwebt.

Goethe blättert in seinem Exemplar, überprüft, was er längst nicht mehr anzweifelt. Die Fehlerstelle ist ihm geradezu lieb geworden.

Erster Aufzug: Gartenplatz

Zweiter Aufzug: Saal

Dritter Aufzug: ?

Vierter Aufzug: Zimmer

Fünfter Aufzug: Garten

Goethe wischt sich auf einmal mit seiner ziemlich großen, aber geschmeidigen Hand über die Augen.

9

An Reden haben wir einen sehr guten Gesellschafter. Ja ich schätze und liebe ihn und habe herrliche Tage und Nächte an seiner Seite verlebt …

Das steht in einem Brief, den Goethe tags darauf frühzeitig an Fritz von Stein in Weimar schreibt. Fritz ist der jüngste von Charlottes Söhnen und Goethes Liebling. Jahrelang hat er ihn unterrichtet, in vielen Disziplinen, zwar nicht so regelmäßig und streng wie ein Hauslehrer, dafür aber mit Liebe, Eifer, verwegener Pädagogik und himmlischer Geduld. Und nun ist Fritz achtzehn, und was hofft er ernstlich? Er hofft, vom Herzog protegiert, demnächst im Breslauer Ministerium des Grafen Hoym zu volontieren und dann, nach seinen Ausbildungsjahren, in der preußischen Verwaltung sein Glück zu machen.

Goethe spürt, daß etwas in ihm heraufzieht wie eine Wetterwand. Sein Bewußtsein verdüstert sich. Paul ist anwesend und packt schweigend die große Reisetasche. Goethe stellt sich ans Fenster. Von hier hat er einen Blick auf die Dächer von halb Tschenstochau. Über ihnen blaut der Morgenhimmel, leicht verschleiert.

Diesmal hat *Durchlaucht der Herzog* seine Herren zum Frühstück eingeladen. Im Erker der vorderen Fürstenstube hat man einen runden Tisch gedeckt.

Goethe und Reden begegnen einander auf der Treppe. Beide stecken in hellen, anliegenden Reithosen nach englischem Schnitt und in hohen kalbledernen Stiefeln mit festgeschnallten, versilberten Sporen. Dazu tragen sie gutsitzende, zweireihige Reitröcke, Reden einen in Dunkelgrün, Goethe einen dunkelbraunen. (Im Grunde könnte man sie auch als Reitfräcke bezeichnen, denen allerdings die Frackschöße fehlen.) Der Herzog ist wie gewöhnlich in Uniform, steht neben dem runden Tisch und hat die Arme unmilitärisch über der Brust verschränkt. Als die Zivilisten in Reitkluft eintreten, korrigiert er rasch seine Haltung und erwidert freundlich knapp ihre Verneigungen.

Nach dem Morgenmahl ist ein Besuch der Tschenstochauer Wallfahrtsstätte geplant. Das Kloster liegt auf der Anhöhe Jasna Góra und ist vom Gasthof leicht zu Fuß zu erreichen. Der Herzog runzelt seine blonden struppigen Brauen, als Goethe erklärt, er fühle sich seit dem Aufstehen unwohl und bitte Durchlaucht, ihm die Teilnahme an der Besichtigung zu erlassen.

Karl August drückt sein Einverständnis mit einem einzigen Wort aus. Aber er setzt noch hinzu:

Schrims hat Befehl, sich mit den Pferden und Ordonnanzen um viertel neun an der Eingangstreppe zu postieren.

Als Goethe seine Giebelstube noch einmal betritt, kommt sie ihm unangenehm leer vor. Paul Götze ist längst ausgeflogen. Nicht einen Krümel hat er einzupacken vergessen. Was er an einem Reisemorgen tun muß, geht bei ihm wie am Schnürchen.

Um diese Stunde dürfte sich Paul mit den beiden

anderen Kammerdienern als verantwortungsvoller Quartiermacher schon mitten auf dem Weg zum nächsten Übernachtungsort befinden, der Kreuzburg heißt.

Goethe breitet auf seinem Tischchen Redens Landkarte von Schlesien aus. Leider ist sie durch jahrelange und häufige Benutzung an den Faltkanten brüchig oder bereits rissig geworden. Doch die Abnutzungserscheinungen stören im Moment kaum, Goethe braucht nicht lange zu suchen. Kreuzburg, eine Kreisstadt, liegt rechts der Oder, doch weit von der Oder entfernt.

Um das winzige, die Stadt symbolisierende Rechteck nicht gleich wieder aus den Augen zu verlieren, drückt er lässig seinen Zeigefinger auf die Stelle. Rings um diesen Punkt wandern und kreisen einige Male seine Augen. Goethe interessiert sich für das geographische Umfeld mit seinen Namen, Abkürzungen, Zahlen und Zeichen. So etwa sucht er nach Zeichen von Frischfeuern, Hohen Öfen, Kalkwerken, Eisenhütten, Steinbrüchen. Da fallen ihm die Kreuzburgerhütte und die Hütte von Malapane ins Auge. Hat Graf Reden nicht von ihnen erzählt?

Dann schätzt Goethe die Entfernung Tschenstochau–Kreuzburg über den Daumen und gibt seinem Herzog recht. Diesmal haben sie wohl die längste Etappe ihres Rückweges vor sich.

Er öffnet sein hochgelegenes Giebelfenster.

Mehrere Gassen und Fußsteige führen hinauf zum Kloster. Vorhin bei der Morgenmahlzeit hatte Reden ihm aus einem der Erkerfenster den hohen schlanken Turm der Abtei gezeigt. Ein weithin sichtbarer Orientierungspunkt. Zum ersten Mal, erinnerte sich Reden, sei er von seinem polnischen Vetter zu einer Besichtigung der Klosterkirche mitgenommen worden. Und er merkte noch an, daß es sich bei diesem Kloster um eine Gründung der Brüder vom Orden des Heiligen Paulus des Eremiten handele. Die hätten schon während der Tatarenzeit ihr Kloster uneinnehmbar befestigt. Seit vierhundert Jahren werde die *Schwarze Madonna* von dieser Mönchsbruderschaft gut verwahrt.

Trotz der weiten Sicht von seiner Fensterbank aus, bleibt Goethe der Einblick in jene Gassen, die zum Kloster führen, und wo es jetzt schon von Gläubigen wimmeln muß, versagt. Wenn er sie auch nicht zu sehen bekommt, die Wallfahrer, so vernimmt er doch von nah und fern ihren Gesang. Gewaltige Scharen von Büßern und Beterinnen befinden sich mehr oder weniger kurz vor ihrem Ziel. Nach den hohen Stimmen zu urteilen, sind es mehr weibliche als männliche Pilger. In den wärmeren Monaten des Jahres hat man sich in Tschenstochau auf tausend Wallfahrer täglich einzurichten. Manchmal sollen auch Tausende und Abertausende kommen. Sogar russische Pilger unter ihnen.

Da beim Anstieg zum Kloster zwischen den vielen Gruppen und Reihen der Wallfahrer oftmals Lücken entstehen, die Gruppen auseinanderfallen, die Reihen abreißen, kommt es zu keinem klaren, taktfesten Chorgesang.

Die polnischen Marienlieder ... lateinische Litaneien und Sequenzen ... die Anrufungen Gottes, des Gottessohnes, der Jungfrau Maria und aller Heiligen ... zwischendurch wiederkehrende Gebete, die mit *Ave Maria* beginnen ... Während die Wallfahrer immer wieder aufgehalten, dann wieder vorwärtsgestoßen werden, schleppen sie, zerren sie doch gleichsam ihr lautes Singen und Beten mit sich.

Goethe, eher norddeutsch kühl als süddeutsch warmherzig, wenn es um das *Religiöse* geht, gibt sich gewöhnlich tolerant. Auch wenn er sich ab und zu schon mal als *Heide* bezeichnet. Das muß man nicht so ernst nehmen. Aber geht ihm heute dieses leidenschaftlich fromme, ungezügelte wie inbrünstige, leicht Tränen vergießende Volk in seinem Mitleid und Selbstmitleid womöglich doch zu weit? Hat er sich vielleicht deshalb morgens dispensieren lassen?

Ja und Nein.

Goethe kennt einige dieser Pilgerorte und hat die Erfahrung gemacht, daß der Anblick von massenhaft zusammengekommenen Krüppeln und Bresthaften sein psychisches Gleichgewicht in ein gefährliches Schwanken versetzen kann. Geistig schwer Zurückgebliebene, dämonisch Besessene, Gichtbrüchige und Verseuchte, Kinder mit Mißbildungen von Geburt an, Blinde und Lahme, womöglich mit offenen Geschwüren – all diese Bilder können ihn für Tage in ein düsteres, lähmendes Brüten versetzen, ihm das Existieren von Grund auf verleiden.

Sein wunder Punkt.

Spät, fast im letzten Moment, ist es ihm eingefallen, daß er hier, wenn er sich unter die Wallfahrer gemischt hätte, wieder mit all dem Elend und Jammer der Menschen in Berührung gekommen wäre.

Denn, natürlich, dieses berühmteste Heiligenbild der katholischen Christenheit im Osten ist ein *wundertätiges* Bild.

Goethe ist pünktlich. Als er auf die Treppe vor dem Gasthof hinaustritt, stellt er fest, daß auch der Weimarer Eskadronchef Schrims die Pünktlichkeit schätzt. Neben der Treppe warten und scharren sieben Reitpferde. Und zwischen ihnen stehen drei Ordonnanzen (die wohlbekannten Husaren) und halten sie am Zügel oder Zaumzeug fest.

Herzog und Graf verspäten sich um wenige Minuten. Der mit den dicken, geröteten Backen ist etwas außer Puste, dennoch gibt er unverzüglich das Zeichen zum Aufsitzen. Fast militärisch steigen alle sieben gleichzeitig in die Bügel, schwingen sich in die Sättel und nehmen eine sehr aufrechte Haltung ein. Kavaliere wie Kavalleristen. Der Herzog ordnet an, daß sie zunächst in Formation reiten werden.

Reden an der Tête.

Schweigend verlassen die Reiter Tschenstochau durch das Stadttor im Westen, das auch Lublinitzer Tor heißt. Denn von hier führt eine neue Chaussee (die von preußischen Landmessern nach der *Schnur* angelegt worden ist), auf direktem Weg, also schnurstracks, nach Lublinitz.

Um die Grenze zu erreichen, ist ein einstündiger, scharfer Ritt nötig. Dann nehmen die Herren das Tempo ihrer Pferde zurück, während Rittmeister Schrims und seine Husaren auf Befehl des Herzogs zu den Schlagbäumen, Zoll- und Schilderhäusern vorausreiten. Als Durchlaucht mit ihrem Gefolge anlangt, sind die Grenzschranken geöffnet und die wenigen Posten in russischen Uniformen nehmen militärische Haltung an. Auf der anderen Seite tritt die Wache in preußischer Montur unters Gewehr; der Wachhabende, ein Feldwebel, salutiert und macht seine Meldung. Schrims hat die Formalitäten zuverlässig erledigt und dem russischen Sergeanten als Zollgebühr einen symbolischen Heller entrichtet; ihm persönlich jedoch einen Beutel voll Tabak geschenkt, den der Herzog gestiftet hat.

Bald danach überholen sie die schon frühzeitig aufgebrochenen herzoglichen Kutschen. Diesmal befördern sie ausschließlich Gepäck. Da also die schlanken schwarzen Traber vor der Kalesche und das glänzend braune Gespann vor der Equipage heute weit weniger Mühe haben, kann Kutscher Haberland versichern, daß er und sein Kollega noch vor Sonnenuntergang in Kreuzburg eintreffen werden.

Wald nimmt sie auf. Rechts und links von der Chaussee scheint er undurchdringlich. Weit ausgedehnte Fichtenschläge wechseln mit nicht minder großen Kiefernpflanzungen ab. Das Unterholz ist oft mannshoch. Stets von neuem überragen riesige, uralte Fichtenexemplare diejenigen von mittlerem Wuchs. Manchmal sind sie auch breiter als hoch. Um die uralten Kiefern herum ist zumeist mehr Luft. Die größten erinnern an Mastbäume. Dann sagt Reden:

Wer in diesen Wäldern die Orientierung verliert, kommt eines schönen Tages womöglich in Warschau wieder zum Vorschein, womöglich in Witebsk. Das heißt: Wenn man ihn nicht als verschollen abschreiben muß.

Ähnliches, sagt Reden noch, höre er immer wieder bei Besuchen seines polnischen Vetters, der, gar nicht weit weg von hier, sechstausend preußische Morgen Wald bewirtschaftet.

Die Luft der Wälder ist außerordentlich rein, wohltuend balsamisch. Längst reitet die Kavalkade in aufgelöster Formation. Karl August erkundigt sich nach

Goethes Befinden. Der versetzt, das Reiten habe ihm schon als Jüngling stets körperlich gutgetan. Dazu nun diese Waldluft sondergleichen … Er fühle sich zusehends gekräftigt.

Was seit dem Erwachen in Goethe vorgeht und ihn beschwert, davon freilich sagt er kein Wort.

Unvermittelt kommt der Herzog auf die Tschenstochauer Madonna zurück.

Seltsamerweise besinne er sich nicht, sagt er zu Goethe gewandt, wie es dazu habe kommen können. Erst nach einem Moment von Geistesabwesenheit sei ihm bewußt geworden, daß er vor einem Bilde *kniee.* Ja kniee! Zum erstenmal in seinem Leben. Daraufhin habe er die *Schwarze Madonna* lange angeblickt. Ihr Gesicht sei nicht etwa negerschwarz, nur schwärzlich und so anziehend, daß man beinahe übersehe, wie es rings um dieses Gesicht von Gold und Juwelen funkele.

Goethe schaut schweigend geradeaus, über die Ohren seines Pferdes hinweg.

Reden habe ihm erklärt, fügt Karl August noch hinzu, woher dieses nicht landläufig schöne, aber äußerst zarte Mariengesicht seine berühmte Anziehungskraft habe. Das komme mit Sicherheit durch seinen byzantinischen Ursprung. Und obendrein sei das Bild auf Zedernholz gemalt. Zedernholz, Goethe!

Da fliegt doch etwas wie Heiterkeit kurz über Goethes Züge.

Unterwegs kommen sie irgendwann auf Friedrich von Schuckmann zu sprechen. Weil sie wiederum für eine Weile keine reitenden Zuhörer haben. Der Herzog möchte wissen, ob Goethe auch weiterhin der Ansicht sei, Schuckmann wäre eine vorzügliche, wenn nicht unerhörte Bereicherung des Geheimen Consiliums von Weimar, und man sollte ihn schleunigst berufen, bevor Berlin zugreife.

Goethe nickt versonnen.

Plötzlich warnt ihn sein Instinkt, es nicht bei einem zustimmenden Kopfnicken zu belassen. Er redet zehn Minuten über die montanwissenschaftlichen, administrativen, juristischen, schöngeistigen Kenntnisse und menschlich-gesellschaftlichen Vorzüge seines neuen Breslauer Freundes. Zweitausend Taler per anno müsse man ihm schon bieten. Ob er für zweitausend überhaupt zu haben sein werde, bleibe offen.

Der Schimmelhengst des Herzogs schnaubt laut auf und tänzelt zur Seite. Sein Reiter klopft ihm den Hals, bis sich der Hengst beruhigt.

Da tritt aus dem Hintergrund von Goethes Erinnerung mit einemmal Christiane hervor. Seine Christel. Sie erscheint aber gewissermaßen nicht leibhaftig, sondern als Bild. Als Bild von eines Zeichners Hand.

Es geht um jenes, das Goethe vor anderthalb Jahren auf einen starken Papierbogen mit Blei und Rohrfeder gezeichnet hat. Das Porträtieren gehört nicht zu seinen Stärken. Da macht Goethe sich nichts vor. Doch er weiß, was ihm *damals* gelang, kann sich sehen lassen.

Wahrscheinlich ist es Christianes hübscheste Seite, dieses von rechts festgehaltene Halbprofil, besonders, wenn sie den Kopf so hält, daß ihr die dunklen Locken in die Stirn fallen, daß rechts und links sogenannte Korkenzieherlocken ihre kleinen Ohren verdecken und ihr bis zu den Schultern reichen. Christianes Hals ist ihm wohl ein bißchen zu kurz geraten. Dafür hat er mit glücklicher Hand ihre Lippen so schattiert, daß es jeder spüren muß, wie schwellend elastisch sie beschaffen sind. Gerade setzt der Mund zu einem Lächeln an. Doch suchen dann ihre Augen nicht gleich wieder das Lächeln zu verheimlichen? Ist da nicht ein Anflug von Düsterkeit dabei, etwas von einer dunklen komplizenhaften Mitwisserschaft, wenn auch mit einer Spur von Selbstironie? Offen jedoch leuchtet in diesem Blick die Liebe zu ihrem Zeichner, rückhaltlos.

Da wird Goethes Sehnsucht nach Christiane so stark, daß ihm plötzlich ist, er lebe in den alten Zeiten, als das Wünschen noch geholfen hat. Sein einziger Wunsch: Daß Blanchard mit seiner Montgolfiere hier augenblicklich landen möge, um ihn an Bord zu nehmen und dann auf kürzestem Weg, der *Luftlinie* folgend (wie man sich neuerdings ausdrückt), nach Weimar zu bringen.

Nach und nach weicht der Wald zurück und gibt nun wieder den abgeernteten Fluren oder frischgepflügten Sturzäckern genügend Raum. Die Landschaft verliert ihr Unwirkliches, auch Versponnenes. Die Sieben zu Pferd reiten durch Weiler und Dörfer und machen an einem Waldrand halt.

Auf dem europäischen Festland kommt zur Zeit das englische PICNIC in Mode. Anglophile wie Goethe und Reden sind im Bilde, haben sich abgesprochen und ihre Diener rechtzeitig vorsorgen lassen. Der Herzog befiehlt seinen Husaren, den nächsten Gasthof aufzusuchen, um sämtliche Pferde ordentlich zu füttern und zu tränken. Spätestens in zwei Stunden habe sich Schrims mit seinen Leuten und mit sehr zufrieden dreinschauenden Gäulen hier, an diesem Ort, zurückzumelden.

Die Herren machen steife Schritte, dehnen und strecken sich und breiten schließlich ihre zusammengerollten Reiterplaids auf dem sandigen Grasboden aus. Der Platz am Waldrand ist gut gewählt. Man sitzt hier jedenfalls weicher als im Sattel. Und noch einmal finden sie den Tschenstochauer Gastwirt famos, während Reden vertretungsweise den Wirt spielt und austeilt, was man ihnen mit auf den Weg gegeben hat: ein fast helles Roggenbrot, Schinken, kalten Braten, eingelegte Gurken, Eiersalat, einen echten fast noch warmen Plumpudding in einer gläsernen Schüssel und – in einem mit Lumpen und Heu ausgepolsterten Sack – ein halbes Dutzend Flaschen Rotwein. Halbbewußt genießen sie das Ungebundene und Ungezwungene der *Fahrenden* von einst, während sie sich selbst bedienen, Hunger und Durst unter freiem Himmel stillen.

Nachher macht sich Reden zu einer nahegelegenen Sandgrube auf. Im Vorüberreiten seien ihm sonderbar rostbraune Sandschichten aufgefallen. Auch das Bedürfnis, sich die Beine zu vertreten, spiele bei ihm mit.

Der Herzog ist bei der zweiten Flasche Rotem angelangt, sinniert vor sich hin.

Alle Lösungen, die ich mir später ausgedacht habe, sagt er halblaut, ohne den Kopf zu wenden, an Goethe vorbei, alle reichen an unsere erste Übereinkunft nicht heran. Also soll es dabei bleiben.

Goethe schaut zu seinem herzoglichen Freund hinüber.

Vielleicht fallen die Würfel schon morgen abend? versetzt er und hebt dabei die Stimme. Auf alle Fälle aber werden wir übermorgen klüger sein.

Er atmet tief ein und aus.

Ich gebe zu, die Vorstellung von einem Jahr Urlaub in Schlesien, wo ich mich zu verloben und zu verheiraten habe, ist für mich noch immer recht seltsam, etwas verwirrend, tut mir aber ebenso weh als wohl. Und im *Conseil* wird mich womöglich schon bald Schuckmann vertreten! (Ja warum nicht?) Und Schwager Vulpius, der ja nie mein Schwager gewesen, und Christiane mit dem vielleicht einjährigen lieben Burschen August haben dann die Grenze zum Preußischen passiert und versuchen, in einem Berliner Randbezirk heimisch zu werden. Und ich empfehle mich der Demoiselle mit Abschiedsbriefen und Zahlungsanweisungen an das Bank- und Handelshaus Hubschmid, Berlin, Charlottenburg.

Jetzt schaut Karl August zu Goethe auf:

Ein volles Jahr Zeit geben wir dem Gras in Weimar, Wolf, um über deine lockere erotische Bindung zu wachsen. Und wehe ihm, es wächst nicht!

Daraufhin Goethe, nachdenklich, bedächtig:

Das eigentlich Unverständige sonst verständiger Menschen ist, daß sie nicht zurechtzulegen wissen, was ein anderer gesagt, aber nicht getroffen hat, und wie er's hätte richtig sagen sollen.

Ungefähr ahne ich, versetzt August, wohin deine Haarspalterei führen soll.

Da richtet sich Wolf auf und erklärt mit gewohnter Lautstärke: Ich habe nicht gesprochen, um eine Antwort zu hören, sondern um gesprochen zu haben.

Der Herzog zuckt zusammen. Beherrscht sich. Aber sein Gähnen kann er nun nicht länger zurückhalten. Die Augen fallen ihm zu. Er reißt sie gleich wieder auf und flüstert:

Merk ihn dir gut, Wolf. Präg ihn dir tief ein, den 1. September anno 91, Schlag elf. Denn da hast du mit deiner zur Rechten angetrauten Frau, der charmanten née Lüttwitz, bei Hofe zu erscheinen. Um deinem Herzog und Gebieter endlich wieder zur Verfügung zu stehen! Das heißt, dem Herzogtum Sachsen-Weimar. Ich hoffe, bis dahin ist euer Haus am Frauenplan fertig zum Bezug.

Der Herzog muß nun entsetzlich gähnen; sagt aber noch, vor Übereilung fast undeutlich:

In unserem Consilium – ich sehe es kommen – wirst du nach deiner Rückkehr sicher noch eine geraume Weile auf gutsherrliche Art mit neuesten Kenntnissen im Landbau brillieren, kaum von einem Ostelbier zu unterscheiden sein ...

Der Herzog sinkt auf die Seite, bettet seinen Kopf auf den abgewinkelten Arm und schläft sofort ein. Er schnarcht leise durch die Nase wie ein Hund.

Eine halbe Stunde vergeht. Mild ist hier die Luft, hell und weich.

Rittmeister Schrims ist pünktlich wie immer. Der Schimmelhengst des Herzogs wiehert seinem Reiter aufmunternd entgegen. Der lacht.

Abermals wird aufgesessen.

In Lublinitz haben die sieben nichts verloren. Sie sind nur hier, weil man über Lublinitz bequemer nach Rosenberg kommt. Dort soll es einen sehenswerten Kalkofen geben.

Kartoffelernte.

Goethe hat bei einer solchen Ernte noch nie genau zugesehen. Die Reiter verlangsamen den Schritt ihrer Pferde.

Daß der Kartoffelanbau keinen fetten Boden erfordert, daß es bei diesem Nachtschattengewächs so gut wie keine Mißernten gibt, ja daß die Saatkartoffeln nicht allein preiswert sind, sondern nach der Ernte auch ein zweifellos schmackhaftes Nahrungsmittel abgeben (im Notfall, mit Buttermilch, ein magenfüllendes Hauptgericht) –, das haben die oberschlesischen Bauern schnell begriffen.

Nun ziehen vielköpfige Familien hinaus auf die Felder. Das Kartoffelkräuticht, das neben langen gleichmäßigen Furchen dicht an dicht gewachsen ist, hat der Sommer ausgedörrt, es ist zu nichts mehr nütze.

Gewöhnlich stellt man sich in Front zur Schmalseite des Feldes auf, wo die Furchen beginnen. Alles, was eine leichte Hacke in Händen halten kann, ist dabei. Hauptsächlich natürlich die Bäuerinnen mit ihren Töchtern, Mägden, Schwägerinnen und Schwippschwägerinnen. Schon geht es los. Die flinkste unter den Frauen gibt das Tempo an. Jedes hat seine eigene Furche zugeteilt bekommen. Man merkt es gleich, keine von diesen Landfrauen möchte zurückbleiben, nachgezockelt kommen. Auch sie haben ihren Stolz.

Sie hacken, graben und buddeln also, so rasch sie können, trennen die Knollen von Wurzeln und Stauden und entfernen von ihnen zugleich Erdkrümel.

Goethe ist angenehm überrascht, wie hellhäutig, glatt und sauber die Kartoffel schließlich in den Korb kommt.

Es sind sogenannte Frühkartoffeln, versetzt Reden, dem Goethes Aufmerksamkeit nicht entgeht. Man hält sie für feiner im Geschmack als die späteren.

Es scheint der Brauch zu sein, daß immer zwei der Frauen gemeinsam ihre freigelegten Kartoffeln in einen Korb werfen. Der wandert gewissermaßen mit ihnen weiter, bis er voll ist. Nicht die routiniert hackenden und einsammelnden Frauen, doch manche von den jungen schmeißen ihre geernteten Knollenfrüchte wie große, glatte, aber sehr leichte Kieselsteine noch aus reichlicher Entfernung in die Körbe. Niemals fällt eine daneben.

Es gibt einen alten Spruch, demzufolge müssen die Sammelkörbe gerüttelt und geschüttelt voll sein, bevor Väter und Söhne sie auf die Schultern wuchten und, jede Eile unterdrückend, fast gemessenen Schritts zu den wartenden Fuhrwerken am Feldrain tragen, wo sie die Früchte der Familienarbeit zwischen den Wagenbrettern sacht ausschütten und aufhäufen.

Viel Sympathie empfindet Goethe auch für jene einzelnen, die dabei sind, mit Pferd und Pflug die Stoppel, das heißt die abgeernteten Felder, wieder umzubrechen. Für gewöhnlich sind sie voneinander weit entfernt. Manchmal erscheinen Bauer und Gespann nicht viel größer als schwarze Punkte in dieser ländlichen Verlorenheit. Hier gehört jedem Bauern offenbar nur ein einziges Pferd. Und Geld für einen Knecht, der es vorn am Zügel führt, können sie sich erst recht nicht leisten. Goethe beobachtet sie genau, wenn sie sich einmal der Chaussee nähern.

Zum Lenken seines Pferdes hat der Bauer keine Hand frei, denn mit beiden Händen muß er die Griffe rechts und links des Pfluggestells eisern festhalten und die Pflugschar womöglich noch tiefer in den Boden hineindrücken. Darum hat er die Pferdezügel, die von Zaum und Kumt weg auf beiden Seiten nach hinten zum Pflüger führen, gerade in einer solchen Länge zusammengeknotet, daß er die Leine noch um seinen Hals hängen kann oder sie, unter den Achselhöhlen hindurch, eben noch mit Bewegungen seines Rückens etwas zu lockern, beziehungsweise straffzuziehen vermag. Wird die Leine stramm, verlangsamt das Pferd seinen Schritt. Der Ackerkutscher braucht, um eine Furche gerade wie die andere zu ziehen, ein gutes Augenmaß. Er schnalzt mit der Zunge, zupft auch mal blitzschnell hier und da an der Pferdeleine, wenn sein großer Vierbeiner aus der Richtung zu geraten droht. Die Pferde hier sind schlank, aber nicht dürr, und sehr ausdauernd.

Einige Zeit läßt Goethe seine Gedanken schweifen. Er hört vereinzelt Mädchenstimmen singen. Wie sich das Singen über die Äcker fortpflanzt. Wie es sich bald zu gemeinsamvollem Gesang vereinigt. Kartoffelkräuticht wird zusammengetragen und verbrannt. Der Herbstwind zerrt den bläulichen Rauch tief über die Fluren hin. Empfindlichen treibt er Tränen in die Augen. Doch der Geruch des Rauches schmeckt wirklich würzig. Allmählich sinkt die Sonne. Der Sonnenball.

Landleben.

Er sinnt. Er träumt. Die grüne und die umbrabraune Erde.

GEORGICA. VERGIL. Wie hoch die Kranichflüge. Die Flüge überland –

Was würde er, Goethe, dafür geben, zwischen Flüssen, durch Felder hinzustreifen? Vor sich den eigenen mitwandernden Schatten und neben seinem Schatten denjenigen von Henriette. Die junge Adlige vom Land *wirklich* an seiner Seite.

Aus Birkenstämmen eine kleine Brücke. Da kommt auch der Hirt, um sie zu überqueren. Und es folgen ihm, eine hinter der anderen, flinke weiße Ziegen, am Schluß eine braune.

Das Goldene Zeitalter.

Danach sehnten sich schon die Alten der Alten zurück.

Und hat nicht auch er, der Student Goethe, von einem bukolischen Leben geträumt und gedichtet?

Vorbei.

Wer nur einmal genau hingeschaut hat auf wahre bäuerliche Mühsal und Not, wer andererseits die Einsamkeit und Eintönigkeit eines Hirtenlebens kennt, dem kommt der Reiz abhanden, ländliches Tun und Trachten möglichst anmutig in Versen wiederzugeben.

Doch immer noch gibt es Poeten, die das nicht begreifen. Idyllisches mit Süßlichem verwechseln.

Wenn Goethe aber von den wenigen Einsichtsvollen spricht, wie nennt er sie wohl? Frei nach Shakespeare?

Kundige Thebaner.

10

Lohnt sich der Ritt nach Rosenberg?

Goethe wirkt ausgeruht, ist aufmerksam und wißbegierig wie an den ersten Reisetagen. Nur manchmal noch lassen die über seine Stirn laufenden Falten etwas von einer inneren finsteren Spannung vermuten.

Bei Rosenberg skizziert er den Kalkofen. Er schreibt auf, was Graf Reden dazu anmerkt. Beispielsweise: Daß sich *der tägliche Profit des Ofens auf zwei bis drei Pfund Kalk* beläuft. Oder: Daß *dieser Ofen nur achtzehn Fuß hoch ist, jedoch, um maximal zu arbeiten, eine Höhe von vierundzwanzig Fuß* haben müßte. Alles für sein Notizbuch: Daß *Kalkdüngung* dem Gras zwar im ersten Jahr feind ist; im zweiten aber das Gras kräftig wachsen läßt.

Die Kavalkade erreicht die gutgehaltene Chaussee, die Rosenberg mit Kreuzburg verbindet. Sie findet sogar das Gefallen der Pferde, die von selbst ihr Tempo erhöhen. Wieder einmal erweist sich, daß Pferde unter angenehmen Umständen und bei gutem Humor an ihrer eigenen Schnelligkeit Vergnügen finden. Doch schon nach einer Viertelstunde müssen die Berittenen ihre Chaussee verlassen. Ein Wegweiser, der ebenso uneinsichtig wie unerbittlich ist, besteht auf einem Abbiegen nach links.

Zur Kreuzburger Hütte.

Das Rudel der Reiter muß sich mit einem Fahrweg begnügen, der im Grunde nur an den Wagengleisen bäuerlicher Fuhren zu erkennen ist. Dieser Abstecher kostet sie knapp zwei zusätzliche Stunden im Sattel. Sie nehmen sie in Kauf. Allein schon Reden zuliebe.

Denn die Kreuzburger Hütte und die Hütte von Malapane zählen zu den ältesten staatlichen Eisenwerken Preußens. Graf Reden übernahm sie 1783, arg heruntergewirtschaftet, und konnte hier erstmals sein Können und Wissen unter Beweis stellen. Ja, die Kreuzburger Hütte war seinerzeit richtig auf den Hund gekommen. Da konnten nur Frischfeuer helfen. Und weil in Oberschlesien ein Mangel an gut ausgebildeten Facharbeitern herrschte, kam der Graf auf die Idee, eine Reihe von *Frischmeistern* aus dem Unterharz durch höhere Gehaltsangebote und bessere Deputate abzuwerben. Allerdings wollte Reden bloß solche Meister, die schon mit der modernen *Warmfrischmethode* vertraut waren. Redens Einfall machte sich rasch bezahlt. Der König war mit dem Erfolg hochzufrieden.

Schließlich müssen die Reitpferde eine einsame, sandige Heide durchwaten. Goethe zieht die Landkarte zu Rate. Doch, sie sind auf dem richtigen Weg! Die Gegend heißt *Basaner Heide.* Goethe, der die Bibel in Luthers Übersetzung für das größte schöpferische Zeugnis in deutscher Sprache hält, öfter in ihr liest und auch über Abgelegenes genauer Bescheid weiß als mancher Pastor oder Hauptpastor, Goethe nun ist überzeugt, daß dieser Heidelandstrich seinen Namen dem Königreich Basan aus dem Alten Testament verdankte. Hier wächst nichts außer Ginster, Wacholder und ein paar halbhohen Kiefern.

Zum Glück braucht man für die Besichtigung der Kreuzburger Hütte nicht viel Zeit. Schon sieht man die Reiter wieder ihre Pferde besteigen. Reden erwähnt, daß die modernsten Eisenwerke in Oberschlesien alle in privater Hand seien. Nicht weiter als eine halbe Tagesreise von hier stünden drei dieser Werke. Nämlich die Hochöfen von Colonnowska, Cowolowska und Sandowitz. Sie gehören dem vielleicht reichsten Großgrundbesitzer dieser Gegend, dem Grafen Colonna. Der ist gegenwärtig der intelligenteste und fortschrittlichste Kopf unter jenen schlesischen Adligen, die Eisenwerke betreiben.

Goethe entsinnt sich plötzlich, den Grafen Colonna bei Schuckmann kennengelernt zu haben. Damals hatte man allerdings bloß von Colonnas Leibesfülle und seiner grellen stutzerhaften Bekleidung Aufhebens gemacht.

Unterwegs überrascht Reden den Herzog mit der Frage, ob er über das hiesige Carlsruhe im Bilde sei. Also nicht über das badische, nein, das oberschlesische.

Jawoherdenn!

Da fährt Reden fort:

Carlsruhe sei am bequemsten von Malapane zu erreichen. Eigentlich handele es sich nur um eine großzügige Schloßanlage. Tatsächlich sei der Schloßpark eine *Exklave* der Württemberger. Herzog Eugen Friedrich Heinrich habe sich hier eine Art *Musenhof en miniature* errichten lassen. Geometrisch an den Plan der Karlsruher Innenstadt angelehnt, habe man die breiten, vom Schloß sternförmig ausgehenden Wege mit kleinen Kavaliershäusern und Pavillons besetzt; sogar ein Theaterchen, richtig bespielbar, sei vorhanden. Vor allem liebe der Württemberger Mäzen Opernaufführungen.

(In vier Jahren wird Graf Reden vermutlich erfahren, daß man für das Carlsruher Theaterorchester als Kapellmeister einen jungen Mann engangiert habe, den unter Kennern schon berühmten Carl Maria von Weber. Und Weber wird hier seine einzige Symphonie komponieren. Aber dann, nach einem sich länger und länger ausdehnenden Urlaub, nicht wieder zurückkehren.)

Bevor der Reitertrupp in Kreuzburg einzieht, streift er noch das Dorf Bankau. Auch hier wird seit einiger Zeit Raseneisenerz verhüttet, das hernach als Stabeisen in den Handel kommt. Nun jedoch bleibt keine Zeit mehr für eine weitere Besichtigung. Goethe ist heilfroh.

Goethe hat jetzt jede Art von Besichtigung satt. Er hat überhaupt alles satt.

Besonders sich selbst.

Es geht auf den Abend zu. Noch einige Tannenschonungen. Forste mit kerzengeraden Fichten. Dann steht das östliche Land von neuem offen, und rings um Kreuzburg dehnt sich die weite, flache Ackerebene. Für einige Augenblicke ist Goethe überzeugt, er sehe die emporstrebenden, himmelhohen Bögen, die das Firmament zu wölben scheinen, auf der Erdscheibe ringsum aufruhen. Über der Stadt entzündet sich ein feines helles Rot. Ein paar silberne Lichter huschen oder spielen über das Rot hinweg. Funken lassen sich aufblitzend treiben. Nun steht die Stadt wie im Feuer.

Dann ein Stadttor, das zu verfallen beginnt. Auf seinen Zinnen, in seinen Luken und Löchern wuchert das Gras.

Kein Wächter weit und breit.

Ihr heutiges Nachtquartier, einen Gasthof auf dem Ring, erkennen die Herren schon von weitem. Davor ist nämlich ein kleiner Auflauf von neugierigen Kreuzburgern entstanden. Vermutlich sind es die Diener, die auf der Hoteltreppe ihre Herren erwarten. In der herabsinkenden Dämmerung kann Goethe jedoch nur das strohgelbe Toupet des herzoglichen Leibdieners erspähen.

11

Kreuzburg leidet keinen Mangel an Schenken, Destillen, Wirtshäusern, Stehausschänken, Bierlokalen, Ausspannungen. Es hat aber bloß drei Gasthöfe, die Übernachtungen anbieten. Des Herzogs Leibdiener mit der feinen Nase inspizierte zwei und entschloß sich für den ältesten Gasthof, der am Kreuzburger Ring steht, ein Eckhaus ist und *Mohrenköppel* heißt. Warum *Mohrenköppel*? Das haben sich die Diener dreier Herren auch gefragt; bis sie eine kleine Mohrenfigur in einer Nische oben an der rechten Hauskante entdeckten, gleich unter dem vorspringenden Dach.

Als die goldverschnürten Husaren sich hier ebenfalls einquartieren wollen, bedauern die Diener, schütteln ihre Dienerköpfe. Das *Mohrenköppel* verfügt nur über sechs Gästezimmer.

Aber dann tritt Goethes Diener dicht an Rittmeister Schrims heran und gibt ihm einen guten Rat. Nachher weist er den Husaren auch gleich den kürzesten Weg zu ihrem Nachtquartier. Schon an der Ecke der nächsten Querstraße steht der Gasthof *Prinz Heinrich*. Fast unbelegt. Also avanti, Husaren!

Table d'hôte?

Die beleibte, resolute Wirtin lacht über ihr breites Gesicht. Wonach gefragt wird, weiß sie ungefähr. Bittesehr, sagt sie und öffnet eine Glastür aus imitierten Butzenscheiben. Das hier sei ihre zweite, kleinere Gaststube. Nur für Geschlossene Gesellschaften. Doch auch für Hoheiten, Exzellenzen und Durchlauchtigste, die, wenn sie unter sich sein wollen, hier ungestört essen könnten.

Die Wirtin, vielleicht fünfunddreißig, stemmt die Hände in die Seiten. Doch sogleich läßt sie sie wieder sinken und bringt einen halbwegs tiefen Knicks zustande.

Der Herzog, unlustig seit dem Pech mit seinem Schimmel, wirft einen Blick in die separate Stube und verzieht ärgerlich sein Gesicht. Der Raum ist eng und muffig, lange nicht gelüftet. So erteilt er der Wirtin den Auftrag, ihm das Nachtmahl auf seine Stube zu bringen. Er fordert Reden und Goethe auf, es ebenso zu halten und lädt beide nach dem Essen auf seine Stube ein, die vermutlich die geräumigste sein werde.

Goethe hat nicht den mindesten Appetit. Das kommt selten vor. Außerdem, so sagt er, habe ihn der Tagesritt rechtschaffen ermüdet. Karl August zieht die struppigen Brauen hoch.

Ja nun, sagt Goethe, halten zu Gnaden.

Weitere Beteuerungen oder Erklärungen unterläßt er. Doch schmunzelnd fügt er schließlich hinzu, daß er noch ein paar Schritte in der frischen Nachtluft tun wolle. Nach längeren Ritten habe er oft das Gefühl, seine Beine seien bloß halb so lang wie sonst.

Auf dem Flur spricht die Wirtin mit dem Wirt, der zugleich der Koch ist. Daß es bei ihrem Dialekt um den niederschlesisch weichen geht, hört Goethe unschwer heraus. Ist Kreuzburg nicht die erste niederschlesische

Stadt, durch die sie auf ihrem Rückweg kommen? Daran erinnert er sich noch von seinem Kartenstudium in Tschenstochau.

Ob der gnädigste Herr wirklich nichts verzehren wolle, fragt die Wirtin. Goethe fragt zurück, ob er in etwa einer halben Stunde eine Rinderbrühe mit Einlage, einige Frühkartoffeln, in der Schale gekocht, dazu frische gesalzene Butter, bekommen könne.

Der Wirt bittet den Gast, einen Augenblick zu warten. Draußen sei es schon so duster, daß man sich ohne Laterne nicht hinaustrauen sollte. Er gehe, sagt der Wirt, rasch eine Handlaterne holen.

Indessen tritt ein hochgewachsener, saubergekleideter Herr, der eine weiße, holländische Tonpfeife raucht, aus der Gaststube in den Hausflur. Er will offenbar auf den Hof, um dort die Pinkelrinne aufzusuchen. Der Herr schwankt bloß wenig, doch das genügt, und er rempelt Goethe an. Sogleich geht er zwei Schritte zurück, verbeugt sich mit seinem langen Knochengestell vor dem Angerempelten und entschuldigt sich bei ihm mit einem Wortschwall.

Er benutzt den oberschlesischen Dialekt. Mit wasserpolnischen Brocken dazwischen. Wie, ist man denn hier nicht in Niederschlesien? Goethe mag das Oberschlesische nicht. Ungehobelt, poltrig, mit langhin rollendem Zungen-R, ist es nur schwer auszuhalten bei einem längeren Gespräch. Wahrlich! Und dann, warum reden diese Leute plötzlich rasend schnell? Ohne erkennbaren Grund?

Das Niederschlesische zu verstehen, macht Goethe kaum Mühe. Doch oft bedienen sich hier die Bauern und Bürger auch wasserpolnischer Ausdrücke.

Was ist *Wasserpolnisch*?

Ein Gemisch aus polnischem Kauderwelsch und verschliffenen deutschen Wendungen oder Wörtern.

Reden führt Beispiele an, die Goethe nicht zu erraten vermag, obgleich sie dem Grafen sehr leicht erscheinen.

flaumus (Pflaumenmus),
farosz (Pfarrer),
bratfana (Bratpfanne),
Nur *ajerkucha* kann Goethe übersetzen.

Manchmal zuckt er förmlich zusammen, wenn er den unerfindlichen Ausbruch einer männlichen oberschlesischen Stimme vernimmt, die ruckartig aus der Tiefe steigt, um schnell hinaufzugleiten in eine sehr hohe Lage: jetzt *singt* sie beinahe die Wörter – allerdings so, wie ein Kater sie singen würde.

Draußen ist es wirklich sehr dunkel geworden. Goethe ist froh über die vom Wirt erhaltene Handlaterne. Gleich auf den Stufen vor der Haustür holt er mit ihrem Schein ein steinaltes Paar aus dem Dunkel, das offenbar nur hier steht, um einen berühmten Herrn mit stiller Neugier zu betrachten. Der Alte zieht vor Goethe untertänig seine Tuchmütze.

Goethe setzt zu einem Rundgang um den rechteckigen Kreuzburger Ring an. Seine Augen sehen nun besser im Finstern. Er hat nicht erwartet, daß es für sie hier womöglich etwas besonders Reizvolles zu sehen gibt oder etwas gewaltig Trümmerhaftes aus der vaterländischen Geschichte. Diese kleinen deutschen Städte kennt einer wie er zur Genüge.

Die Apotheke. Die Posthalterei. Das Wirtshaus *Zur alten Post.* Eine Schneiderei. Zwei Schuhmacher. Zwei

Tuchhandlungen. Krämerläden. Eine Schule. Eine Schmiede. Kneipen. Aber während er seine Aufmerksamkeit nach innen richtet, nimmt sein Bewußtsein dennoch einen Eindruck von der Außenwelt mit: womöglich das Wesentliche?

Mitten auf dem Ring steht ein Ensemble von älteren Häusern. Sie stehen Wand an Wand, diese Unterkünfte kleiner Kaufleute, die hier auch die Hausbesitzer sind und die Inhaber von Geschäften, wo man sich beim Eintreten bücken muß. Oder von Läden, die im Keller liegen, zu denen von außen ein paar Stufen hinunterführen. Diese zusammengewachsene, in sich verwinkelte Häuserzeile mit ihren barocken Giebeln auf beiden Seiten, hat sie nicht etwas Wohlgefälliges?

Über dem hintersten Haus erhebt sich – ja, balanciert sozusagen – ein Turm. Sehr schlank, luftig durchbrochen, ja zart hat man ihn aufs Dach gesetzt: vermutlich aufs Rathausdach. Er scheint wie geschaffen für die vier Zifferblätter einer Turmuhr. (Wird sie auch noch bekommen. Aber sicher.)

Um diese Zeit dürften schon einige der Bürger und Ackerbürger in langen weißen Nachthemden zu Bett gegangen sein. Nur aus wenigen Fenstern fällt noch etwas Funzellicht nach draußen, vor Goethes Füße.

Für Sekunden bleibt er stehen. Seine Augen suchen den Sternenhimmel. Vom Mond noch keine Spur. Bloß die Sterne mit den größten Lichtstärken durchdringen das hoch oben diesig Verschleierte, erleuchten aber die Dunkelheit über dem schlechten städtischen Pflaster nur wenig. Doch ist das Firmament nicht immer ein wenig heller als die Erde unterhalb des Horizonts, die bewohnte Erde? Man braucht gar nicht angestrengt hinzuschauen, um wahrzunehmen, wie sich die verwitterten

Dächer mit ihren oft altersschiefen Kaminen und Essen vor dem Nachthimmel abzeichnen.

Beeindruckend groß ist ein öffentliches Gebäude. Das Landarmenhaus. Carl Gotthard Langhans, Erbauer des Brandenburger Tors und des Schauspielhauses in Berlin (ein Breslauer, mit Verlaub), hat auch das Landarmenhaus in Kreuzburg entworfen und erbaut. Goethe geht achtlos vorüber. Weder weiß er, daß dieser Bau das Landarmenhaus ist, noch kennt er jemanden mit dem Namen Langhans.

Überall in den vorwiegend ein- bis zweistöckigen, sauber getünchten, zuweilen bemalten Häusern und Häuschen sind Menschen zu Hause. Da heizt eine alte Frau mit würzig riechenden Kiefernkloben ihren Herd, um noch ihre Abendsuppe zu kochen. Da rückt eine junge mit dem Brief, den sie heute aus einer Kaserne in Frankfurt an der Oder erhalten hat und den sie ein zweites- oder auch drittesmal lesen möchte, in den Lichtkreis einer Öllampe.

Überall haben Menschen ihre Bleibe. Die hier hausen, sind weder berühmt noch berüchtigt. Es sind – wie auch anderswo und allenthalben – Gute, Halbgute, Ungute.

Ja nun.

(Ob es noch völlig im Dunkeln liegt, daß ich, der Schreiber, einmal mitten unter den Enkeln, Urenkeln, Ururenkeln der hier Ansässigen herumbummeln werde?)

Goethe sucht in seinem Kurzzeitgedächtnis nach dem Namen der kleinen Landstadt und kann sich plötzlich nicht erinnern. Er hat ihn vergessen.

Halt vergessen. Einfach so.

Dafür kann ihm jedoch sein Langzeitgedächtnis etwas bieten.

Hier oder hier in der Nähe muß jener, auf den Goethe sich jetzt besinnt, einmal herumgegeistert sein, für ein Jahr oder zwei? Halber Mediziner, aber ganzer Dichter, dazu einer von Rang. Freilich auch ein unmäßiger Trinker, *der sich nicht zu bezähmen wußte.* Der Schlesier Johann Christian Günther. Genialisch und genial zugleich. Schade um ihn. Denn älter als siebenundzwanzig dürfte er wohl nicht geworden sein.

Ein Ende also, banal und tragisch.

Nun hat der Tote vor uns allen einen guten Schritt voraus. So denkt Goethe und denkt an Günthers Lyrik. Gelegenheitsgedichte! (Die Gedichtart, die Goethe am liebsten hat.) Unvergeßliche Strophen fallen ihm ein.

Ach, breite zum Voraus Hand, Lippen, Brust und Arm,
Ich komm und zitter schon vor Unruh und Verlangen,
Dich, längst erwähltes Herz, von neuem zu umfangen
Und werde durch dein Bild schon in Gedanken warm.
Ach Himmel, mache bald, damit sie mich entzücke:
Einst zählt' ich Jahr und Tag, jetzt Stund und Augenblicke.

Aus einem Geburtstagscarmen für einen Kommilitonen:

Doch Vergangnes hilft nicht mehr.
Gib Gehör!
Heute geht es von dem Frischen,
Heute soll sich Rauch und Trank
Und Gesang
In der Gurgel mischen ...

Knaster, Koffee, Wein und Bier,
Die wie wir
Sich zusammen gut vertragen,
Werden sich durch Kraft des Schalls
Durch den Hals
Miteinander jagen.

Aber seine wahrhaft großen Poeme sind seine Verzweiflungs- und Rechtfertigungsgedichte. Goethe sagt sich leise die Strophe vor, in welcher der junge Dichter um einen frühverstorbenen Freund klagt: Goethe zitiert sie häufig und noch immer nicht ohne Ergriffenheit:

> Ach Freund, ach teurer Freund, ich weiß nicht, was ich schreibe,
> Ich weiß nicht, was ich tu, ich weiß nicht, wo ich bleibe;
> Doch dies, dies fühl ich wohl, daß *du* nicht bei mir bist, –
> Daß meine Klag um dich ohn' alles Wesen ist;
> Kein Ton! Und schrei ich mir die Lunge aus dem Leibe ...!

Goethe, der die kraftvolle Stimme des Herzogs durch die geschlossene Tür seiner Stube im Gasthof vernimmt, klopft an. Karl August und Reden trinken miteinander den restlichen Wein aus Tschenstochau.

Unser Reden, sagt der Herzog, hat mir von einer englischen Fuchsjagd erzählt. Famos.

Goethe tut, als ob er Bedauern verspüre über das Versäumte. Dabei hat er sich aus Jagden nie etwas gemacht. Die Tiere, die abgeschossen oder abgestochen werden, tun ihm leid.

Während der Herzog der Erzählung lauschte, vergaß er sein Malheur. In Bankau hatte sein Schimmel ein Eisen verloren und war am Ende, traurig lahmend, in Kreuzburg eingezogen. Das ausgerechnet bei ihm, einem preußischen Reitergeneral.

Morgen früh, sagt der Herzog, werde er selbst zur Schmiede reiten und das saubere Aufziehen des Eisens überwachen. Es sei also besser, sich morgens zu trennen. Er überlasse Reden und Goethe nach Wunsch die Kalesche oder die Equipage. Ihre beiden

Diener könnten ihnen wie bisher in der Halbchaise folgen.

Er, der Chef, werde entweder – wenn sein Leibroß wieder ordentlich stolzieren und galoppieren könne – mit seinen Husaren nach Breslau reiten oder zur Rückfahrt den übriggebliebenen Wagen benutzen.

Das Fenster, das auf den Ring hinausgeht, steht breit offen. Zecher ziehen durch die finstere kleine Stadt singend, lärmend heimwärts. Nun wird es nahezu still. Goethe, unter einem dicken Gänsefederbett, versucht einzuschlafen. Er wälzt sich auf die andere Seite. Wirft eins von den drei dicken Kopfkissen weg ins Dunkel. Halbschlafbilder. Wirre schwere Träume. Er hört seine eigene Stimme schnaufen, weil er nicht genügend Luft zum Atmen hat.

editum trucidans capite plectenda ... quaestio quaestio est ... inter doctores CONTROVERSA ... doctores ... an foemia foemina partum recenter ...

An foemina partum recenter editum trucidans capite plectenda sit, quaestio est inter doctores controversa.

Die Universität.

Straßburg oder Sesenheim?

Goethe fährt hoch, wirft sich herum. Kann nicht weiterschlafen. Lauscht. Er hört draußen auf dem Ring den Nachtwächter auf seiner Runde singen. Das Mansardenfenster steht offen. Über dem Himmel am anderen Ende der Stadt schweift und schauert leises Wetterleuchten. Kurz verläßt Goethe das Bett, zündet den doppelkerzigen Leuchter an und kramt sein Notizbuch hervor. Aufrecht in den dicken Federkissen sitzend, fängt er an zu lesen.

Aber er liest bloß, bis er eine bestimmte Eintragung gefunden hat.

Coûte que coûte!

Dabei vernimmt er den Ton einer jungen, hellen, geliebten Stimme.

Er ballt die Fäuste, preßt sie an die Schläfen.

Zeit kommt ihm abhanden.

Dann bringt das Bewußtsein neue Zeit. Goethe ist mit dem Blättern in seinem Notizbuch noch nicht am Ende. Und natürlich findet er sie, eine seiner Eintragungen von unterwegs, das Gedicht, bei dem er angemerkt hat:

Auf dem Wege nach Krakau.

»Ach, wir sind zur Qual geboren!«
Sagt Ihr unter Tränen wert,
»Erst in dem, was wir verloren,
Dann in dem, was wir begehrt!«

Du bist nicht zur Qual geboren!
Habe, was dein Herz begehrt!
Jenen Menschen, die verloren,
Ist das zweite doppelt wert.

12

Wer oder was weckt ihn? Die helle klare Melodie eines Cembalos. Sie scheint aus dem ersten Stockwerk des schräg gegenüberliegenden Hauses zu kommen und schwebt an seinem offenen Fenster vorüber.

Draußen ist es schon hell.

Das Tageslicht spiegelt sich in den Scheiben. Zweifache Durchsichtigkeit.

Während Goethe sich reisefertig macht, wird es unten auf dem Ring zunehmend geräuschvoll, lärmend laut. Noch läßt sich einiges unterscheiden: das Knirschen und Krachen von Wagenrädern auf dem Katzenkopfpflaster, Pferdewiehern, das Quietschen der Schweine, Scharren von Männerstiefeln und Frauenschuhen, Rufe und Flüche beim Abladen von Brettern, von Tieren und Waren, dazwischen schnelles Hämmern an verschiedenen Stellen und das Gewirr der Stimmen, das weiter anschwillt.

Goethe frühstückt mit Reden und erkundigt sich, ob die Vorbereitungen draußen auf dem Ring einem Jahrmarkt gelten, der woanders auch Messe heißt oder Kirmes oder Dult.

Reden hat sich bereits erkundigt.

Nein, keinem Jahrmarkt. In Kreuzburg finde an

jedem Freitag ein Wochenmarkt statt, ein Buttermarkt. Zudem träfen sich außerhalb des Ringes, auf freien Plätzen, die Bauern mit Pferdehändlern und Schweineaufkäufern.

Bis zu ihrer Abfahrt haben Goethe und Graf Reden noch etwa eine halbe Stunde Zeit. Um sich abzulenken, schlendert Goethe einmal rings um den Markt herum. Er vermeidet Stellen, wo Gedränge entsteht.

Auf dem Buttermarkt sind die Frauenspersonen weitaus in der Überzahl. Zur Verwunderung des Zuschauers gibt es hier einen weiblichen Schlag, gutgewachsen, mit interessanten Gesichern. Meist sind es Bürgerinnen im besten Alter oder ihre Töchter: große und mittelgroße, kerzengrade oder geschmeidig lässige. Man nimmt sich Zeit beim Suchen nach wohlschmeckenden ländlichen Produkten, fragt nach Preisen zum Vergleich, beginnt zu rechnen, zu feilschen.

Des Marktes wegen haben die vielen jungen Landfrauen aus dem Kreuzburger Kreis ihre schlaftrunkenen Männer frühzeitig aus den Betten treiben müssen. In offenen Sonntagskutschen, die gelblackiert sind und *Britschken* heißen, fuhr man, auch von weit her, ein- oder zweispännig zum Wochenmarkt, und Männer wie Frauen saßen unterwegs die meiste Zeit über stumm, während sie an ihre unterschiedlichen Geschäfte dachten und immer neue Rechnereien anstellten.

Sie, die jungen oder jüngeren Landfrauen, brauchen, nach Goethes Beobachtungen, den Vergleich mit den Städterinnen nicht zu scheuen. Einige sind schön wie die bekanntlich schönen Polinnen. Hier, so nahe an der Grenze, ist es auch zu sehenswerten und aparten Mischungen gekommen: Weißblonde junge Frauen, aber dunkeläugig; Rabenschwarzhaarige mit hellblauen oder lichtgrünen Augen. Alle Bäuerinnen haben noch sommerlich bunte Kopftücher umgebunden, tragen mehrere fußlange Unterröcke übereinander, der Mode zuliebe. Auf schmalen, langen Holzbänken, in zwei Reihen, so sitzen sie nun, die Früchte ihrer Arbeit direkt zu ihren Füßen – in Henkelkörben, Schachteln, in Tücher eingewickelt oder in sauber ausgewaschenen Jutesäcken.

Hauptsächlich also Butter, sehr viel Butter, von goldgelber Farbe bis zu einem hellen sahnigen Ton. Erst gestern war sie im Butterfaß mühsam hergestellt worden; nachher hatten die Landfrauen sie in hölzerne Formen mit Mustern gepreßt. Nun liegen die Halbpfundstücke auf großen grünen Blättern oder auf weißem Leinen, leuchten und duften.

Wählerische Käuferinnen kosten zunächst die Butter; sie bekommen die Probe auf einer Messerspitze gereicht. Kleine geflochtene Weidenkörbe sind mit Hühnereiern bis zum Rand gefüllt. Manchmal wird der Weißkäse schon abgepackt angeboten, oder er wird großen Schüsseln entnommen und auf einer Waage mit eisernen Zungen abgewogen.

In den Reihen weiter unten bieten die Frauen vom Land frischgeschlachtetes und gerupftes Federvieh an – von pärchenweise ausgestellten Tauben, über Hühner, Enten, Truthähne bis zu genudelten Mastgänsen. Irgendwo hängen, lang ausgestreckt, etliche Karnickel, denen man die Felle über die Ohren gezogen hat, von dem oder jenem Haken. Lebendes Geflügel kauft man auf dem kleinen Marktplatz nebenan.

Wie das alles ins Auge springt!

Spankörbe voller Steinpilze, Galuschel, Birkenpilze.

Die Frühkartoffeln. Süße Sahne in Krügen, Buttermilch in Kannen. Und Blumensträuße in Wassereimern. Dahlien. Zinnien. Schwertgladiolen. Astern in den Farben Blau, Blauviolett, Rotviolett; in tiefgoldnem Gelb.

Über alldem schwebt das helle Stimmengewirr neuigkeitssüchtiger und lachlustiger Frauen.

Auf der für ihn gegenüberliegenden Seite des Ringes sieht Goethe plötzlich seinen Herzog herumstiefeln. Adjutant Schrims versucht unterdessen, die Kinder und Jugendlichen zu verscheuchen, die staunend, begeistert den Herzog umringen, für sie ein unglaublich *hohes Tier.*

Als der Herzog einige zum Kauf angebotene Produkte in Augenschein nimmt, erheben sich die Frauen vom Land züchtig, spähen aber unter ihren halb niedergeschlagenen Wimpern hervor und beobachten den gutgenährten, leutseligen Herrn in der Uniform eines preußischen Generals der Leichten Kavallerie. Der Herzog spricht sie scherzend an. Da heben sie wieder die gesenkten Köpfe. Nun werfen sie scheue, bewundernde Blicke auf ihn. Und wenn sie ihm antworten, tun sie es anfangs noch leise, aber heiter. Jetzt strömen sie von allen Seiten herzu: Bürgerinnen und Bäuerinnen, ganz Junge, Jüngere, Ältere und sogar Alte. Und da der Reitergeneral nur von mittlerem Wuchs ist, verschwindet er für Goethes Augen mehr und mehr im Gewimmel und Strudel der Frauen.

Heute nimmt Goethe auf dem Rückweg einen anscheinend dicht an der Stadtmauer gelegenen Ziegelturm wahr, der ihm gestern entgangen sein mußte. Dabei hat der Turm mit seinen rosabraunen Ziegeln eine ganz beachtliche Höhe. Goethe nähert sich ihm – doch bloß bis zu jener Stelle, an der ihm klar wird, daß es sich um einen verfallenen, unbewohnten Schloßturm handelt.

Eine Weile sieht er sie noch vor sich: die wie mit Pastellkreiden gefärbten, leicht verblaßten Ziegel.

13

An diesem Freitagmorgen beginnt die letzte Etappe der Rückreise. Die Strecke von Kreuzburg bis Breslau beträgt rund zwölf Meilen Landstraße. Die Equipage, in der sich Reden und Goethe befördern lassen, legt eine solche Entfernung in annähernd zwölf Stunden zurück. Von zehn Uhr morgens bis zehn Uhr nachts. Redens Kutscher Haberland, der weitbewanderte, hat in den zwei Hellbraunen mit ihren glänzenden Kruppen und langen eleganten Schweifen nicht nur ein kräftiges, ausdauerndes Gespann. Er selbst verfügt auch über die besseren Straßenkenntnisse als die anderen Kutscher und Reiter.

Die Equipage fährt über Konstadt, Deutsch-Würbitz, Gramschütz und Namslau, nimmt von hier aber nicht den üblichen Weg über Öls, sondern fährt nur noch bis Bernstadt und biegt dort nach Ohlau ab. Ohlau liegt linkerhand der Oder. Noch vor der in die Stadt führenden Brücke dirigiert der Kutscher sein Gespann in einem plötzlichen Winkel von neunzig Grad nach Norden. Sie bleiben also am rechten Ufer, auf einer schmalen Allee, die man, wenn man sie auf der Karte überhaupt findet, parallel zum Strom verlaufen sieht. Doch ist die Allee vom Ufer der Oder immer so weit weg, daß der

Strom unsichtbar bleibt. Allein in der Umgebung von Laskowitz können Reisende einen längeren Blick auf die Strömung werfen.

In der Breslauer Reutestraße wird Goethe abgesetzt, und Redens Diener, der bisher in der böhmischen Halbchaise mit Goethes Diener Paul hinter der Equipage herfuhr, wechselt zu seinem Herrn hinüber. Im Hôtel *Zum roten Haus* herrscht um diese Nachtstunde noch Betrieb. Während Goethe zu seinen kleinen Stuben in der dritten Etage hochsteigt, spannt Paul im Hotelhof die Postgäule aus. Doch ehe er loszieht, um sie abzuliefern und zu bezahlen, bringt er das Gepäck seines gnädigen Herrn sowie auch seine eigenen Siebensachen nach oben.

Wiewohl Goethe von morgens an einen heiteren, gefaßten, stundenweise sogar einen recht gelassenen Eindruck auf Paul machte, sieht es der Diener nun seinem Herrn an, daß der hier nicht vorgefunden hat, womit er im Innersten wohl noch gerechnet. Gewiß hat er inzwischen den Leuchter ergriffen und die Winkel in allen drei Stuben abgeleuchtet und abgesucht – ohne Erfolg. Das, denkt Paul, würde ich auf meinen Eid nehmen.

Nur wenige Momente lang verliert Goethe jetzt die Beherrschung. Doch diese Sekunden genügen – schon klinkt er wieder die Tür zum Hotelkorridor auf und sagt, sich knapp zu Paul zurückwendend, er müsse noch rasch zu Schuckmann, um ihn zu fragen, ob er morgen Zeit für ihn habe …

Der 11. September ist ein Sonnabend. Gegen Mittag trifft Goethe, der zu Schuckmann unterwegs ist, seinen Herzog zu Pferd, begleitet vom Schwarm der Husaren. Der Herzog tätschelt seinem großen Schimmel den schön geschweiften Hals und lacht. Goethe weiß nicht, warum. Von Schrims erfährt er, daß *Durchlaucht der Herzog* sich in Kreuzburg verspätet habe. Erst heute morgen hätten sie ihr Quartier räumen müssen und seien dann nach Breslau aufgebrochen, die Weimarer Husaren.

Bei Schuckmann ißt er zu Mittag. Der Herr des Hauses gibt sich, während er kräftige Schlucke von seinem Chablis nimmt, erdenkliche Mühe, Goethe vom Thema *Henriette* abzubringen. Goethe erkundigt sich nach ihr nun zum drittenmal. Doch Schuckmann kann bloß wieder mit der gleichen Antwort daherkommen. In Goethes Abwesenheit, während er in Tarnowitz und Krakau gewesen sei, habe er, Schuckmann, Henriette weder in seinem Haus noch irgendwo in der Stadt gesehen, nicht einmal von weitem.

Daraufhin seufzt Schuckmann auf und verschwindet in seinem Arbeitskabinett.

Als er wieder zum Vorschein kommt, bringt er einen reichlich großen, pompös versiegelten Brief mit, der ungefähr einem fürstlichen Handschreiben ähnelt oder an ein diplomatisches Kurierstück erinnert. Schuckmann hat plötzlich traurige Augen, zahlreiche Falten auf der Stirn.

Ich hätte Ihnen das Schreiben des alten Lüttwitz schon gestern abend aushändigen können, sagt Schuckmann leise, habe es aber nicht übers Herz gebracht. Sie sollten doch nach der langen Reise gut schlafen! Eine große Dummheit von mir, nicht wahr?

Goethe läßt den Brief fallen und umarmt Schuckmann freundschaftlich, dankbar.

Dann hebt er den Brief vom Boden auf und verspricht im Abgehen, bald wiederzukommen.

Er entfernt sich mit scharfen Schritten.

Zuerst meint man, Goethe bewege sich ziellos durch die große Stadt. Doch als er sich der Oder nähert, spürt man seine Zielstrebigkeit. Ein Stück Uferböschung, nicht eingezäunt, auch leer von Anglern und Kindern, scheint das richtige. Hier wachsen Hagebuttensträucher ineinander. Hinter diese natürliche Sichtblende zieht sich Goethe zurück. Er öffnet den Brief, der seine schwungvoll geschriebene Adresse trägt und dessen Absender Hans Wolf von Lüttwitz ist.

Lüttwitz entschuldigt sich von vornherein wegen seiner brieflichen Ungewandtheit. Er sei eben kein gelernter Federkünstler, nur ein schlichter Landedelmann, gehöre außerdem noch zu den aussterbenden Vertretern des Ancien Regime. Er jedenfalls hielte weiter fest an Ehre, Charakter, Pflicht und Schuldigkeit und an der Treue zu dem Alten Herrn da droben.

Nun ehrlich und rundheraus zur Sache. Weder sein Verstand noch seine Lebenserfahrung noch sein tiefes väterliches Gefühl hätten Anlaß zu vermuten, daß Henriette Freiin Lüttwitz an Goethes Seite ihr Glück finden könne, à la longue. Er, ihr Vater, kenne Henriette einundzwanzig Jahre. Herr Dr. von Goethe kenne sie nur wenige Tage oder Stunden …

In einem neuen Absatz seines Briefes verbreitet sich

Lüttwitz über die Bedeutung des Uradels, des Schwertadels, dem sein Geschlecht anzugehören die Ehre habe. Schreibt von hohen und heiligen Verpflichtungen gegenüber dem ererbten Besitz. Zwanzigtausend Morgen schlesischer Scholle, beispielsweise …

(Goethe überspringt mehrere Zeilen.)

Nunmehr bringt Lüttwitz zur Sprache, was er über Goethe weiß. Frankfurter Patriziersohn, Leipziger Student, unter seinen Kommilitonen ein Tausendsassa und kühn auf dem Fechtboden (sowas imponiere ihm, dem alten Herrn), allmählich werde Herr Goethe jedoch zu einem feinfühligen Dichter, habe großen Erfolg mit der Geschichte eines Liebhabers, der nach einer verheirateten Frau schmachtet und sich schließlich, da irre er sich doch nicht?, eine Pistolenkugel in den Kopf schießt … Jetzt gehöre Goethe zu den bekanntesten Dichtern, sei der Liebling eines Musenhofes und glänzender Favorit eines Fürsten, der ihm den Adelsbrief des Kaisers habe überreichen können …

Auf einmal spürt Goethe, wie sich seine Mundhöhle mit Erbrochenem füllt. Er speit es beiseite. Er reibt sich die Lippen sauber und wischt sich das Kinn ab. Er fröstelt, obwohl ihm feiner Schweiß auf der Stirn steht. Vorsichtig balanciert er auf der stark abschüssigen Böschung ein paar Fuß seitwärts. Dann muß er sich ins strohtrockene Gras niedersetzen, denn seine Kniee fangen leicht zu beben an. Sobald er einen Platz zum Sitzen hat, verschwindet das Beben. Minutenlang schaut er starr vor sich hin. Im Mund schmeckt er das Bittere nach, das zuvor seine Galle absonderte.

Mit einem Ruck erhebt er sich wieder.

Und ohne den Brief des Repräsentanten von Lüttwitz zu Ende zu lesen, allein das formelle Fazit nimmt er noch zur Kenntnis, reißt er ihn systematisch oder pedantisch in lauter winzige Fetzen. Die streut er dann, dreimal eine Handvoll, ins Wasser der Oder.

Aqua mutat res.

Bevor Goethe den Rückweg antritt, notiert er sich (für alle Fälle) die Hauptpunkte der brieflichen Absage. Unterwegs überkommt ihn ein Gefühl namenloser Erleichterung, Befreiung. Er weiß nicht, was das Lächeln auf seinem Gesicht soll. Wie Bitteres doch überraschend süß werden kann! Dieser Briefschreiber hat au fond natürlich recht. Nicht vom Gefühl her, nein, in der Sache.

Goethe sucht sein Hôtel *Zum roten Haus* auf. In der eingeschlagenen Richtung ist es für ihn bequemer, den Hintereingang zu benutzen. Je mehr er sich dem großen, von Pferdeställen, Kutschenremisen und einem scheunenartigen Vorratsgebäude flankierten Hotelhof nähert, desto stärker wird ein ekelhaft scharfer, penetranter Geruch. Wie oft war Goethe hier schon entlanggegangen, ohne etwas von dieser Verpestung der Luft zu bemerken. Auf dem Hof wendet er sich an einen der Hausburschen.

Der erklärt beflissen: Der pestilenzialische Gestank, mit Verlaub, komme von den Weißgerbern, die, unweit von hier, auf der Weißgerbergasse hausten und arbeiteten. Das Wasser für ihre Gerberbrühen entnähmen sie einem kleinen, von der Oder abgezweigten Kanal, der die Gasse herunterkomme. Ja, ein leichter Wind so wie heute, der von da drüben zum Hotel herwehe, genüge …

Goethe ruht sich auf seiner Stube nicht lange aus. Dann setzt er sich an den Sekretär und schreibt einen (längst fälligen) Brief an die Herders in Weimar:

Ich habe lange von Dir nichts gehört, lieber Bruder, bin wieder hier in Breslau, nachdem wir von einer Reise nach Tarnowitz, Krakau, Wieliczka, Czenstochowa glücklich gestern zurückgekommen sind. Ich habe in diesen acht Tagen viel Merkwürdiges, wenn auch meist negativ Merkwürdiges, gesehen. An dem Grafen Reden, dem Direktor der Schlesischen Bergwerke, haben wir einen sehr guten Gesellschafter gehabt. Nun sind wir wieder hier in dem lärmenden, schmutzigen, stinkenden Breslau, aus dem ich bald erlöst zu sein wünsche. Noch will nichts rücken, von der Abreise des Königs wird gar nichts gesprochen, indessen wünscht sich alles nach Hause, weil doch kein Anschein ist, daß es zum Ernste kommen könnte. Ob der Kurier, der aus Petersburg jede Stunde erwartet wird, Epoche macht, wird sich zeigen.

Auch bei mir hat sich die *vis centripeta* mehr als die *vis centrifuga* vermehrt. Es ist all und überall Lumperei und Lauserei, und ich habe gewiß keine eigentlich vergnügte Stunde, bis ich mit Euch zu Nacht gegessen und bei meinem Mädchen geschlafen habe. Wenn Ihr mich lieb behaltet, wenige Gute mir geneigt bleiben, mein Mädchen treu ist, mein Kind lebt, mein großer Ofen gut heizt, so hab ich vorerst nichts weiter zu wünschen. Der Herzog ist sehr gut gegen mich und behagt sich in seinem Elemente.

Lebet wohl …

Breslau d. 11. September 90 G.

Von einem *Kurier aus Petersburg*, den Goethe in seinem Herder-Brief erwähnt, kann natürlich keine Rede sein. Jener, den die Truppen in Breslau ungeduldig erwarten, ist und bleibt der Kurier aus Konstantinopel mit der Zustimmung der Hohen Pforte zu dem in Reichenbach geschlossenen Friedenstraktat.

Anschließend steigt Goethe die Hoteltreppe zur Beletage hinunter und spricht bei seinem herzoglichen Freund vor. Goethe nimmt den angebotenen Sitzplatz nicht eher ein, bis er lakonisch, jede Ironie vermeidend, über den großformatigen Lüttwitz-Brief mit seiner glatten Absage an den um Henriettes Hand anhaltenden Weimaraner Bericht erstattet hat.

Wie viele zur Korpulenz neigende Männer ist der Herzog flink, geschickt. Er hüpft von seinem Sessel hoch und legt seine etwas kurzen Arme sehr herzlich Goethe um den Hals.

Hernach, als sie einander gegenübersitzen, bemerkt August:

Da hast du's wieder! Hochmut kommt vor dem Fall. Du machst eine hochfeine Eroberung, drückst endlich ein ebenbürtiges Liebchen an deine Brust, aber plötzlich bist *du*, mein Bester, nicht adlig genug, nicht ebenbürtig für solche Leute.

Da Wolf schweigt, kann August weiterräsonieren.

Zugegeben, er falle nicht ungern her über diese Ostelbier am Ende des Reiches. Nur wenige gebe es unter ihnen, mit denen er wirklich warm werden könne. (Friedrich Reden!) Also wenn er, Wolf, ein volles Jahr unter den altväterischen, sich mit nichts anderem als mit ihren Rittergütern, Dominien und

Vorwerken beschäftigenden Kartoffelkönigen hätte verbringen müssen …

August ist überzeugt, in jenen zwölf Monaten wäre der arme Wolf vor die ostelbischen Hunde gegangen. Todsicher.

Gegen Ende ihres Beisammenseins faßt Karl August sein Gegenüber ins Auge und zwinkert vergnügt.

Ist dir aufgefallen, fragt August, daß ich mich in Kreuzburg verspätet habe?

Ich habe es bemerkt, versetzt Wolf, und ich habe auch die gutgeratenen Frauen und Frauenzimmer in diesem Nest nicht übersehen.

Wolf erhebt sich, um sich zu verabschieden. Er ist ganz und gar nicht in der Stimmung, sich eine neue *Mieselei* von August anzuhören. So ist das. Ja nun.

Doch August bleibt bei der Ansicht, einen verschmähten Freier müsse man unbedingt aufheitern, zumal, wenn es sich um einen guten Freund handelt. Er gibt seine Eskapade in jenem schnarrenden und abgehackten Berliner Gardeoffizierston wieder, den er so gut zu parodieren versteht:

Famoses Weib. Auf Ehre!

Am Spätnachmittag begibt sich Goethe abermals zu Schuckmann. Ein langes Gespräch bahnt sich an. Am Abend zuvor hatte Schuckmann durch die Verheimlichung des Lüttwitz-Briefes mit einem irritierten und zerstreuten Goethe bloß kurz über die Reise durch Oberschlesien und Polen gesprochen. Augenblicklich wechseln sie vom Eßzimmer in die erste Etage. Der Salon wirkt angenehm luftig, einmal durch die Möblierung, die sich auf nur wenige gediegene Stücke beschränkt, viel freien Raum läßt, zum andern durch die halbgeöffneten Balkontüren.

Kaum haben die Freunde Platz genommen, werden sie durch hereindringende Geräusche abgelenkt. Unter dem Klang von silbernen Trompeten zieht das Regiment *Gendarmes* mit seinen siebenhundert oder achthundert feudalen Reitern über den Roßmarkt. Die Pferde bewegen sich *im Schritt*, aber zügig. Dennoch bringen die rund dreitausend eisenbeschlagenen Hufe nicht das fast anmutige Klingen der Pflastersteine zustande, das sonst *beim Traben* entsteht. Diesmal vernimmt man bloß ein ungefähr gleichmäßiges Hufeklappen. Aber gerade beim Im-Schritt-Reiten zeigen die Gardeoffiziere ihre unnachahmliche Art, sich von den Rücken der Pferde wiegen zu lassen; dabei sitzen sie in ihren Sätteln sehr aufrecht, dennoch nonchalant.

Es beginnt zu dunkeln. Schuckmanns alter Diener schließt die Balkontüren, ehe er die Kerzen auf den Leuchtern anzündet. Nachher kümmert er sich wieder um den Wein, holt die Flaschen korbweise aus einem Speiseaufzug.

Zuerst spricht Schuckmann über Hennys Vater. In dieser Gegend treffe man leider noch immer auf derartige Exemplare verbauerter Edelleute, denen der Dünkel bis zum Hals reiche. Er, Schuckmann, habe sein Versprechen gehalten und alles versucht, diesen alten Dickkopp umzustimmen. Ja, er sei draußen auf Gut Hartlieb gewesen, habe auch mit der armen, doch sehr gefaßten, den Verzicht tapfer auf sich nehmenden Henriette gesprochen, und sei endlich von dem Gut mit einer verteufelten Wut abgefahren. Im Grunde fürchte sich, ja *fürchte sich* der alte Lüttwitz vor dem großen Dichter. Beim Umgang mit einem solchen

Eidam käme doch Lüttwitzens krasse Borniertheit beständig ans Licht. Dafür läßt er nun seine älteste Tochter büßen …

Später kommen die neuen Freunde ausführlich auf Oberschlesien zu sprechen. Rat Schuckmann, auch Oberbergrichter, kennt die dortigen Verhältnisse ziemlich genau. Nun genießt er es, Goethe von der Reise nach Tarnowitz und Krakau erzählen zu hören.

14

Was unternimmt Goethe in den folgenden Tagen? Er erledigt zunächst seine vernachlässigte Korrespondenz. Laut Briefverzeichnis sendet er allein vier Briefe an Christiane Vulpius. Leider ist keiner davon erhalten geblieben. (Übrigens, auch Goethes postalische Vermerke sind nicht frei von Irrtümern und von Manipulationen.)

An Hofrat Voigt in Weimar schreibt er:

Ich habe hier *viele interessante Männer* kennengelernt, nur ist leider die Zerstreuung so groß, daß wenig Folge in den Unterhaltungen sein kann … Möge doch mein Wunsch erfüllt werden, daß ich Weimar bald wiedersehe … (Der Schlußsatz lautet sibyllinisch:)

Man ist außen doch immer nur geborgt.

Goethe zu ehren, hat der Breslauer Theaterdirektor den *Clavigo* aufführen lassen. Er hatte den Dichter des Stückes mehrmals in Breslau gesehen, und als er am Aufführungstag erfuhr, Goethe befinde sich mit seinem Herzog auf einer Reise nach Krakau, hatte er niemanden, an dem er seine Wut auslassen konnte.

Am 12. September werden *Die Räuber* gegeben. Goethe, der Schillers dramatischen Erstling nicht ausstehen kann, ist auch an diesem Tag unterwegs. Dafür beehren König und Kronprinz das Theater.

Goethes Halbchaise mit vorgespannten Postpferden

und mit Paul auf dem Kutschbock kennen wir wahrlich zur Genüge. Diesmal wird, nach schnell gefaßtem Entschluß, noch eine Fahrt ins Riesengebirge unternommen. Oder ist es ein Alleinritt?

Näheres darüber hat Goethe nicht vermerkt.

Bloß, daß er den höchsten Berg, die *Schneekoppe*, bestiegen und da oben einen blühenden Enzian angetroffen habe. Vorsichtig habe er ihn mitsamt der ausgegrabenen Wurzel nach Breslau transportiert (wo er ihn anderntags botanisch untersuchen und beschreiben wird). Wie Goethe unter den damaligen Umständen diese Gewalttour binnen zweier Tage bewerkstelligen konnte, bleibt sein Geheimnis.

Man erzählt sogar, er sei auch noch, unterhalb des Kammes, bis zur *Großen Schneegrube* gewandert.

Im *Roten Haus* beschäftigt sich Goethe zwischendurch mit seinen wissenschaftlichen Arbeiten. Endlich kann er in der *Vergleichenden Knochenlehre* fortfahren; an seinem Manuskript *Gestalt der Tiere* weiterschreiben.

Die Benutzung von Breslaus Straßen erzeugt in ihm jetzt starkes Unbehagen. Richtig, er kann jetzt diese Stadt nicht mehr *riechen*. Möchte von ihr auch nichts mehr sehen und hören. Doch es ist unmöglich für ihn, alles Weitere von seinem Diener erledigen zu lassen. Einmal, während er Besorgungen macht, sieht er Henriette. Sie geht in der gleichen Richtung wie er, ist ihm aber mindestens zehn Schritte voraus. Goethe überlegt keine halbe Sekunde, überhaupt nicht, er eilt ihr einfach nach, so rasch er kann. Als er auf gleicher Höhe mit ihr ist, wendet sie ihm einen Augenblick lang ihr Gesicht zu, kühl, uninteressiert.

Er erschrickt.

Er schaut in ein vollkommen fremdes, abweisendes Gesicht. Doch nicht in ihres!

Daß er sich so hat täuschen können!

Wie wohl es ihm wird.

15

Am 17. September erscheint er endlich, der türkische Diplomat, und überbringt den von seinem Sultan unterzeichneten Friedenstraktat. Selim der Dritte herrscht über das Reich der Osmanen noch kein volles Jahr.

16

Am 18. September meldet sich Goethe brieflich bei Hausmarschall von Racknitz in Dresden an.

Ich habe in Schlesien manches Gute genossen, so schreibt er, manches Merkwürdige gesehen, manche interessante Bekanntschaft gemacht, davon ich allerlei erzählen werde. Nun hoffe ich in Dresden mit Ihnen noch einige glückliche Tage.

Goethe teilt Racknitz mit, auch *Durchlaucht der Herzog* habe vor, auf seiner Rückreise in Dresden haltzumachen. Da der Herzog jedoch allerhöchste Ordre habe, mit beiden Garderegimentern erst am 23. September den Raum um Breslau zu verlassen, nennt Goethe den 26. als Anreisetag für den Herzog. Er selber hoffe, einen Tag früher bei Racknitz einzutreffen. Zuvor wolle er noch eine Woche im Gebirge Schlesiens verbringen. Übrigens, Serenissimus beabsichtige, das letzte Stück der Heimreise mit ihm, Goethe, gemeinsam zurückzulegen.

An diesem letzten Tag in Breslau hat Goethe noch so manches zu erledigen. Geldliche Dinge sind zu regeln, Geschenke einzukaufen, auch einen kleinen Reiseproviant will er sich zulegen. Dann muß sich Goethe von Freund Schuckmann verabschieden, von Graf Reden, Graf Hoym ... Zum Schluß wird er sich bei Karl August abmelden.

Im Haus Schuckmann ist an diesem Morgen von einem Lüttwitzschen Bediensteten ein Billet für Goethe abgegeben worden. Goethe bekommt es bei seiner Abschiedsvisite von Schuckmann überreicht. Er hält es einen Augenblick sinnend in der Hand, ehe er es ungelesen in seine Innentasche gleiten läßt.

Als Goethe dann Schuckmann ein allerletztes Mal umarmt, schauen sich beide durch Tränen an. Goethe orakelt, vielleicht ergebe sich bald ein unverhofftes Wiedersehen. Er bittet den Freund, bei Gelegenheit Henriette auszurichten, daß ihm das Scheitern ihrer gemeinsamen Verbindung herzlich weh tue. Er allein trage die Schuld dafür. Friedrich von Schuckmann nickt mehrere Male, bevor er wieder Gewalt über seine Stimme hat und Goethe versichern kann, er werde Henriette alles übermitteln, sobald er sie zu sehen bekomme.

Gegen Abend betritt Goethe seine Stube im Hotel. Kerzenlicht. Paul ist noch mit dem Gepäck beschäftigt, packt nebenan. Goethe spürt schwere Müdigkeit in den Beinen. Er nimmt gleich im Lehnstuhl Platz und streckt die Füße in den kurzen Stiefeln weit von sich. Er schließt die Augen. Doch nicht, weil er schläfrig ist. Er sammelt seine Gedanken. Nach einer Weile holt er das Billett hervor und öffnet es:

Mir ist genug, daß ich Dich lieben kann.

Henny

17

Wie beabsichtigt, verlassen Goethe und sein Diener die schlesische Hauptstadt am 19. September, um halb elf.

Das Reisegefährt ist frisch überholt und gut geschmiert. Die Rückfahrt wird für sie angenehm, kommod. In Dresden treffen sie genau einen Tag vor dem Herzog ein. Es folgt eine fast fünftägige Ruhepause. Sie tut den Herren nicht minder gut als den Dienern. Die Herren machen zahlreiche Besuche, genießen die große prächtige Stadt am Elbufer.

Am Ende brechen sie gemeinsam auf. Noch einmal sonniges Wetter. Blätterregen in den herbstlichen Alleen. In Jena werden sie angehalten und zum Garten vom *Grünen Kranz* umgeleitet. Herzogin Luise und Herzogin-Mutter Amalie mit kleinem Hofstaat sind den Heimkehrern bis hierher entgegengefahren. Nun schließen sie einander in die Arme.

Als der Zug der Wagen vor dem Schloß hält, hat es schon zu dämmern begonnen.

Weimar. Am 6. Oktober 1790.

18

Doch es gibt noch einen brieflichen Ausklang zur Schlesischen Reise, der überrascht.

Plötzlich fragt Goethe am 25. November 1790 seinen Breslauer Freund Schuckmann in einem langen Brief: ... Ob Sie sich wohl entschlössen, aus einem großen und weiten Kreise in einen kleinen und engen zu gehen? Beide Arten zu existieren, haben ihre Vorzüge. Wenn man in einem großen Zirkel weiter wirkt, so wirkt man in einem kleinen sicherer und reiner; der Abdruck unseres eigenen Geistes kommt uns geschwinder entgegen.

Doch ich will nur fragen, nicht schildern und überreden.

Der Platz, der Ihnen zugedacht ist, ist ein Platz im *Geheimen Conseil*, es ist die letzte Instanz, wohin alle Dinge gelangen, wohin alle Arten von Geschäften gebracht werden.

Für einen wohldenkenden, tätigen Mann ist schon Beschäftigung genug da und das Feld nicht klein. Es besteht dieses Collegium gegenwärtig aus drei Männern, alle von Jahren. Mein Stuhl, der dritte, steht seit sechs Jahren leer, aus Ursachen, die ich Ihnen rein sagen werde. Nehme ich je wieder Besitz davon, so werde ich mich freuen, mit Ihnen zu arbeiten, und ich hoffe auch, zu Ihrer Zufriedenheit.

Sie sehen, es ist eine der ersten Stellen in unserm kleinen Staate; etwa 1400 Taler würde die Besoldung sein. Mehr sage ich nicht für diesmal.

Schuckmann ist von Goethes Angebot, in weimarische Dienste zu treten, überrascht. So sehr er Goethe bewundert, verehrt, seine Freundschaft schätzt: eine Übersiedlung nach Weimar paßt Schuckmann wenig in den Kram, das heißt, zu den Plänen seines künftigen Vorwärtskommens; sie verlockt ihn kaum. In welche Richtung gehen seine Ambitionen? Er antwortet Goethe verhältnismäßig rasch. Diese Antwort ist nicht erhalten, doch man kann sie einigermaßen aus einem Brief Schuckmanns an Reichardt, den Komponisten, rekonstruieren. Unter dem Datum vom 1. Januar 1791 gesteht Schuckmann, auf Goethes Anfrage mit einem *hinhaltenden Bescheid* eingegangen zu sein. Wörtlich heißt es da:

Ich darf Dir wohl nicht erst sagen, wieviel Reiz das Erbieten für mich hatte, ohngeachtet ich an Gehalt hier mehr habe … Ich habe also Goethe meine Situation, die er selbst gesehen hat, in meiner Antwort geschildert, ihm selbst die Entscheidung überlassen, ihm noch mancherlei Spezialfragen getan, und besonders noch die: ob die Sache nicht Aufschub dulde? So ruht die Verhandlung, da er mir noch nicht wieder geschrieben hat.

Goethe deutet nun Schuckmann durch längeres Schweigen an, daß man die Sache nicht gleich übers Knie zu brechen brauche. Doch auch Schuckmann hält Schweigen weiterhin für angebracht. Goethe wird ungeduldig. Aber in einem Schreiben vom 14. April verbirgt er elegant seinen Unmut über das Warten auf Schuckmanns Entscheidung und führt dann neue Einzelheiten ins Feld, um für den Breslauer Freund den Anreiz, in weimarische Dienste zu treten, möglichst noch zu erhöhen:

Also zuförderst von dem allmächtigen Gelde. 2000 bis 2200 Taler sind ohngefähr das Höchste, was unser Dienst trägt. Man reicht damit, ich möchte sagen, so weit wie in allen mittleren Städten Deutschlands, die Quartiere sind das teuerste, im Ganzen sind die Lebensmittel im mäßigen Preise. Das einzige, was jene Summe wirklich hier größer macht, ist, daß weder Hof noch Stadt exigeant sind, daß jeder nach seiner Weise lebt und weder zu einem Aufwande von Kleidern, Equipage, Gastierungen p. p. genötigt ist, wenn er ihn nicht machen kann oder mag …

Das Verhältnis eines neu eintretenden fremden Geschäftsmannes hat immer einige Mißlichkeit, doch würde ich mit Ihnen im entstehenden Falle darüber ganz aufrichtig und klar sprechen …

Ihre Entlassung aus dortigen Diensten würde *Durchlaucht der Herzog* selbst zu bewirken sich angelegen sein lassen.

Und so schmeichele ich mir mit der Hoffnung, Sie einmal näher zu sehen und mit Ihnen manche Knoten zu lösen, die die Menschen verwirren und ihnen unnötiger ja ungeschickter Weise das bißchen Glückseligkeit rauben, dessen sie noch fähig wären.

Leben Sie recht wohl, behalten Sie mich in einem freundlichen Andenken und erhalten es in dem Kreise, der sich meiner erinnert.

Und dann, am 12. Mai 1791, von Goethe noch dies:
Durchl. der Herzog, durch einige eingetretene Umstände bewogen, haben sich entschlossen, Ihnen sogleich die Stelle eines Mitglieds seines *Geheimen Consilii* anbieten zu lassen …
Ich setze heute nichts weiter hinzu: als den Wunsch, daß Ihr Entschluß, er falle aus wie er wolle, zu Ihrer zukünftigen Zufriedenheit gereichen möge.

Mitte Mai 1791 teilt Schuckmann seinem Freund Reichardt mit, er habe sich am 25. April mit Henriette von Lüttwitz ehelich verbunden. Nunmehr reagiert er auch auf Goethes letzten, dringenden Brief vom 12. Mai: mit einer sachten und seinen Briefpartner möglichst schonenden Absage. Dann berichtet er nach Weimar von seiner Eheschließung.

Wie nimmt Goethe diese Nachricht auf?
Sein Verhalten ist eindeutig. Weder gratuliert er den Neuvermählten noch nimmt er von Amts wegen Stellung zur endgültigen Absage seines neuen Breslauer Freundes.

Schweigen. Stillschweigen. Auch nicht ein einziges Wort.

19

Nur zwei Jahre später, 1793, stirbt Hans Wolf von Lüttwitz, Henriettes Vater. Sein inzwischen zum Kammerpräsidenten avancierter Schwiegersohn, Friedrich von Schuckmann, wird im März 1795 – auf ausdrücklichen Wunsch des Staatsministers von Hardenberg – nach Bayreuth versetzt.

(Schon 1791, nach dem Ableben des letzten Markgrafen von Ansbach-Bayreuth, waren die beiden Fürstentümer durch Vertrag an Preußen gefallen.)

Hier in Süddeutschland, wo es von Grenzverletzungen, Überfällen bei Nacht und Nebel und offenen Feindberührungen zu brodeln beginnt; wo französische *Refugiés* schon in Schwärmen auftauchen, kann sich nur ein Spitzenbeamter behaupten. Die Einführung der preußischen Administration in den fränkischen Provinzen, insbesondere der ausgeklügelten Finanzverwaltung, verlangt von Schuckmann ebenso viel staatspolitische Klugheit und Fingerspitzengefühl wie robustes Durchsetzungsvermögen.

Denn zunächst hat er alle gegen sich: Die in einer Unzahl vorhandene Beamtenschaft der vormaligen Regierung, die Steuerzahler, die in den Fürstentümern noch vorhandene privilegierte Reichsritterschaft, sogar die Hardenbergischen Ministerialräte in Berlin, die während der Abwesenheit ihres Chefs (Baseler

Friedensschluß) gehörig gegen Schuckmann intrigieren.

Franken ist für neutral erklärt worden.

Doch heimlich bewerkstelligt Schuckmann nächtliche Durchmärsche von Franzosen und Österreichern. Und da er in Preußen gelernt hat, sich um jede Einzelheit selbst zu kümmern, reüssiert er und bringt die fränkische Bevölkerung bald auf seine Seite. Nein, an der Neutralität läßt er nicht rütteln. Mittlerweile schlagen auch seine administrativen Reformen an, beispielsweise die Gebietsaufteilung in Kreise mit Landräten an der Spitze. Seine Finanzverwaltung bringt Wohlstand nach Franken.

Später läßt Schuckmann seine ungeladenen Gäste und Dauergäste für die weitere Aufstockung des gemeinnützigen wie des privaten Kapitals sorgen: nämlich die (werdenden) Könige von Bayern und Württemberg, den Herzog von Nassau-Weilburg sowie viele kleine deutsche Fürsten mit Scharen von Ministern, die in das neutrale Franken retiriert sind, um – man kann es kaum glauben – von hier aus, *par distance*, ihre Länder zu regieren; oft jahrelang.

Nach seinem ersten Jahr in Bayreuth läßt Chefpräsident Schuckmann die Familie nachkommen. Während ihrer Ehe hat Henriette mehrere Kinder zur Welt gebracht, von denen zwei am Leben bleiben.

Nun beeilt sie sich, den Wohnsitz ihrer Familie in Bayreuth – eine weiträumige Villa aus dem einstigen Besitz der Markgräfin – großzügig und behaglich einzurichten. Bald finden sich an den Abenden Hausfreunde ein: angezogen von Schuckmanns Erfolgen, seinen weitreichenden Befugnissen und Verbindungen sowie seiner glänzenden fröhlichen Beredsamkeit. Manche jedoch lieben besonders die Atmosphäre in diesem Haus, für die die Frau des Hauses mit ihrem Charme und ihrer Liebenswürdigkeit sorgt. Mehrere Jahre lang erscheint regelmäßig der junge Oberbergmeister Alexander von Humboldt. Hausarzt Langermann, ein geistreicher Fichtianer, der obendrein als vortrefflicher Tenor gilt, wird von Henriette auf dem Tafelpiano begleitet. Selten und überraschend wie ein Meteor taucht unter Schuckmanns Hausfreunden auch Jean Paul auf.

Am 17. April 1799 stirbt Henriette, geborene von Lüttwitz, in Bayreuth. Neunundzwanzig Jahre alt.

Nach dem Trauerjahr heiratet der zweimalige Witwer seine dritte Frau: Eleonore Freiin von Lüttwitz, Henriettes jüngere Schwester.

Seit 1810 lebt er mit seiner Familie in Berlin, wo er als Geheimer Staatsrat das Amt eines Abteilungs-Chefs inne hat.

Mitten in den *Befreiungskriegen*, im Frühjahr 1814, erfolgt Schuckmanns Ernennung zum preußischen Innenminister.

Anmerkungen

Seite 19ff.: *15 Meilen …*

Die alten Längenmaße – es sind die preußischen des 18. Jahrhunderts – lassen sich in unsere Maße wie folgt umrechnen:

Eine Meile	= 7,532	Kilometer,
Eine Elle	= 0,6669	Meter
Ein Fuß	= 0,318	Meter
Ein Zoll	= 0,027	Meter

Seite 26: *Mavors*

Einer der zahlreichen Beinamen des Kriegsgottes Mars.

Seite 29: *Ich mache eine Reise durch die Grafschaft Glatz …*

Junge Leser von heute wissen vermutlich nicht mehr, daß man den Namen der Grafschaft, Stadt und Festung *Glatz* wie *Glaaz* ausspricht. Der Name wird hier noch häufig vorkommen.

Seite 35f.: *Hunderttausend Reiter sind noch nicht am Ziel.*

Heute setzt man die Stärkezahlen der Heere meist niedriger an.

Seite 44: *In Staub mit den Mätressen …*

Hier handelt es sich nicht um ein abgewandeltes Kleist-Zitat (Heinrich von Kleist war 1790 erst dreizehn Jahre alt), sondern um ein abgewandeltes Kriegsgeschrei der preußischen Kavallerie, wenn sie, angeführt von Friedrich Wilhelm dem Großen Kurfürsten, in Karriere zur Schlacht flog, um den Feind möglichst schon bei der ersten Attacke niederzureiten. Dabei feuerte man sich gegenseitig mit dem Ruf an: *In Staub mit allen Feinden Brandenburgs!* – (Es gehört zwar nicht hierher, ist aber vielleicht doch interessant: Kleists wohl berühmteste Metapher *Auf den Knieen meines Herzens* ist keine ursprüngliche Erfindung des großen preußischen Dichters. Hier hat er eine Stelle des Alten Testaments benutzt, und zwar aus den Apokryphen »Das Gebet Manasses, des Königs von Juda, da er gefangen war zu Babel.« Vers 11: »Darum beuge ich nun die Kniee meines Herzens…«)

Seite 54: *… die Schlesische privilegierte Zeitung*

Der *Verlag Wilhelm Gottlieb Korn* in Breslau, der die Schlesische privilegierte Zeitung herausbrachte, entwickelte sich im Lauf von fast zweihundert Jahren zum größten schlesischen Buch- und

Zeitungsverlag und blieb es bis zur Evakuierung Schlesiens vor den Kriegsereignissen im Januar 1945. Um in der danach entstandenen Bundesrepublik an geeigneter Stelle Fuß zu fassen und erneut einen Stamm von Autoren, alten und jungen, um sich zu sammeln, brauchte der Verlag eine zu lange Anlaufzeit.

Erst 1980, als die Stiftung »Kulturwerk Schlesien« den ankerlos treibenden Verlag übernahm und ihm unter dem Namen *Bergstadtverlag W. G. Korn* sowohl in Würzburg als auch in Sigmaringen neue Heimstätten schuf, ging es mit Verlagshaus Korn allmählich wieder aufwärts.

Seite 56: *Karl Friedrich von dem Knesebeck,* damals ein Leutnant von zweiundzwanzig Jahren, brachte es beim preußischen Heer nicht nur auf fünfundsechzig Dienstjahre, sondern erhielt auch bei seiner Entlassung den höchsten militärischen Rang zuerkannt: den eines Generalfeldmarschalls.

Seite 57: *Ja, der Dichter Franz Kleist ...*

Franz Kleist war Lyriker und preußischer Offizier. Darum verwechselt man ihn manchmal mit dem Lyriker und Major in preußischen Diensten Ewald Christian Kleist, der im Siebenjährigen Krieg (in der Schlacht von Kunersdorf) den Soldatentod fand.

Seite 59: *... muß er sich an Merck erinnern*

Johann Heinrich Merck wurde 1741 in Darmstadt geboren. Ein Jugendfreund Goethes, der sich 1791, also kaum ein Jahr nach Goethes Schlesischer Reise, das Leben nahm.

Seite 75: *Coûte que coûte!*

Eine französische Redewendung. Zu deutsch: Koste es, was es wolle!

Seite 96: *Goethe selbdritt vor Breslaus Vedute...*

Doch einer der Drei machte es später wahr und übersiedelte in die schlesische Hauptstadt: Fritz von Stein. In Breslau schlug er die höhere preußische Beamtenlaufbahn ein und diente sich empor.

Seite 123: *Eine kleine Stadt hier heißt Braunau ...*

Das *böhmische Städtchen Braunau* hat nichts mit *Braunau am Inn*, Hitlers Geburtsort, gemein. Immerhin, Reichspräsident von Hindenburg verwechselte beide Orte und nannte Hitler den »böhmischen Gefreiten«.

Seite 272: *An Herrn Geheimen Rath Göthe*

Morvens: Der in altnordischen Sagen gebräuchliche Name für Nordschottland.

Brennen: Name der slavischen Urbewohner der Mark Brandenburg, der in der damaligen Dichtkunst für die Preußen gebraucht wurde.

Herthas Mutterschoß: Der Name Hertha wurde seinerzeit für den Namen einer germanischen Göttin gehalten.

Seite 279: *»Ach, wir sind zur Qual geboren ...«*

Der vollständige Text des Gedichts folgt auf Seite 339: *»Auf dem Wege nach Krakau«*.

Dieses Gedicht steht heute, wie schon erwähnt, in keiner deutschen Goethe-Ausgabe.

Seite 310 und Seite 330: *Ist Kreuzburg nicht die erste niederschlesische Stadt?*

Hier handelt es sich um die ehemalige Kreisstadt Kreuzburg/Oberschlesien, die bis Mai 1945 eine deutsche Stadt war. (Heute: Kluczbork.)

Ursprünglich gehörte Kreuzburg den Herzögen von Liegnitz, Brieg und Wohlau, war also eine Stadt im Niederschlesischen. Erst nachdem man aus Oberschlesien einen Regierungsbezirk geformt hatte, den Regierungsbezirk Oppeln, wurde Kreuzburg 1820 diesem Verwaltungsbezirk angegliedert und gehörte fortan zu Oberschlesien. Übrigens, während der »Gebietsreform« war der Bürgermeister von Kreuzburg ein Arzt, der Gottlob Ferdinand Freytag hieß. Sein einziger Sohn wurde Germanist und später ein vielseitiger, überaus populärer Schriftsteller: Gustav Freytag (1816–1895).

Als der Verfasser dieses Buches in Kreuzburg, seiner Vaterstadt, zur Schule ging, erfuhr er nichts darüber, daß Goethe auf seiner schlesischen Reise auch durch Kreuzburg gekommen sei. Und bis heute scheint es den Kreuzburgern niemand gründlich erzählt zu haben.

Nur wer seinerzeit ein aufmerksamer Leser der Monatsschrift »Der Oberschlesier« war, konnte Näheres erfahren. Im März 1932 brachte diese Zeitschrift – 14. Jahrg. 3. Heft, Seite 123–133 – einen Aufsatz von Alfons Perlick über »Goethes oberschlesische Reise im Jahre 1790«, aus dem das nachfolgende Zitat stammt:

»Die Reisegesellschaft wird in Czenstochau übernachtet und am 9. September die oberschlesische Grenze wieder überschritten haben. Bei Lublinitz stieß man auf die alte ostoberschlesische Verkehrsstraße Breslau–Beuthen (Tarnowitz): durch die Beschreibungen von Zöllner und Schummel haben wir genaue Schilderungen dieses Verkehrsweges. Über Rosenberg, Kreuzburg, Konstadt, Namslau ging es auf Breslau zu. Da Goethe erst am 10. des Monats wieder in der Provinzialhauptstadt eintraf, muß er in einer der eben genannten Städte übernachtet haben.«

Daß wohl nur *Kreuzburg* hierfür in Frage kam, kann ein in dieser Gegend Bewanderter leicht berechnen, leicht begründen. Einmal lag Kreuzburg auf der Reiseroute Czenstochau–Breslau gerade in der Mitte – wenn man das System der alten Landstraßen, etwa um 1800, berücksichtigt. Außerdem: Wenn jemand rechts der Oder, hier in diesem Grenzgebiet, einigermaßen bequem übernachten wollte, dann suchte er sich eine Unterkunft mit Sicherheit dort, wo er die Wahl zwischen mehreren Gasthöfen hatte. Das war nur in der größten der Kleinstädte möglich. Kreuzburg zählte damals fast doppelt so viele Einwohner wie die übrigen Orte.

Und hätte die Reisegesellschaft am 9. September tatsächlich Namslau erreicht, dann hätte sie – nur mehr rund fündunddreißig Kilometer von Breslau entfernt – ganz bestimmt nicht noch eine Übernachtung eingelegt, sondern wäre am selben Tag auch noch das letzte Stück zum Hotel in der Reuschestraße gefahren.

Seite 337: *Unser Reden hat mir von einer englischen Fuchsjagd erzählt. Famos.*

Wenn es mir in dieser Reisegeschichte allein um Goethe ginge, brauchte ich eigentlich vom ferneren Leben des Grafen Reden weiter keine Notiz zu nehmen. Das aber, meine ich, hat gerade ein Mann wie Reden nicht verdient.

Auf Seite 345 erscheint Reden in meinem Buch zum letzten Mal. Für mich der gegebene Anlaß, von Redens zweiter Lebenshälfte zusammengerafft zu berichten.

Seit Goethes Heimreise im Oktober 1790 hatte man von Reden noch lange den Eindruck, er sei der geborene Sieger, Liebling von Göttern und Menschen, mit dem Glück im Bund.

So gingen fünfzehn Jahre ins Land.

Graf Reden heiratete inzwischen die ihn sehr liebende und von ihm wiedergeliebte, schöne, durchaus auch handfeste Friederike von Riedesel. Sie war die Tochter eines braunschweigischen Generals, der sich im Nordamerikanischen Unabhängigkeitskrieg Verdienste erworben, und war großenteils in den Vereinigten Staaten aufgewachsen. Mit ihrer Hilfe verwandelte Reden sein Gut Buchwald (gelegen zwischen Hirschberg und Schmiedeberg) in einen eleganten Landsitz nach englischem Muster. Die Gräfin verwirklichte ihren Einfall, mitten im Grünen einen Aussichtspunkt zu errichten, von dem man die nahen Kämme des Riesengebirges bei jeder Witterung beobachten, betrachten konnte. Ein Freund der Redens, Alexander von Humboldt, fand, dies sei einer der herrlichsten Ausblicke *auf dem ganzen Erdenrund.*

Zur Erinnerung: Nach dem Tod seines Onkels, des Freiherrn von Heinitz, hatte man Reden an die Spitze des Ministeriums für das Berg- und Hüttenwesen berufen und ihn auch mit dem Titel eines Oberberghauptmannes ausgezeichnet.

Während die Zeit verging, bemerkte Graf Reden kaum, daß seine beruflichen Pflichten unmäßig angewachsen waren, so gern hatte er sie. Um das außerordentliche Arbeitspensum zu bewältigen, mußte Reden fast ununterbrochen umherreisen: zwischen Berlin, Breslau, Tarnowitz und Gut Buchwald. Die langen Kutschenreisen waren nicht minder strapaziös als die ständigen Ritte über kleine und große Distanzen.

Wie sehr Reden seine Gesundheit schon ruiniert hatte, ließ sich unschwer von seiner bald nach der Jahrhundertwende entstandenen, lebensgroßen Büste ablesen, die der noch junge, aber damals schon hochgeschätzte Christian Rauch von ihm geschaffen hatte und in Erz gießen ließ.

Redens Kopfform war schmal, hoch, kantig, edel. Der Ausdruck in seinen weit auseinander stehenden Augen hatte etwas Insichgekehrtes, Schwermütiges, wo man doch Heiterkeit und Liebenswürdigkeit erwartet hätte, oder wenigstens eine Spur geselliger Munterkeit. Was Goethe an Reden äußerlich vor allem angezogen hatte, das war aus dem Gesicht ausgetilgt. Rauchs Kunstwerk schmeichelte dem Dargestellten nicht. Die wie Stahl spiegelnden Flächen des Porträts gaben zwar Redens Noblesse wieder, doch dahinter wurde ein kranker Mann sichtbar. Übrigens die einzige Konzession an den Zeitgeschmack, die sich der ebenbürtige Nachfolger Gottfried Schadows erlaubte, war das modisch Römische: die Andeutungen einer Toga um Hals und Brust sowie die in die Stirn gekämmten Haarfransen.

Am 6. Oktober 1806 wurde im schlesischen Revier der *Gotthelfstollen* eingeweiht – nach einer Bauzeit von rund zwanzig Jahren. Eine bergtechnische Sensation. Sie war Redens Idee. Der Minister stand jetzt eindeutig auf dem Gipfel seiner Taten und Verdienste.

Nur acht Tage später begann Redens Sturz.

Nein, nicht in Oberschlesien begann er. Er begann auf den Tag genau mit der Niederlage Preußens bei Jena durch Napoleons Armee.

Friedrich Wilhelm der Dritte, der neue Preußenkönig, so hörte man in Berlin, habe eine Bataille verloren.

Daß es sich jedoch um weit mehr als um eine einzige verlorene Schlacht handelte, gab schon die Flucht Se. Majestät zu erkennen. Auf schnellstem Weg hatte sich der König mit seiner Familie und dem Hofstaat in den nordöstlichsten, den äußersten Zipfel seines Königreiches zurückgezogen, nach Memel, wo man winters die russischen Wölfe heulen hörte. Und dort oben im Norden schloß er dann mit Napoleon den ängstlichen Tilsiter Frieden. Ganz Preußen wurde Besatzungsgebiet der französischen Truppen.

Graf Reden wollte nicht den Eindruck erwecken, daß er sich auf Gut Buchwald verstecke. Bereits in den folgenden Tagen begab er sich mit seiner Frau auf den langen, schon winterlich frostigen Weg nach Berlin. Napoleon freilich war schneller und hielt seinen triumphalen Einzug in die Hauptstadt des Feindes bereits am 27. Oktober. Als Reden in Berlin auftauchte, suchten seine Freunde und Kollegen ihr Erschrecken zu verbergen. Plötzlich sah dieser Fünfundfünfzigjährige aus wie ein alter Mann. Die enormen Anstrengungen von Jahrzehnten, doch ebenso die Aufregungen und Erschütterungen der letzten Wochen hatten seine Gesundheit offenbar gänzlich unterhöhlt.

Was Reden jedoch zur Verzweiflung trieb, war Napoleons Forderung an alle preußischen Minister, nunmehr ihm, dem großen Empereur Frankreichs, den Treueid zu schwören und damit praktisch jenen für nichtig zu erklären, den sie vor dem preußischen König abgelegt hatten. Reden gedachte nicht, auf das kaiserliche Ersuchen einzugehen. Doch da wurde ihm von französischer Seite bedeutet, Napoleon werde das oberschlesische Revier von seiner Armee brandschatzen und verwüsten lassen, sofern Reden sich weiter weigere, dem Kaiser der Franzosen Treue zu schwören.

Ein erzwungener, mit Drohung und Gewalt erpreßter Schwur war nach altem Brauch und Herkommen null und nichtig. (In England – vielleicht fiel es dem anglophilen Oberberghauptmann ein – hatte man für derartige Fälle den juristischen Begriff *plea of duress* geschaffen, das heißt, gegen rein erzwungenes Verlangen konnte der Gezwungene vor Gericht jederzeit Einspruch erheben.)

Doch bei welchem Berliner Gericht hätte Friedrich Graf Reden den Kaiser der Besatzungsmacht verklagen können?

Reden sah immer deutlicher, daß nicht nur sein Lebenswerk Gefahr lief, ausgelöscht zu werden, sondern daß auch die gemeinsamen Errungenschaften Friedrichs des Großen und seines Oheims Heinitz dem Erdboden gleichgemacht werden konnten.

Am 9. November – einem Tag, der in die deutsche Geschichte als ein schicksalsschweres Datum wiederholt einging – schwor Reden, zusammen mit den in Berlin verbliebenen preußischen Ministern, den Eid auf Napoleon.

Redens Freund, der Reichsfreiherr vom Stein, der in Memel jetzt als Erster Minister und engster Berater des Königs fungierte, zeigte brieflich viel Verständnis für Redens Überlegungen und Handlungen. Mit seinem König war Stein, dessen staatsmännische Größe immer deutlicher zu Tage trat, wenig zufrieden. Ohne Scheu schrieb er nach Buchwald:

Der König lähmte durch seine Unentschlossenheit, seine Trägheit jede Maßregel, er verließ die Armee als ein Flüchtiger und ließ alle Vorsteher der einzelnen Geschäftszweige ohne Anweisung.

Stein hatte Reden zuletzt im Sommer 1806 gesehen. Nun riet er dem Freund dringend, um einen Gesundheitsurlaub einzukommen, und sich nach Gut Buchwald zu begeben, um dort den früheren Gesundheitszustand möglichst wiederherzustellen.

Reden befolgte den Rat des Freundes. Sein Allgemeinzustand schien sich ein wenig zu bessern. Im September 1807 kam Stein von Memel angereist, um mit Reden Gespräche über seine, Steins, geplanten Reformen zu führen. Dabei versuchte er, den Freund, dessen Wissen und Intelligenz er hoch einstufte, für staatsmännische Aufgaben zu gewinnen. Reden jedoch konnte nichts dergleichen verlocken; das Berg- und Hütten-Departement war sein ein und alles.

Zwölf Tage später wurde ihm ein Schreiben aus Memel ausgehändigt: es war das sehr liebenswürdig gehaltene Entlassungsschreiben des Königs.

Wie ein Lauffeuer verbreitete sich die Abberufung Redens unter den geistig und politisch Wachen in Schlesien. Behörden aus allen Teilen der Provinz sandten ihm Ergebenheitsadressen und sprachen die Hoffnung auf Redens baldige Rückkehr in sein Amt aus. Das schlesische Oberbergamt ging noch einen Schritt weiter. Es stellte eine umfangreiche Denkschrift zusammen, beinahe ein kleines Buch, worin Redens Getreue nicht bloß mit Entschiedenheit für ihren Chef eintraten, sondern seine Leistungen und Erfolge im einzelnen fachmännisch würdigten. So entstand ein kenntnisreiches Memorandum, in dem sich Kompetenz mit großer Redlichkeit vereinten. Noch im September wurde die oberbergamtliche Denkschrift nach Memel abgeschickt.

Die Entlassung war – wie man zunächst glaubte – die königliche Quittung für Redens Eid auf Napoleon. Aber andere, die den Eid verweigert hatten, wie etwa der dirigierende Minister Graf Hoym in Breslau (der beim Volk schon der *Vizekönig* von Schlesien hieß), mußten auch demissionieren. Ja, plötzlich erhielt sogar der bislang als fähigster Kopf geltende Stein seine Entlassung.

Ich habe, so schrieb Friedrich Wilhelm der Dritte, mit großem Leidwesen ersehen müssen, daß ich mich leider nicht anfänglich in Ihnen geirrt habe, sondern daß Sie vielmehr als ein widerspenstiger, trotziger, hartnäckiger und ungehorsamer Staatsdiener anzusehen sind.

Turbulente Zeiten. Mit einemmal verlangte Napoleon – wahrhaftig, der Kaiser selbst! – die Wiedereinsetzung des so fähigen und findigen Ministers vom Stein in Amt und Würden. Der König gehorchte.

Doch später, als Napoleons Spione ein Schreiben des Reichsfreiherrn vom Stein zufällig abfingen, worin der baldige Krieg gegen den französischen Eroberer festgeschrieben stand, konnte sich Stein buchstäblich nur im letzten Moment den kaiserlichen Häschern entziehen.

Er suchte Zuflucht und Schutz auf Gut Buchwald, und Graf und Gräfin Reden hielten ihn eine Weile versteckt. Zu den letzten mutigen Taten Redens für den Freund gehörte, daß er dem Flüchtling Kutscher, Pferde und einen Schlitten lieh, mit denen Stein über das winterliche Riesengebirge hinüber gelangte, ins Böhmische, wo er in Sicherheit war.

Einige Zeit später bat Steins Nachfolger, Fürst von Hardenberg, den Grafen, er solle Stein gütigst dazu bewegen, kurz nach Schlesien herüberzukommen und wenn auch bloß für die Dauer eines Gesprächs. Eine Falle? Reden überlegte kurz und wagte dann seinen Kopf. Er schuf alle Voraussetzungen dafür, daß Stein und Hardenberg einander zu einem äußerst wichtigen Gedankenaustausch im einzigen Gasthof von Hermsdorf am Kynast, unweit von Hirschberg, treffen konnten. Reden bewegte sich auf Krücken. Er hatte sich bei einem Wagenunfall Knochenbrüche zugezogen, die nur sehr schlecht verheilt waren.

Im November 1810 wurde Reden abermals ein königliches Schreiben zugestellt. Es enthielt nicht seine Wiedereinsetzung in die früheren Ämter – dazu war der Graf allein schon physisch nicht mehr in der Lage –, sondern die Urkunde über die Verleihung des Roten Adlerordens Erster Klasse – eine der allerhöchsten Auszeichnungen in Preußen.

Redens Gebrechlichkeit nahm weiter zu. Er hustete Blut. Gräfin Friederike pflegte ihn aufopfernd. Doch im Juli 1815 schloß Reden für immer die Augen. Zu seiner Genugtuung hatte er wenige Tage zuvor noch die Kunde vom Sieg der verbündeten Engländer und Preußen in der Schlacht bei Waterloo vernommen, der Napoleons Eroberungskriege, seine tyrannische Machtausübung, endgültig beendete.

Seite 338: *An foemina partum recenter editum trucidans capite plectenda sit, quaestio est inter doctores controversa:*

»Ob eine Kindsmörderin noch mit dem Tode zu bestrafen sei, ist heute eine Streitfrage der Gelehrten geworden.

So hatte die vorletzte der sechsundfünfzig Thesen gelautet, die Goethe an der Universität Straßburg am 6. August 1771 zur Erlangung seiner Lizentiatenwürde zu verteidigen hatte.

Er ahnte nicht, daß wenige Tage vorher, am 1. August, ein solcher Mord in Frankfurt tatsächlich geschehen war. Am Ende des Monats, am 28. August, seinem zweiundzwanzigsten Geburtstag, beantragte er, in die Vaterstadt zurückgekehrt, beim Magistrat auf dem Römer seine Zulassung zur Advokatur. Und was er eben noch rein theoretisch mit These und Gegenthese verfochten hatte, das sollte sich plötzlich als Wirklichkeit ergreifend vor ihm abspielen.«

(Ernst Beutler)

Seite 353: *Mieselei.*

Abgeleitet von *Miesel* (leichtes Mädchen). Entweder eine Wortschöpfung von Goethe oder vom Herzog. Vor allem in den frühen Weimarer Jahren ein Wort, das zwischen den beiden geläufig hin und her wechselte, ja eine nicht zu unterschätzende Rolle bei ihnen spielte. »Mieselei« war also eine Bezeichnung für die »niedere Minne«.